JN086335

文樂ナビ

渡辺保

マガジンハウス

文樂ナビ

目次

読者のみなさんへ

渡辺 保

『歌舞伎ナビ』『能ナビ』に続いて『文楽ナビ』をつくることになりました。『歌舞伎ナビ』も『能ナビ』も書き下しでしたが、よりわかりやすくするために新しい対話形式をとることになりました。

私の書斎で実際に文楽のＤＶＤを見ながらあるいはＣＤを聞きながら編集の平木康子さんに解説をし、質疑応答を受ける、それを録音して文字に起こしてもらうという試みです。入門書ということで考えた設定です。

まず私と一緒に文楽を見てもらうということで「酒屋」を取り上げました。越路大夫、喜左衛門、紋十郎という顔ぶれの舞台です。

続いて「初級編」には、「堀川」「引窓」「野崎村」の三編の世話浄瑠璃を選びました。これらの作品の主人公は王侯貴族ではなく観客と等身大の人間だからです。最後の「十種香」だけは時代浄瑠璃ですが、次の「中級編」へのブリッジです。この「酒屋」を含めて五本の作品を使ってごく基礎的な鑑賞の方法を身につけてほしいというのが狙いです。しかし義太夫節の本領はなんといっても時代浄瑠璃にあります。江戸時代の人は近松門左衛門のベスト・スリーになにを選んだかというと、『曽根崎心中』や『心中天網島』ではなく、時代浄瑠璃の『国性爺合戦』、『傾城反魂香』、『雪女五枚羽子板』を選んだのです。

「中級編」は、「鮓屋」「太功記十冊目」「寺子屋」「七段目」の四本によって、その時代浄瑠璃の世界の輪郭と舞台技巧つまりドラマツルギーについて触れました。これが分かればもう卒業です。しかし文楽は目で見るだけでなく目に見えないものを見なければならないし、そこにこそ現代とのつながりがあるのです。いわば文楽の追求した精神世界です。そこで「俊寛」では、人間の孤独とはなにか、家族とはなにかを、「金殿」では神話とはなにか、「渡海屋 大物浦」では、歴史とはなにか、そして「熊谷陣屋」では無常観とはなにか、そして最後に「合邦」では人間の聖なるものとはなにかに就いてそれぞれ触れました。最後の「卒業編」でもっとも至難な大曲とされる二編――「道明寺」と「山の段」に触れて文楽の究極の精髄に触れました。

以上が構成です。それでは幕開きです。

渡辺 保と「酒屋」を見る

浄瑠璃全文掲載、見どころがわかります。

口上ぶれ

幕が開く（文楽の幕は、歌舞伎の左手から右手へ開くのとは逆に右手から左手へ開きます。これは上手(かみて)の床(ゆか)を大切にするからです）と、上手の床が回転して（これを文楽廻しといいます）見台(けんだい)を前に裃姿(かみしもすがた)で平伏した太夫、そして同じく裃姿に三味線を抱えた三味線弾きが現れます。その床の脇に黒子(くろご)（黒の衣裳、頭巾(ずきん)の後見(こうけん)）の人が「東西東西(とざいとーざい)、このところ御覧に入れまするは『艶姿女舞衣(はですがたおんなまいぎぬ)』酒屋の段、相勤(あいつと)めまする太夫は××太夫、三味線××、人形出遣(でづか)いにて相勤めまする、東西東西」といって上手揚幕(あげまく)へ消えて行きます。これが「口上(こうじょう)ぶれ」です。いわば芝居の「序詞役」、ナビゲーターです。『艶姿女舞衣』は、これから見る「酒屋」の正式外題(げだい)、上中下三巻の全体を指す題名です。そのうちの下の巻にあるのが「酒屋」で大坂上塩町(うえしおまち)の酒屋茜屋半兵衛(あかねやはんべえ)の家の場の俗称です。ついでに「艶姿」の全体の物語をお話ししましょう。

茜屋半兵衛夫婦の一人息子半七(はんしち)は、女舞(おんなまい)の芸人美濃屋三勝(みのやさんかつ)と恋仲で、二人の間にはお通(つう)という幼い子供までいます。上巻は生玉(いくたま)神社の三勝の劇場と島之内の茶屋で、ここで三勝半七の恋の経緯が語られます。半七の身持ちを心配した半兵衛夫婦は、宗岸(そうがん)の一人娘お園(その)と結婚させますが、半七は家に帰らない。その半七の態度に宗岸は娘お園を無理矢理に実家へ引き取ります。中の巻は新町橋での半七とお園の出会い、続いて長町(ながまち)で三勝とお園の対決。下の巻は今宮の戎(えびす)で半七が恋敵善右衛門(ぜんえもん)に贋金(にせがね)をつかまされたために、善右衛門を殺してしまう。その次が「酒屋」になります。「酒屋の段」には短い端場(はば)――プロローグがあります。ここで大事な事が二つあります。

一つは頭巾を被(かぶ)った子連れの女が酒を買いに来て、子供を捨てていく件(くだ)り。もう一つは、酒屋の主人茜屋半兵衛が五人組に送られて代官所から帰ってくる件りです。大坂は幕府の直轄地ですから所司代の下に町奉行、その下に代官所があります。いわば警察です。五人組は一つの町内で連帯責任を持つ隣組です。

以上で端場が終わると切場になります。切場は最も大事なクライマックスで、これを語る太夫は「切場語り」という資格が要ります。文楽はこの端場、切場という分け方が基本です。短いエピローグがある場合は「奥」といいます。その他に「中」とか「次」とかいうのもありますが、それはみんな配役上の便宜的な分け方です。

さて切場は宗岸お園親子の出からです。宗岸は半兵衛が奉行所で縄にかかったのを知って、自分の軽率さを反省し、お園の復縁に来たのです。しかしその時すでに三勝と半七は心中に出発します。もっとも心中する直前に善右衛門の悪事が発覚し、半七は殺し得で無罪になります。

拍手はＮＧ

口上ぶれの途中、太夫の名前を聞くやたちまち手を叩く人がいますが、そうすると口上のテンポが崩れるからいけません。口上はただのメッセージではありません。舞台の世界を観客に紹介すると同時に、世界の雰囲気をつくる大事な役なのです。その邪魔になります。近頃はなにかあるとすぐ手を叩く人がいますが、本当に感動した時だけに手を叩くべきです。ことに文楽は目で人形を見、耳で義太夫と三味線を聞き、心で作中の人の声音を知る、つまり全身で鑑賞するものですから、人形のお園が出てくると手を叩くのは、丁度そこのところが大事な太夫の邪魔になります。目だけ働いて耳がお留守になっている証拠です。

三重で曲の位がわかる

口上ぶれが終わると三味線にかかります。最初はどんな場面でも三重というメロディを弾きます。

三重は場面の転換に弾くものです。しかし三重を聞いているうちに、これから始まる曲の位——重い神話的な世界から軽い市井の日常の世界が自然に現れてきます。ということは、弾き手の腕前もわかるということです。その指標は音の深さ、心に染みてくるかどうかです。さり気なく弾いていて自然とシーンとしてくる、聞く者に世界が開けてくるかどうかです。

本を神に捧げる

太夫は見台の上の本を捧げます。これは、これから自分の語る言葉が神から授かったもの、そして神に捧げるものという意味です。言葉をそれだけ大事にしているのは、語り物の芸能の原点がそこにあるからです。太夫はこの床本(ゆかほん)を見ながら語って行くのですが、それはほんのタテマエで全部暗記するほどでなければいけません。それほど一言一句が身体化されていなければならないからです。

オーン

太夫は「酒屋」でいえば「こそは、オーン、入相(いりあい)の鐘」と語り出します。「こそは」は、その前段の半兵衛の妻が一間へ「こそは入りにける」という文句で、その「入りにける」と「入相の鐘」が掛かっているのです。「オーン」は終止符です。なんでこんな事をするのかというと、前段からの繋がりを大事にするためと、「入相の鐘」という第一句を引き立てるためです。

義太夫とはなにか

文楽は正式には人形浄瑠璃(じょうるり)といいます。いろいろな音楽で演じられてきた人形劇が浄瑠璃と合体してできたものです。それでは浄瑠璃とはなにか。日本の三味線音楽には二つの種類があります。一つは唄物、もう一つが浄瑠璃です。唄物は抒情詩で物語がありません。それに対して浄瑠璃はストーリーがあって叙事詩であり、語り物です。唄物の代表は長唄、小唄。浄瑠璃は義太夫はじめ常磐津、清元、一中、河東節等です。義太夫は竹本義太夫が作った浄瑠璃の一派で、これが人形と結び付いて今日の文楽になりました。

義太夫には三つの基本条件があります。第一に義太夫は語り物ですから、なにもない空間でも、そこに語りの言葉によって世界を作らなければなりません。幕が開いて口上ぶれが起点になって、その場に飾られているどこのなにものとも知れぬ日本家屋のセットが大坂上塩町の酒屋という事が分かりました。しかしそう分かるという事とそれらしく見えているという事は同じではありません。それを三味線の三重が彩ります。そしてこの家こそ茜屋半兵衛夫婦が住み慣れた家であり、この柱には半七の、この戸障子にはお園の記憶を感じるように、ひとえに太夫が世界を作るからです。

第二に、その柱、その戸障子が生きてくるためには、そこに人間が生きていなければなりません。第二の条件は人間を描くことです。人間の表情、動き、そしてそれらに現れる人間の心の内、奥深いその底まで、描き切らなければ人間は生きてきません。

第三に、そしてその語りは物語であると同時に、美しい音楽でなければなりません。なぜ音楽が必要なのか。音楽によって言葉だけでは到達できない精神世界の深層に到達することができるからです。音楽に包まれた時、第一の世界も第二の世界も、観客の心の精神の世界になるからです。

以上三条件が果たされた時に、義太夫は私たちのものになるでしょう。

模様を弾く

三味線は、第一に美しい音でなければならないでしょう。その美しい音が日常現実とは違う世界を作る。それがあの三重から始まっているのです。しかしそれだけでは困る。すなわち第二に、物語を弾かなければならない。物語とはそこに展開するドラマですが、まずその世界の輪郭、その場の風景、そしてそこに生きている人間の動作から気持ちまで。これを文楽では「模様」といいます。模様を弾かなければならない。しかし音そのものは抽象的なものですから、その場の風景といった具象的なものが弾けるでしょうか。チンとかツンとかいう音でたとえば女の気持ちを表現できるでしょうか。むろんできません。そのできないことを可能にするために、三味線弾きは太夫の語る言葉、人形の動きに合わせ、その関係性によって音を具象的なものにするのです。チンだけではただの音なのに、その前後の言葉、人形の表情によって、無意味な音が意味を持つのです。

そこで三味線弾きの第三の条件は、舞台全体のコンサートマスターになる事です。

以上三つの条件によって三味線の芸は展開します。たとえば、これは後で詳しく触れますが、「俊寛（しゅんかん）」という作品があります。最後に九州の太平洋上の絶海の孤島に、俊寛という主人公を一人残して、都へ帰る船が出発するシーンがあります。「一人を捨てて沖津波（おきつなみ）」。そこで三味線が「ドドーン」という浪を弾きます。むろんこれは擬音ではありません。しかしそれが浪だと分からなければなりません。音によって表現された浪は、すでに抽象化されて、浪であって浪でありません。それは茫々（ぼうぼう）たる大洋、孤島、豆粒のような船、そしてそこに居るだろう人々を具体化すると同時に抽象化します。それは人間を超える宇宙の音になり、時代を超える歴史の音になり、人間の絶望の音になります。その時三味線の「ドドーン」は浪ではなくなるでしょう。それが文楽の三味線の芸です。

酒屋

1 こそは入相の鐘に散り行く花よりも、あたら盛りを独り寝の、お園を連れて爺親が世間構はぬ十徳に、丸い天窓の光りさへ、子ゆゑに、くらむ黄昏時、2 主の妻は灯を燈し表をしめにいそ〱と、出合いがしらに、
3「ヲ、これは〱宗岸様、そちらにいやるはお園じゃないか」「アイ母様、おかはりもござりませぬか」4 と、いふ挨拶もどこやらに疵持つ足の踏途さへ、低き敷居も越えかぬる、宗岸は遠慮なく、「半兵衛殿お宿にか」と、娘を連れて打ち通れば、「サア〱先ずお上がりなされませ」と、5 奥底もなき詞の中、
6 それと聞くより半兵衛が、一間を出るしぶ〱顔、「娘を連れていなれたからは、こちの内に用はないはず、何の為にござ

1 マクラ一枚が大事

太夫が語っている本を床本といいます。一ページ五行ずつ書かれているので「五行本」ともいいます。この第一ページをマクラといいます。落語のマクラと同じで話の「頭」という意味です。このマクラが一段のなかでももっとも難しい。なぜならば、この一ページのうちに太夫はこの場の世界を造形し、完璧に作り上げなければならないからです。「酒屋」でいえば、大坂の夕暮れ時の寂しい風景、そこへ歩いてくるお園とその父宗岸親子の歩きつき、姿はもとより心まで描かなければならないのです。

「入相の鐘」――日暮れ時の時刻を知らせる鐘が聞こえる、風もないのに花が散る、その花が散るよりも惜しいのは、折角女盛りでありながら、夫半七に捨てられて一人で寝ているお園。彼女を連れて父親がやって来る。父親宗岸は世間構わぬ十徳姿に丸坊主、すっかり出家同然の姿も、子ゆえに判断を間違えて目のくらむ夕暮れ時。ここまでがマクラです。よく噛みしめて読み込むといろいろ疑問が出てくる。

まずここは大坂の街中、どこにも桜は咲いていません。その咲いていない桜をここに出したのは、「入相の鐘」との取り合わせと、その「散る」からお園の「散り」かかる女盛りを惜しむ心です。そこでここの「花」はお園であり、夕暮れのなか、朧に霞む黄昏時にとぼとぼ歩いて来る女の色気が必要です。その次の謎は宗岸の坊主頭はここでは頭布を被っていて明らかではないのに、「丸い頭の光さえ」といっ

った事」と、針持つ詞に妻は気の毒、「アヽコレイノコレ親父殿、ホヽホヽヲホヽヽヽヽ、イヤモウ人様に追従云わぬ偏屈なこちの人、必ずお気にさへられてくださりますな、この間は嫁女の帰っていられまして、いかいお世話でござりませふ」
「何の〳〵、半兵衛殿の立腹は皆もっとも、三勝とやらに心奪はれ、夜泊日泊して、女房を嫌ふ半七、所詮末のつまらぬ事と、無理に引立ていんだのは、娘にひけをとらすまい為おれが気迷ひ、それから思案をするにつけ、[7]唐も倭も一旦嫁にやった娘、嫌はれふがどうせふが、男の方から追い出すまで、取り戻すといふ理屈はないはず、コリャ宗岸が一生の仕損なひとサ悔んでも跡の祭り、園めも昼夜泣き悲しみ、朝夕もすゝまねば、もしや病が起こらふかと、見ている親の心は闇、おれも天満に年古ふ住んでいれば、人に理屈

ていることです。しかしこれは後で詳しく触れましょう。この世界が浮かび上がってこれからのドラマの基礎がスッカリ作られるためにマクラ一枚が大事なのです。

詞、地、イロ

浄瑠璃（義太夫節）は以上三つの要素から成り立っています。詞は会話、地は地の文——描写、イロはその二つを繋ぐ部分で、そこにフシが付きます。

2 「地」は地の文

半兵衛の妻は、夕暮れ時で門口に灯を付けて、表を閉めに門口へ出た。室内は明るいのに門の外は暗い、出会いがしらにフッと見ると宗岸とお園が立っている。それを透かして見る。妻のそれだけの動作と距離感、家の内外の照明の違い、時間を描写するのが「地」です。

3 「詞」はせりふ

半兵衛の妻の「ヲヽ、これは〳〵宗岸様、そちらにいやるはお園じゃないか」が「詞」です。この詞で半兵衛の妻の性格、宗岸の後ろにかくれるように佇む、お園への感情がわかります。

4 詞と地をつなぐ「イロ」

「イロ」は地から詞へ、詞から地へと転換する作用をもつと同時に、さらに重要

もいふ者なれど、誤りは詫びねばならぬと、年寄の頬押し拭ふて来ました、なにかの事は了簡して、今迄の通り、嫁じゃと思ふて下され、ヤコレ頼ます〳〵御夫婦」と、誤りいったる挨拶に、園もうぢ〳〵手をつかへ、「とゝ様の逸轍で、無理に連れられ帰りしが、一旦殿御と極まった半七様、嫌はれるは皆私が不調法、鈍に生まれたこの身の科、今から随分お気に入る様に致しませふ程に、やっぱり元の嫁娘と、おっしゃって下さりませお二人様」と跡は詞も、涙なり、[8]「ヲヽ何のマア、そっちさへその心なら、こっちはかはらぬ嫁姑、ノウ親父殿、そふじゃないか」「そふじゃない、昔唐にも例しがある、太公望とやらいふ人の妻、夫に隙取り月日を経て、詫び言に来たりし時、鉢の水を大地に明けさせ、その水を鉢へ入れよ、元の如く夫婦にならんと、

なのは、ここが音楽的な要素をもっていることです。イロで地の文がフシに変化する。そのフシが人の心をゆさぶるのです。「疵持つ足」は無理に宗岸がお園を連れ帰った、つまり離婚させた、その疵で「足の踏みどさへ」ないというわけです。その後の「低き敷居も越えかぬる」は敷居が高いという宗岸親子の居たたまれない気持ちをあらわすと同時に、音楽的に人の心をゆさぶるのです。

5 老若男女を語り分ける

地の文ですが、半兵衛の妻は普通の嫁姑とは違ってお園を気の毒に思っている。ひいては自分の息子の半七が悪いと思っている老女の気持ちが出なければなりません。この短い挨拶の地と詞とイロでこれだけのことが完璧に語られなければならないのです。太夫はたった一人で老若男女の登場人物を語り分けなければならないのです。

6 二人の父親の対決

ここが「酒屋」前半の聞きどころです。「酒屋」といえばお園の「今頃は半七さん」が有名ですが、この二人の父親のドラマこそ本当の聞きどころです。それには二人の頑固な老人の個性、考え方、育ち、人生観の違いが生きなければなりません。目をつぶって聞いていてもどっちが喋っているのか分からなければなりません。この対決は三段に分かれています。第一段は宗岸の言い分と半兵衛の反論。第二段は意外な事実があきらかになる件り。第三段は和解です。

太公望が云われたと、[9]いつぞや講釈で聞いて来た、ソウソヽヽそれとちょうど同じ事、こなたの方から無理隙取って、今さら嫁と思へとは、いつ迄いふても返らぬ事、口詞叩かずと、早ふ連れていなっしゃれ、エヽいなっしゃれ」とにべもしゃ〱りも納戸口顔を背けていたりける、「ヲヽサヽヽその腹立ちはもっとも〱、ガ重々不調法は[10]コレこの天窗にめんじ了簡して、どふぞ嫁に」「いやでござる、[11]躮めは勘当したれば、嫁といふべき者もないはず」「サアそれもこらしめのため当座の勘当」「イヤ当座でない、七生までの勘当じゃ」「ムヽそのまた七生まで勘当した[12]半七が代わりに、こなたは何で縄かゝった」「ヤア」「サア半七とは親でも子でもないこなたがけふ代官所で、何の為に縛られて戻らしゃった」と、思ひもよらぬ宗岸が、詞にびっ

7 女からは離婚できない

第一段の宗岸の言い分は、半七が愛人三勝のところに入り浸って「夜泊日泊」帰ってこない。そこで見かねて宗岸が強引にお園を連れ帰った。離婚させたのです。しかし江戸時代には離婚の権利は女性側には無かった。男性だけが離婚できるのです。それを宗岸は女性の側、しかも親が離婚をさせた。それが「一生の仕損ない」、つまり間違いだった。女性は男性が離婚を宣言しない限り離婚できないからです。しかもお園本人は日夜悲しんでいて、これでは病気になってしまう。どうか今まで通り復縁したいというのが宗岸の願いです。

8 老母の人のよさ

宗岸の詞に半兵衛の妻はすぐ賛同して和解しようとします。そこにも彼女の人のよさ、夫半兵衛とは違う立場があります。それが彼女の個性なのです。

9 文楽の舞台、大坂を知る

宗岸に対する半兵衛の反論は「覆水盆に返らず」という喩えです。昔、中国に太公望という人がいた、釣ばかりしている、その甲斐性のなさに愛想をつかした女房が家を出ていった。ところが太公望はその後大いに出世した。それを見た女房が復縁を申し出たらば、太公望が黙って盆の水を大地に捨て、水をもとに戻せたらば復縁しようといった。この故事を引いて拒否した。この故事を半兵衛は「いつぞや講釈で聞いて来た」つまり寄席の講談で聞いたといってますが、

くり驚く女房、嫁もともども立ち寄って、肌押し脱がせば半兵衛が、小手をゆるめし羽がいじめ、「のふ情けなや何故」と、嫁はうろ〳〵女房も取りつき歎けば、宗岸が、「アヽイヤ〳〵[13]まだ〳〵驚く事がある、聟の半七は人殺し、お尋ね者になったはいの」と、聞くより二人はまたびっくり、「それは何故どふしたわけ、様子を聞かして、コレ〳〵半兵衛殿」と、問へどもさらに返答は、さしうつむひて詞なし、宗岸涙の目をしばたゝき、「一昨日の晩山の口で、善右衛門を殺したは、茜屋の半七と噂を聞いた時は、驚くまいかびつくりせまいか、膝も腰も抜け果てしが、思へば〳〵不孝者、よい時に勘当さしゃって、親に難義のかゝらぬは、まだこの上の仕合わせと思ふたはコリャ他人の了簡、違ふたこなたの縛り縄、科極まった半七が命、一日なりと延したいと、人殺しの科を身に引きうけ、縄かゝったこなたの心は、真実心に子を思ふ

それは嘘です。こんな喩えくらいだれでも知っている。それをわざわざここに持ち出すのは照れ隠しで、そこに大坂商人としての半兵衛のプライドがあるのです。そういう屈折を読み取らないと人間像の彫りが浅くなります。

10 坊主頭を見せる

ここで宗岸は頭巾を取って坊主頭を見せます。本文ではマクラですでに「丸い頭の光さへ」といって坊主頭を暗示していますが、ここで頭巾を取って坊主頭を見せると劇的に盛り上がります。初代吉右衛門の宗岸だとここで満場がどよめきました。

11 勘当＝「非人」という時代背景

二人の親の対決の第二段は意外な驚きの展開になります。驚きの一つ目は、半兵衛が半七を勘当したことです。勘当は重い刑罰です。単なる絶縁ではありません。除籍による市民権の剥奪であり、勘当されることによって無戸籍者になり「士農工商」の階級から除外されて厳密にいえば「非人」になります。ホームレスではなく社会から人間として認められなくなるということです。もっとも勘当は親が復権することができます。だから宗岸は「当座の」一時的なものだろう、といいます。そうすると半兵衛が「七生までの勘当」つまり「永遠」だといいます。

親の誠と、知ればしるほど宗岸が仕損なひ、半七の身の難義、こなたも勘当してしまい、おれも娘を取り戻したら、親にかゝる首綱もなく、よい事したと世間から、ほめる人もあろふが、親となり舅となるがたいてい深い縁かいのふ、こういふ時宜になった時は、ほめられるより笑はれるが親の慈悲、片時も早ふと連れて来た心はの、一旦嫁におこしたれば、半七がいやがるなら、ハテ尼にしてなとこの内で、御夫婦の亡き跡の香花なり共取らして下され、コレ、手を合わして頼んます、〲、〲わいのふ、詫言が叶はねば、引き放されたと突き詰めて、短慮な心も出しおろかと、案じ過ごして夜の目も合わせず、アヽ[14]母親はなしたった一人、あいつを思ふおれが因果、こなたも又半七が、科人になったらなお可愛いかろ、たとへ又勘当が定でも、久離切ったが誠でも、真実親子の肉縁は、切るにきられぬ血筋の親、おれもの、こなたほどはなけれ

12 縛られていた半兵衛

そこで宗岸がそれならば縁もゆかりもなくなった半七のためになぜ縄に掛かったのかといいます。これが二つ目の驚きです。「代官所で、何の為に縛られて」帰宅したのか。これには妻もお園も驚きます。外見は縛られているように見えない、しかし上半身の着物を脱がせると肘から先は自由だが、肘から二の腕にかけて縄が掛かっている。

13 半七は人を殺して逃亡中

さらに宗岸は「まだ驚くことがある」といって半七が人を殺して逃亡中であることをいいます。半七が人を殺したと聞いて宗岸は天満の町人として情報を収集していたのです。半兵衛は勘当しても息子半七の身替わりにその行方がわかるまで縛られているのです。

14 母親はなし、たった一人

それを知った宗岸は反省します。半兵衛はたとえ勘当しても息子の身替わりになった、自分は勝手にお園を取り返したのは間違いではないか、ことにお園が悲しんでいるのを見れば「母親はなし、たった一人」の娘、娘が処女妻のまま尼になっても娘の人生に寄り添うべきではないか。半兵衛が「真実親子の肉縁は、切るに切られぬ血筋の親」であるために息子の殺人の運命に殉じたように自分も娘の運命に殉じるべきではないのか。この宗岸の嘆きこそ親子の絆

ども、娘は可愛い、エヽまして勘当はせぬ娘、愚痴なと人が笑はふがおりや可愛い不便にござる、〱はいのふ、コレ〱聞き入れてたべ、半兵衛殿」と、これまで泣かぬ宗岸が、こたへにこたへし溜〱を、たくしかけたる叫び泣き、我強う生まれし半兵衛も、舅の心根思ひやり、「ヲヽ道理じゃ〱宗岸殿」と、跡は詞もないじゃくり、妻もお園も一時に、四人が涙高水に樋の口明けしごとくなり、半兵衛歎きの内よりも、[15]持病の痰に咳入り、「何から何まで気を付けて、孝行にしてたもる、こんな嫁が尋ねたとて、も一人とあるもんじゃない、[16]世間の人の嫁鑑、半七が事は思はぬが、こなたに別るゝ半兵衛は、よく〱の不仕合わせ、アヽいなせとむない、帰しとむないとは思へども、こっちに置けばこのまま若後家、おりゃそれが可愛い、いとしうおじゃる、〱、それで〱詫言聞き入れぬ、了簡して呼び戻さぬ、コレ嫁女、必ずむごいと、

を示す普遍的な感情です。初代吉右衛門の宗岸も豊竹山城少掾（→350ページ）の宗岸もここでお客を泣かせるのです。

15 咳も芸の見せ場

二人の父親の対決の第三段は和解です。半兵衛と宗岸は「親子の絆」という同じ地平に立った。そこで和解が成立します。半兵衛は持病の咳をします。その背中をさする嫁。別に半兵衛が持病持ちであることはドラマに関係ないように見えますが、持病持ちの老人というところに半兵衛の個性の色彩があり、語りにとって咳は言葉が詰まるという呼吸の変化になって芸の見せ場になります。「四人が涙高水に樋の口開けし如くなり」というのは「高水」——洪水で排水口を開けたほど涙が出たということです。家族四人の絆が成立したのです。

16 世間の人の嫁鑑

家庭の中で最も難しいのは結婚です。それまで血によって繋がっていた人間関係が、赤の他人によって新しく組み替えられる。当然のことですが、そこで問題が起きる。まず一番有名なのは嫁姑の関係です。一人の男を二人の女性が奪い合う。しかしその次には舅と嫁の関係もあり、これは男女の性別もあってさらに複雑です。しかし茜屋半兵衛は、嫁のお園を深く愛している。それはお園の孝心にもよります。「世間の人の嫁鑑」なのです。こうして「酒屋」は世間の家族の在り方に光を当てることになります。竹本座の浄瑠璃が大坂の人に

酒屋

恨んでばしたもんなや、ア丶一人の躮はお尋ね者、翌より誰を力にせふぞ、孝行にしてたもったが、今ではけっく、恨めしい」とせき上げ、せき入る舅の背、さするお園も正体なく伏し沈むこそ道理なり、

半兵衛ようよう顔を上げ、「云はねばならぬ事もあれど、孝行な嫁女の手前、胸に詰まって云ひにくい、宗岸殿、奥の間で云い明かさん、コレお園、そなたをさら〳〵嫌ふじゃない、気にかけてたもんなや、舅殿へ咄すうち、暫らくここに」と、三人はしほ〳〵奥へ泣きに行く、心の内ぞ哀れなり、

← 後半につづく

支持されたのは、それが常に根底でホームドラマだったからです。大阪の「渡る世間は鬼ばかり」だったのです。

間とイキで情を語る

以上三段の対決のポイントは、詞の「間」であり、「間」が生きるためには呼吸つまりイキが大事です。山城少掾はこの詞のうまさで二人の老人の会話の面白さ、臨場感を出しました。その息もつけないほどの面白さこそ詞の運びのうまさで、手に汗握るものでした。吉右衛門もせりふのうまい人であり、情に訴えるのがうまいからあの面白さが生きたのです。語るとはこの人間の情、立場の変化を表現することです。

ここで半兵衛がいいたいこともあるが親たちだけで相談しようといって三人は奥へ入ります。「酒屋」前半の終わりです。

浄瑠璃はサスペンス

半兵衛が実は代官所で縛られたこと、半七は殺人犯になり指名手配中であることは、両方ともお園を驚かせると同時に観客もびっくりさせます。浄瑠璃は謎解き、どんでん返しに満ちていて、それで観客を引き付けてきたといってもいいでしょう。サスペンスドラマなのです。だから騙されないように一言一句も聞き逃さないようにしなければなりません。

跡には、園がうき思ひ、かゝれとてしもうば玉の、世のあぢきなさ身一つに結ぼれ解ぬかた絲の、くりかへしたる独り言、[16]「今頃は半七様、[17]何所にどふしてござらふぞ、今さら返らぬことながら、わしといふ者ないならば舅御様もお通にめんじ、子までなしたる三勝殿を、とくにも呼び入れさしゃんしたら、[18]半七様の身持ちも直り、御勘当もあるまいに、思へば〳〵この園が、去年の秋の煩ひに、いっそ死んでしもうたら、かふした難義は出来まいもの、お気に入らぬとしりながら、[19]未練な私が輪廻ゆゑ、添臥は叶はずともお傍にいたいと辛抱して、これまでいたのがお身の仇、今の思ひにくらぶれば、一年前にこの園が死ぬる心がエヽマ付かなんだ、こらへてたべ半七様わしゃ、このやふに思ふてゐる」と恨みつらみは露ほども、夫を思ふ真実心なほいや増る憂思ひ、「翌はとふからとゝ様に、また連れられて天満へいに、半七様のひょっとし

16 くどき

「くどき」は女性の主人公の心情告白です。オペラでいえばアリアの絶唱です。この「酒屋」でいえば「今頃は半七さん、どこにどうしてござろうやら」以下の一節です。舞台に一人取り残されたお園の「独り言」で、哀しくも美しいメロディです。美音の太夫がその喉を聞かせるところであり、義太夫節といえば「今頃は半七さん」というほど有名な件りですが、美音ではなく情愛でお園の哀れさを語るやり方もあって、そのほうが本当でしょう。ここはまた人形の見せ場でもあります。

人形はどこが面白いのか

文楽の人形には三つの効果があります。一つは人間のようにイキイキと動くこと。たとえば吉田簑助の人形を見ているとそこに女の身体が生きています。女形の人形には下半身がありません。それを着物と足の動きだけであたかもそこに色っぽい女性の肢体があるかの如く動かしていくのです。もう一つは人形にハラがあることです。たとえば吉田玉男の遣う人形を見ていると、この人間がなにを考えているかがよく分かる。それは生身の役者が内心を表現するのとは違って、魂のない人形の方が感情や観念を抽象化しやすいからです。三つ目の効用は、人間にはとてもできない動きが出来ること。たとえば「妹背山御殿」のお三輪という娘は嫉妬に狂うのですが、そこで人形は飛び上がったりします。桐竹勘十郎のお三輪を見ていると、飛

酒屋

た、はかない便りを聞くならば、思ひ死に死ぬであろ、とても浮世は立たぬ覚悟、嫌はれても夫の内、この家で死ねば後の世の、もしや契りの綱にも」と、最期を急ぐ心根は、余所の見る目もいぢらしし、

　か丶る哀れもしらぬ子の泣声に目や覚しけん、一間を出て、「乳飲ふ、乳がもみたい、おば〱」と、お園が膝に寄り添う子の、顔見てびっくり、[20]「ヤアそなたはみの屋のお通じゃないか、ここへはどふしておじゃった」とふしぎながらも抱き上ぐれば、半兵衛、宗岸、母親も、一間の内をまろび出で、「ヲ丶コレ〱嫁女、忝ないその心、障子の内で聞く度に、拝んでばっかりいたはいの、礼いふ事もたんとあれど、心のせくはこの子の事、美濃屋のお通と云わしゃったは、半七と三勝の」「アイ、お二人の中に出来た、お通といふはこの子じゃはいな」「ヤア〱親父殿聞かしゃったか」「ヲ丶聞ている〱、その又

び上がるのがとてもリアルに見えます。しかし、そんなことは生身の役者には出来ません。そのできないことがお三輪の嫉妬の激情を実によく表現するのです。以上三つの効用があります。それはこのお園のくどきにもよく表れています。

17　人間以上にイキイキと

お園は最初のうちは行灯を使っていかにもリアルな動きを見せます。人形が人間以上にイキイキと見える瞬間です。「何所にどふしてござらふぞ」と門口に立つお園の姿は人間と変わりがありません。

18　人間にはできないことができる

自分がいなければ「半七様の身持ちも直り」というところでお園は足拍子を踏みます。これは人形遣い三人のうち足を担当している「足遣い」が踏むのですが、太夫と三味線の音楽の間にこれが入ると実に効果的に舞台にアクセントが付き、躍動感が出ます。しかしリアルに考えれば畳や土間で足拍子を踏んでも音は出ないはずだし、女性が足拍子を踏んだりはしないでしょう。現に生身の役者がやるととても不自然です。ところが人形がやると効果が出る。これは人間にはできないことを、人形だからできるという一例です。

19　後ろぶり

「未練な私が輪廻ゆえ」というところで、お園の人形を遣っていた人形遣い

お通をナヽヽ何で捨子にしてこちへはおこしたぞ、コリャ何ぞ訳があろふ、かヽ、懐かどこぞに書いた物でもないか、サヽヽ早ふ尋て見や」といふ内に、わくせき明ける守袋、内よりぱらりと落ちたる一通、取る間遅しと封押し切、「ヤア何じゃ、書置の事と書いて有」「ヤア〳〵〳〵、コレ〳〵嫁女、そなたのよい目でちゃっと読みゃ〳〵」「アイ〳〵、エヽナニ〳〵『十度契りて親子となる、父の御恩は山よりも高きとの世の教へ、我身にもわきまへおり候へども、その御恩も得送らず、儘ならぬ義理にからまれて、心にも有ぬ不孝の罪、御赦し下されたく候、分けて母様の御養育』申しお前の事でござります、よふお聞きなされませへ」「ヲヽよふ聞いています〳〵わいのふ」「聞ていゐさの、障子より、もれ、出づる月はさゆれど胸の闇」「エヽ時も時と[21]隣の稽古、そしてその跡は何と書いて有ぞ」「アイ『母様の御養育、海より深き御

は右手を離して、お園の人形を後ろ向きにして左手だけで人形を支え、首を廻してクリズという動きをします。これがハイライトです。くどきのなかにはこの「後ろぶり」があり、お園にはこれが二度もあります。この動きはリアルさを離れた感情表現で、こういう形で人形はその気持ちを直接観客に手渡すのです。

20 お通

端場で謎の女が捨てていった子供が出てきます。それを見たお園はその子が半七と三勝の間にできたお通という娘であることに気が付きます。様子を知って親たちがこの子の懐を探すと半七の「書置」が出てきます。そこで「書置」の廻し読みになります。

21 地唄がBGM

隣の家で座頭（目の不自由な芸人）の演奏する地唄「妹背川」が聞こえてきます。「聞いているさの障子より、もれ出ずる月はさゆれど胸の闇」。床の上の御簾内の三味線と床の三味線の合奏です。「妹背川」は能の「善知鳥」が原作です。「善知鳥」は東北の猟師が善知鳥という海鳥を捕まえる能です。猟師に襲われた親鳥は空に逃げますが、子鳥は飛べない、親鳥が「うとう」と呼ぶが子鳥は「やすかた」と答える。それで猟師に子鳥の位置がわかって捕獲されてしまう。親は子を救えず血の涙を流すという悲惨な物語です。そのテーマがこ

恵み、親父様の御機嫌あしい時には、陰になり日なたになり、幾千万のお心遣ひも、泡と消え行く我難義、人を殺せし身となり候へば、思ひ設ぬ御別れ』エヽそんならやっぱり半七様は」「ヲイノウ嫁女、善右衛門を殺しましたわいのふ」「ハア」「エヽあの又善右衛門といふやつが、大体や大かた悪いやつじゃないわいの、あんな悪者でも喧嘩両成敗、我子の命を解死人に取らるゝと、思へば〳〵宗岸殿、おりゃ口惜しいわい、〳〵〳〵〳〵のふ」「鴛鴦の片羽のとぼ〳〵と、子に迷ひ行さよ千鳥」[22]むざんやな半七は、今宵限りの命ぞと、
[23]三勝伴ひしほ〳〵と、心にかゝる我子の顔、名残にせめて今一目と、ともに戸口に夜の鶴、内にはそれと白髪の母、[24]心ならねど書置を、又取り上げて読む文章、『エヽ人を殺し、一日も生きながらへる所存はなく候へども、お通と申す娘一人御ざ候ふて、殊にかよはき生質、不便さ余る親心、それに心が引かされて、

の家族が書置を読む設定にはまっています。

鎮魂歌としての「妹背川」

義太夫は大抵悲劇です。その悲劇を飾るのは音楽の鎮魂歌です。「酒屋」も心中に行く息子であり、夫であり、婿である半七と三勝の二人に対する鎮魂歌です。その背景が「妹背川」です。そこへ門口に半七と三勝が忍んでくる。この鎮魂歌は「妹背川」、書置の廻し読み、門口の三勝半七という三つの要素を交互に見せることで成り立っています。

22 三つの空間

ここで舞台は三つの空間になります。中央のお園宗岸親子、半兵衛夫婦、それに子供のお通の五人が行灯によって書置を読む空間、上手に「妹背川」を演奏している隣家、下手に門口の格子戸を隔てて三勝半七、この三つの空間が舞台に揃って悲劇を彩ります。

23 比翼の衣裳

三勝半七は死出の旅の晴れ着に比翼の衣裳を着ています。家の中の老人三人に子供とお園の地味でリアルな風景と対照的です。比翼というのはペア・ルックの紋付きのことです。

けふ迄ながらへ候へども、所詮助からぬ身に候へば、思し召しもかへりみず、お通を遣はし候儘、私の少さくなりしと思し召れ、〲』「ド丶、丶れば丶見しやいの〲エ丶とっともふぐず〲と埒の明かぬ、『エ丶私の少さくなりしと思し召れ、御養育の御世話の程、くれ〲頼み上げ候、子を持って親の御恩をしると、お通が不便さいぢらしさに、お二人様の御恩の程、なおさらこの身にしみこたへ、有がたく存じ奉り候、エ丶又々心が丶りは、親父様の御勘当、相果て候　跡にても、御赦し下され候やう、母様宜しう御とりなし、是のみ黄泉の障りに御座候』ヲ丶道理じゃ、〲、〲、〲、可愛や」と泣く声洩る、表には半七が身にこたへ、か丶る歎きも我ゆゑと思へば今更空醜しく、身を悔んだる男泣、袖や袂を噛しめ〲泣音とゞむる憂思ひ、

　こなたはお園が猶涙、泣々取り上げ書置を、読もはかなき世の中の、『女はその家に有て、

24 書置の廻し読み

まずお園が読みます。そこへ「妹背川」が聞こえてくる。父母への謝恩。それを聞いて半兵衛が嘆くと今度は門口へ三勝半七が出てくる。今度は書置を半兵衛の妻が読みます。お通を頼むということが書いてある。それを聞いて泣く妻から半兵衛が取り上げて読みます。どうか自分の死後に勘当だけは許してほしい。そこでみんなが泣く。その泣き声が門口へ漏れて半七の悔恨になる。次にお園が読む。お園への言い訳が書いてあって、来世は夫婦とあるのでお園が泣く。そこで宗岸が交代して読む。そこへお通が乳を欲しがるので門の外の三勝が乳をやりたいという芝居になります。この書置の廻し読み、「妹背川」の音楽、家の内と外のからみが交互に交錯してよくできています。ある劇評家は「酒屋」一段のエッセンスはここにあるとまでいっています。

三勝半七の実説

元禄八年（一六九五）十二月七日、摂津国西成郡下難波村字サイタラ畑で男女の変死体が発見されました。サイタラ畑はあの世とこの世の境という意味で、今日の千日前にあたり、当時は墓地と焼場があったのです。訴えを受けた代官所は、手代を派遣して心中と断定。男は大和国宇智郡五條新町の商人赤根屋半七（三十四五歳）、女は大坂長町美濃屋平左衛門の養女サン（二十四五歳）です。この事件が大坂市中で評判になり、「さんかつ」という流行歌をきっかけに、道頓堀で歌舞伎化されて大当たりを取り一躍有名になりました。

酒屋

定る夫一人を頼みに思ふ物に候所、その頼みにおもふ我等が身持、いつしか愛相らしい詞もかけず、ついに一度の添臥もなく候へども、その色目も致さずして、夫大事親達大事と、辛抱に辛抱なされ候段、山々嬉しく存じ参らせ候、今迄すげなふ致し事もさら〳〵嫌ふではなく候へども、三勝とは、そもじの見へぬ先からの馴染にて、子迄もふけし中に候へば、互に退去もなりがたく、夫ゆゑ疎遠に打過参らせ候、しかし、夫婦は二世と申す事も候へば、未来は必夫婦にて候』ヲヽコリャ誠かいな半七様、ほんまの事でござんすかいな」「コリャヤイ娘、未来は夫婦と書いて有かいやい」「アイナア未来は夫婦と書いてござんす」「ヲヽそりゃマアいっちよい事が書いて有の、アヽ未来も未来じゃが、せめてマア一日なりとこの世で女夫にしてやりたい、何としてマアこの半七は、善右衛門を殺しましたぞい、ドレ〳〵娘もちっとじゃ、おれが

四通の遺書

「酒屋」では書置が後半のハイライトですが、それには理由があります。実際の事件では四通の遺書がありました。三勝の遺書は母親宛ての一通で遺骸の傍にありました、半七の方は大坂の定宿に故郷の母と友人宛てが各一通、遺骸の傍に三勝の養父美濃屋宛て。この半七の遺書を読んだ三田村鳶魚は、赤根屋の看板の籠文字と同筆でなかなか上手いといっています。内容はさすがに分別盛りの男が恋に落ちたさまが赤裸々です。赤根屋の親戚は結婚を迫る、しかし三勝は子持ちで遊女、親戚が受け入れるはずがない。この遺書が有名になったのです。

垢摺女

実際の美濃屋サンという女は、女舞の芸人ではなく垢摺女です。大坂には官許の廓は新町一つ。他の娼婦は全て非合法で、それでも一応は登録します。すなわち風呂に入った客の体を流すという名目の垢摺女。美濃屋に籍があって笠屋から出ている。それを浄瑠璃では女舞——つまり女性の舞踊手の美濃屋三勝にしました。江戸初期に女舞の舞い手として三勝という女がいたからです。この三勝の系統は上方でかなり有名な女芸人の系譜です。舞台と違って廓の舞い手はむろん女性ですから、そういう舞をショーアップしたのが女舞です。

かわってよみませふか」「イエ〳〵私に読して下さんせ」「是はさて片意地なわしにもちっと読ませといふに」「イエ〳〵わたしが」「是はしたり〳〵、その様に引っぱるとアヽトットモ破れるがな、『とかく不孝の我等に候へども、死後には嘸やお二人や、宗岸様の御歎き、随分〳〵力を付、この身に代わって御孝行になされ給はるべく候、申し残したき事どもは数々に候へども、涙に字性も見へがたく、あら〳〵惜き筆留申候、エヽ只々、お通が事のみ頼み上げ候』コレ半兵衛殿、是見やしやれ、よく〳〵心にかゝるかして、お通が事ばっかり〳〵書いて有はいのふ、『この上はなからぬ跡のお念仏、なむあみだ仏〳〵』〳〵〳〵」と読も終わらず宗岸親子、又臥沈めば、半兵衛夫婦、お通を中に抱き上げ、「初孫の顔が見たいと、心に思へど世間の義理で、是迄逢ひも見もせなんだ、かういふ事と知ったらば、顔見ぬ内がましであったのふ

夫婦は二世

半七は書置のなかで、お園に対してこの世では夫婦になれないが、来世では必ず夫婦になると誓っています。まことに身勝手な言い分で、同情の余地がありません。しかし当時は「親子は一世、夫婦は二世、主従は三世」といわれていました。つまり親子はこの世だけの関係だが夫婦は来世も夫婦だというわけです。この家族観が当時の封建的階級社会の支えになっていたのです。すなわち主従だけは、永遠に続く。ここに封建制度の根幹がありました。しかし「酒屋」ではこの家族観によって「未来は夫婦」という半七の言葉にお園も宗岸も狂喜する。いじらしいというほかありません。

美音と詞

「酒屋」は台本としては、詞本位で地味ですが、作曲は派手です。ことに初演の二代目豊竹島太夫という人が美音であったために、美音に語る人が多いのですが、実は詞が難しい。ことにこの書置の廻し読みは長いので大変です。明治の名人竹本摂津大掾（→355ページ）は、あの美声、あの節回しのうまさでくどきなどは節数は少ないのに素晴らしかったといいますが、その名人にしても書置には入れ事をしています。たとえばお園から書置を宗岸が取り上げる「とっともう、破れるがな」が、原作にはない入れ事です。しかし摂津大掾だと、その入れ事がイキイキして、宗岸の動作が目に見えるようだったそうです。

ばゝ」「ヲヽ愛らし盛りのこのお通、半七と一所にくらすなら、ノウ親父殿」「ヲヽソレイノよい楽しみであろふ物、コレばゝ是を見やいの是を何にも知らずに坊主めは、手打やあばゞ〳〵ばっかりしておるわいの」「ヲイノ、こりゃ孫よ、もふとゝもかゝもない程にの、25 今夜からこのばゝと一所に寝いよ、アとはいふ物の乳もなく、今から先の寝起きにも、さぞや歎かん親々が、知らずにいるか胴欲者、むごい心いぢらしや」と、いふ声洩る三勝が、思はず乳房を握りしめ、「乳は爰に有る物を、飲ましてやりたい顔見たい、乳が張るわいのふ」と身をふるはせ、缺入らんにも関の戸に、空音もならず羽抜鳥、親は外面に血の涙、子は安かたの安からぬ、悲しさせまる内と外、一度にわっと湧き出づる、涙浪花江泉川、小きんを汲出すごとくなり、

半七は歯をくひしめ、「かばかり深き御なさけ是非もなや勿体なや、不孝を赦させ給は

25 木戸の内と外を弾き分ける

この三つの空間で、たとえば半兵衛の妻が今夜からお通に「今夜からこの婆と一緒に寝いよ」というと、それを漏れ聞いた門の外の三勝が「思わず乳房を握りしめ、乳はここにあるものを」というところは三勝の母としての見せ場で、それとは知らぬ家の中とドラマが連動しています。木戸一つで死に行く二人、残された家族の姿が鮮明になる。それを弾き分ける二代目喜左衛門（↓365ページ）の三味線のコロッと変わる妙技を忘れることが出来ません。

事件のプロセスこそがドラマ

浄瑠璃の原作はこの後があります。三勝半七の二人が立ち去る。書置を読み終わった半兵衛たちが二人を探そうとするところへ役人が訪ねて来て、半七が殺した人間が犯罪人であったこと、したがって半七は無罪という宣告を伝えます。その後そうとは知らぬ三勝半七は道行をして心中してしまいます。道行は別にしても「酒屋」の段は役人の宣告までは戯曲があるのですが、大抵カットします。理由は第一に余韻を大切にするからです。ドラマはすでに終わっているのです。第二の理由は結果は史上有名だから要らないのです。たとえば「忠臣蔵」は最後の場面の討入りをほとんど上演しません。赤穂浪士が主人の仇を討ったことはだれでも知っているからです。浄瑠璃のドラマはそのプロセスにあるのです。三勝半七の心中も「忠臣蔵」ほど全国区の事件ではありませんが、関西ではだれ知らぬもののないほど有名な事件だったのです。浄瑠璃は歴史的

れかし、アヽいつ迄泣いてもかへらぬくり言、親父様の御縄目、早ふほどくが身の最期、いざ〱急がんサアおじや」と、立上がりしが「今生の、別れにせめて御顔を」とさし覗けば、三勝も、「お通を一目」とのび上がり見れども親子隔ての関、何と千万無量の思ひ両手を合わせ伏し拝み「おさらば〱」といふ声も、歎きに埋む我家の内、見返り、〱死に行く、身の成果ぞ哀れなり

な事実の裏話にドラマを発見したのです。したがって切場はここで終わりで、次の役人の件りをもし出すとすれば「只今の奥」とか「只今の次」とかいうことになって別な太夫が語ります。浄瑠璃一段は、端場と切場でできているので「奥」とか「次」とか「中」とかいうのは便法に過ぎません。

三味線、太夫、人形、三つが一体となる

文楽の人形は、三味線が世界を創り、太夫が場景や人間を完璧に語り切った世界を、さらに絵として別な次元に立体的に創造していくものです。三味線、太夫、そして人形という三業が一体になった時に文楽の世界が開けてくる。太夫の語り、三味線の音楽、人形の動き、この三つが一体になってはじめて開ける劇的宇宙が文楽の醍醐味です。しかしそういう瞬間はなかなか来ない。来ない理由は一つは、三者の芸のクオリティーが一体に揃う瞬間がよほどいい舞台でないとないからです。もう一つの理由は見る側にあります。人形を見ていると太夫や三味線を聞きそびれる。そういうことがあるでしょう。その時は自由に心の赴くままに見ることです。人形を見ているならば一生懸命、集中して人形を見る。太夫を聞くならばやはり一生懸命に聞く。この一心に聞き、一心に見ることが大事です。そうすると、自然に太夫の語りが耳に入って来て、三味線も聞こえてくる。名人の芸は、人形の動きに、太夫の語りが写り、三味線が自然に移る。人形から音が聞こえてくるのです。ここで大事なのは、一心に聞き、一心に見ることです。そうすれば、自然に全部が見えてきます。

初級編

堀川
引窓
野崎村
十種香

堀川

マクラ一枚が大切

「初級編」には前の「酒屋」をはじめ、比較的なじみやすい世話浄瑠璃を集めました。浄瑠璃には、大時代な時代浄瑠璃と、市井の庶民を扱う世話浄瑠璃があります。世話浄瑠璃は我々と同じ等身大の市民の話ですから、肩ひじ張らないで気楽に聞いてほしい。主人公が王侯貴族とか英雄豪傑とか、政治が動くとか、身替わりに子供を討つとか、大事件が起きない。たとえば「妹背山」の鱶七も「忠臣蔵」の大星由良助も出てこない。だから、ごく日常的なドラマとしてこれを聞いてほしい。当時の大坂の観客も、自分たちの日常の延長として見ていたでしょう。そういうふうに身近なものとして見ないとおもしろくないんです。私はこの一段が大好きです。なぜか。登場人物四人、みんないい人で、私の好きな人ばかり。そういうふうに、登場人物を好きになるのも、浄瑠璃を理解する第一歩です。

この浄瑠璃は非常に貧しい猿回しの一家の物語です。最初に、与次郎の目の見えない母親が、近所の娘、おつるという少女に半太夫節の『鳥辺山心中』を教えているというシーンで幕が開きます。心中物の名曲が出てくるわけですね。そして最後に、猿回しで『曽根崎心中』という心中物の名曲が出てくる。前の『鳥辺山心中』は今は滅んでしまった浄瑠璃の一派、半太夫節になって世間にはやった音楽で、最後の『曽根崎心中』は義太夫節ですね。近松門左衛門の『曽根崎心中』。フィクションとしての心中が二つ前後にあって、そのなかで現実の心中話が進行していくというのが、この芝居の大きな特徴ですね。そこで心中とは何かが問題になる。ことに心中で残された遺族はどうなのかという問題も出てきます。『鳥辺山心中』の場合は、お染と半九郎が京都の祇園町から抜け出して鳥辺山という葬祭場に行って心中する。心中として昔からある伝統的な形。そういう古典的な心中物の二つの音楽のジャンルがはじめと終わりにあって、そのなかで非常にリアルに現実の心中が進行していく。というところがミソなんですね。ことに、『鳥辺山心中』は男と女しか出てこない。当事者だけですね。それから、『曽根崎心中』のお初徳兵衛のほうも、当事者しか出てこない。それに対して、この「堀川」の現実の心中は、心中する人間と心中される側の家族が出てくるというところが大事なんです。一家のなかから心中する人間が出てきてしまった遺族の物語ということです。

芥川龍之介の小説『地獄変』に「堀川の大殿」という人間が出てきますが、堀川は昔は京都でも中心部だったんですね。ところが江戸時代に衰微して京都の郊外に等しい寂しい町になってしまった。

その町のあばら家が出てくる。ここの詞章に、「田舎がましの」というのがあります。それは「田舎のほうがいいよ」という意味ではありません。そうではなくて、「がまし」っていうのは、それ自体で一つの言葉なんです。田舎らしい、という意味なんです。「田舎が」で切っちゃいけない。切る人が大勢いるんだけどね。「田舎がまし」でひとつの言葉です。

同じ都も、世につれて、田舎がましの、薄煙、堀川辺に住居して後家の操も立つ月日、琴三味線の指南屋も、合の手縺れ、気縺れを、保養がてらの薬風呂、煽ぐも我を渋団扇、目さへ不自由な暮らしなり

——出だしの「同じ都も、世につれて」という意味がわからなかったんですけれど。

同じ都も世の中の移り変わりにつれて、昔は賑やかな町も今はさびれている。

——堀川も都だったけれど、今はちょっとさびれてしまったということですか？

そうそう。だから、薄煙、とくるわけ。そういう情景が大事なんですね。浄瑠璃はマクラが大事です。マクラというのは太夫が自分でつくる床本——一ページに大体五行書くので五行本といいますが、その第一ページをいいます。マクラが大事なのは、いくつかの理由によります。第一に白紙のところから物語の世界を開くはじめということ。第二に、その場の情景、人物の気持ちを描かなければならないこと。そして、この本の最後で説明する「風」、初演の太夫の語り口が大抵ここにあるからです。

――五行本の一ページってどのくらいですか？

今の「堀川」の引用でわかるでしょう。だいたい三つか四つのセンテンスで、これからはじまるドラマの場景がわかる分量です。この「堀川」でいけば、都の郊外の貧乏人の住居、目の不自由な老女が近所の子供に三味線小唄を教えている、これだけがマクラです。

――マクラ一枚に何が書いてあるのか、どうしたらわかるのかがわかりません。

注釈をよく読むことですね。しかしわからなければわからないでいい。私だって、「田舎がまし」という言葉を知るのは、長い間義太夫を聞いて、山城少掾（やましろのしょうじょう）（→350ページ）の芸談読んではじめてわかるわけだから。それだけ苦労しないと、やっぱり義太夫は本当にはわからないですねえ。注釈本でいちばんいいのは岩波の『古典文学大系』です。いきなり現代語訳を読むのはあまりお勧めしません。『源氏物語』のような小説は『あさきゆめみし』から入ってもいいけれども、文楽は現にそこに舞台があるのだから、まずはそれを見たほうがいい。そうしないで現代語訳を読むと、実は大事な感覚を取り落とす危険がある。たとえば、井筒屋伝兵衛（いづつやでんべえ）が現代語訳で仮に「僕」といったとして、そういう青年のイメージが先に身についてしまうと、どうしてもこの役の持っている大事な部分がわからなくなってしまう危険があるからです。そこが小説と戯曲の現代語訳の意味作用の違いです。

それで、まず大事なのは、おっかさんの性格なんです。この芝居はこのおばあさんが主役です。この最初の「稽古娘」（シーンの名前）――つまり近所の娘に老女が唄三味線の稽古をしているところでこの人の性格がわかる。たとえば、おつるっていう娘をどうやって教えているか。目が見えない。貧乏。息子はその日稼ぎの卑しい大道芸人。いまのストリートのアーティストとは違います。階級社会だから身分が違う。最下層民です。娘は廓（くるわ）へ女郎に売っている。そういうと鬼婆のように聞こえるけど、情理をわきまえたいい人なんです。ただ不運なんですね。音曲ができるからこの女はきっとおそらく昔は三味線を弾いて暮らしていた人だろうなということがわかって、なおかつ、そのお母さんが非常にやさしい教師という。「あの面白さを見る時は」と娘が唄う。と、おっかさんが「イエ〱しをれがない」といいます。「しおれ」というのは哀感のことです。娘の唄い方が棒読みだったんですね。そこで、こう唄うんだよと、やってみせます。それが「あの面白さを見る時は」。それについて少女が「あの面白さを見る時は」と唄うので「よし〱」つまりそれでいいよ、という教え方をするでしょう。そういうところで、おばあさんの性格が出ないとだめです。もうひとつ大事なことは、非常に寂しい風景のなかなのに、音楽的には賑やかに出ていくということですね。だから、弾き出しの音楽が賑やかでしょう。この寂しさとは逆にフシ付（づけ）（作曲）がされていて、心中物であるにもかかわらず、前の『鳥辺山心中』、後のお初徳兵衛の猿回しという、その二つが音楽的に賑やかなのでこの曲は人気があるんです。だから、その三味線を聞かないとだめなんです。

派手なフシ付がついている。それだからこそ、次の薄煙の悲惨さにベッタリつかないわけです。さらさら語っているでしょう。足取りが軽い。テンポが早い。これが世話物の特徴です。重々しく語っていない。時代物ではないから。そこへこの三味線のいい手が入ってくるから、よけい音楽としておもしろい。悲惨なのに華やか、華やかでいて実はどん底。それに目が見えないのに、ひとりで薬をつくって飲んでいる母親の生活感。その生活感が大事です。その寂しさをどう出すか。普通の人間は相手に向かって、相手を見て喋っている。しかし目が見えないから、相手の気配を探るごく短いひと間があるんですよ。たとえば与次郎が帰ってきたとき、「ヲヽ兄戻りやったか」って、すぐいっちゃだめなんだよ、与次郎の気配を確かめて、「ヲヽ兄戻りやったか」って、そういうところが大事なんです。

――そのくらいのことは、太夫ならだれでもできているんですよね?

全然できてない。だからつまんないんだよ、今の義太夫は。そんな技巧はやろうと思えばだれでもできる。しかしそれを聞いていて、「目が見えないんだな」と、観客が思うように語ることは結構むずかしいんです。「目が見えない」という設定だけを説明してもだめで、それがおっかさんの人生、性格と結びついて立体的に立ち上がってこないと。表現ってそういうもの、ただの説明では表現にならない。それに、おばあさんは目が不自由な人特有の声だからね。

――目が見えないことと声って関係があるんですか?

普通の人よりも声がちょっと高くなる。たとえば、桂文楽の「景清(かげきよ)」という落語になんで感心するかというと、主人公が按摩(あんま)で目が見えない。きちんと目が見えない人の声になっているからです。そういう目が見えない人特有の声で語られると、自然とこの女が生きてくる。それにかぶせて、おつるは少女の声だから、もっと甲高いわけでしょう。「あの面白さを見る時は」という掛け合いがおもしろくなる。「イエ〳〵声にしをれがない」というのは、目で探ってるからね。目が見えない老女の声、同じ甲高さでも。いかにも貧乏な家の、そこから三味線の音が聞こえてきて。しがない三味線の師匠がいるなあ、って思わせることが大事。

――最初のマクラにこんなに見どころがあるとは思ってもいませんでした。

ただ、ぼーっとして聞いていちゃだめなんだよ。

――「鳥辺山」が引用されているところは、着物の名前がいっぱい出てくるだけで、たいして大事な感じがしないんですけど。

名寄せといって、ものの名を並べていうことに意味がある技法があります。たとえば「娘道成寺」の鐘づくし、廓づくし、山づくしはそうですね。ただ名前が並んでいるのではなく、それを並べることで、その対象の魂をとるんです。ここの衣裳もただの描写ではなく、そういうものの魂が問題なんです。有名なんです、そこが。今日では「鳥辺山」というと岡本綺堂の『鳥辺山心中』が有名ですが、むろん半太夫節の音曲のほうが古く有名だったんです。

次は、与次郎が出てきます。与次郎は親孝行、臆病者、気が良くて、ちょっと抜けたところもある。

でも馬鹿じゃないっていうところが大事。朴訥で誠実で愛嬌のある青年です。与次郎は十一代目仁左衛門の当たり芸で、十三代目もやったし、今日の我當がぴったりなんですよ。人形のカシラは三枚目のカシラになっています。それで滑稽に野卑に動く人がいるんですが本当はそうではなくて、真面目な人なんですよ。

――やりたい放題ですよね。人形遣いが違うと思ったら、勝手に変えていいんですか？

変えてもいいんですよ。ハラのなかで、もっとしっとりした人間だっていうふうにやれば、表面はチャリ――つまり喜劇的でもいいんです。それを歌舞伎は芝居自体が地味だから少しでも派手にしようとして脱線してしまう。

前半で大事なのは母親の嘆きですね。「つれなの老の命やと」。ここが大事です。もう生きていたくない、死にたい、と。老人になって子供の負担になっている、こんなに貧乏してつらい。この前段があるから、あとの改心が効く。自分が身体が悪くて養生しなければならないことが、子供たちに迷惑をかけていると思うと、薬が毒に感じられるし、「母ではなうて子供の為には、呵責の鬼と思はるゝ」というのは、子供にとっては鬼のような存在なのではないか。お荷物なのではないか。「呵責」というのは責める、つまり、呵責の鬼のように子供にとっては思えるだろう。鬼というのは本来、地獄にいるものなのに、いまこの世の中で、お前たちにとっては私が鬼だろう。そういう自分が悲しい。でも、それは老いのためだ。そこで与次郎の自慢話になる。ここは明るく滑稽にいくところです。

——母親を励ましたい気持ちはわかるけど、あまりにも見え透いていますよね？

そこがおもしろい。嘘は母親だけでなく観客も知っている。はじめはつい出まかせでいったわけでしょう。嘘がどんどん膨らんでも母親は嘘だってわかってるから安心しない。だから、よけい嘘が誇大になっていく。そうすると、嘘の種が尽きる。それで、あああ、ってそのあたりを見廻して、とんでもない嘘が出てくるというわけだ。

——家を買ってくれといわれている、とか。

そうそうそう、その嘘のおもしろさ。そこのところが嘘だってわかられちゃっているのに、嘘をつかなきゃならないっていう切なさに与次郎の哀しさと賢さと両方あるんだよ。うちには魚もあって鮨屋に卸していると。顔色を見ていればわかるわけでしょう、おっかさんが信じてないって。そうすると、よけい嘘をつくわけでしょう。だから、たとえば、ここの山城少掾の「堀川」の芸談に、「すぐに『ああ、これ母者人（ははじゃひと）』とつづけずに、ちよつと間をおくやうに私はしています。母親の愁嘆に誘ひ込まれてともども与次郎も腹では泣いてゐたので、すぐに言葉がつげぬといふこゝろで、さうやつてゐます。与次郎が母をなぐさめる言葉のなかの『それにまだ……まだ……』は、そこまで並べ立てた気休めの嘘が種切れになつて、ほかになにがなと捜し案じて、あとをいひ澁（しぶ）つている気味合ひでやり、そこでフッと家主のことを思ひついたこゝろで、気を変えて、あと勢ひよく、『や、まだ、まだ、まだ』と」（茶谷（ちゃたに）半次郎著『山城少掾聞書』）。太夫はそれだけ苦労しているんだよ。というわけで、おもしろさの陰には悲しさがある。というところの二重の設定がわかれば、ここはいいわけです。

——「嘘八百さへ一貫に」ってどういうことですか？

嘘八百から一貫という数字が出てきて、八百文から一貫に飛ぶわけだよね。八百のものを一貫にしていうっていう意味です。江戸は金建てですが、上方では銀建てです。金一両が現在の十二万円だとすると、銭一貫目は三万円です。

自慢話が終わったところで、お俊(しゅん)が心配だと母親がいうでしょう。そこで事情がはじめて語られるわけですね。もっとも、この前の「四条河原(しじょうかわら)の段」を見ていればわかるんですが、丹波屋の女郎お俊は井筒屋伝兵衛の恋人ですが、その伝兵衛がお俊に惚れていた横淵官左衛門(よこぶちかんざえもん)にだまされて金を奪われ、それを取り返そうとして伝兵衛が横淵官左衛門を殺した。伝兵衛はそれから逃亡して指名手配されているのに、いまだに行方不明。捜査はお俊の親方の置屋にも及んでいるし、親方はストーカーになっている伝兵衛がお俊を道連れに殺していかないものでもないから心配だからと親元に預けに来た。なんとか、指名手配されている伝兵衛からお俊を守らなければならない。それにはまず、自衛手段を講じなければならない。それではお俊を呼び出そうということになって、「お俊の出」になります。

——なぜ、みんながそんなに伝兵衛を悪い人だと思い込むんですか？

殺人犯がストーカーになっているんだから警戒するの当たり前じゃないかな。

――伝兵衛は普段からいい人なんですよね？

伝兵衛がいい人だとか、横淵官左衛門が悪人だとかっていうのは観客の見方であって、当時の身分制度からいったら侍が一人殺されて犯人が町人となったら、殺人犯、即指名手配ですよ。指名手配の奴がストーカーになって殺しに来るかもしれないっておびえているわけ。だから避難している。

――なんで殺しに来ると思うんですか？

道連れに殺しに来る。トラブルの原因はお俊だから、お俊を巡る金のトラブルから起きた殺人だからね。伝兵衛の人柄を知っていたとしても、侍を殺したからには捕まえて差し出さなければならないわけでしょう。逆にいえば、その追い詰められた伝兵衛がどんなに凶暴なことをするかわからないという両面からとりあえずお俊を実家に預けた。避難させた。

――揚屋（あげや）のほうが人手があるのに、実家に戻すことが本当に守ることになるんですか？

それが「田舎がまし」なんだよ。

――田舎の人の発想ってこと？

違う違う、田舎がましなんだよ。東京でこういう問題が起きたら郊外の人目につかないところに行きなさいって思うでしょう。そこまでは伝兵衛も行かないって思うんじゃない？　そういう場所だっていうところがマクラでわかってないと。

——これが守ってることになるっていうのがすごく不思議でした。

おっかさんが守っていることになるでしょう。おつるさんに稽古つけるのだって、本当はお俊が稽古つけたほうがいいわけでしょう。家にいるんだから。

——お俊のほうがうまいんですか？

芸は母親のほうがうまいかもしれないけれども。目が見えれば教えるのには便利でしょう。

お俊をできるだけ人目につく端近（はしぢか）に出せないから、おっかさんが教えてるわけだよ。そういう状況がわからないとだめですね。最初の「田舎がまし」っていうのはただの言葉の問題だけじゃなくて、そういう状況設定を暗示する大事な言葉なんですよ。

——でも、いるとわかってしまうから、お母さんが教える？

それで、与次郎が「お俊、お俊」って呼ぶのでお俊が出ますね。ここが前半のクライマックスです。お俊が出てきて、この貧乏家にきれいな女が出てくる。こんなところに鶴が舞い降りたというくらいの美女が出る。先代の河原崎国太郎（かわらざきくにたろう）は実にそれらしかったし、梅幸（ばいこう）もきれいでしたよ。そこでお俊が伝兵衛とは深い仲ではないというわけだね。「しかし勤めのならひにて、人の落ち目を見捨てるを、廓(さと)の恥辱とするわいな」。遊里の倫理に反するから落ち目になった客を見捨てられない、という。しかし、実は人の落ち目を見捨てるのが遊里の習慣なんだよ。廓(くるわ)ではお金の無い奴を相手にするわけないでしょう。ことに指名手配の人なんか相手にしない、それを廓の恥辱だと偽って母親を説得しようとしている、ここがお俊という女のキャラクターなんですよ。普通ならば、金の切れ目が縁の切れ目でしょう。もううちの店に来ないでくださいっていうところを、この女は伝兵衛が恋しいから、廓の恥辱とするわいなって母親を説得している。

——こういうところの人形にはハラがあるんですか？

人形はもともと魂がありません。そこに魂を入れるのが人形遣いのウデです。それにはむろん人間らしい動きをするのが第一ですが、いくら人間らしく動かしても人間にかないっこありません。それでは単なる物真似にすぎず、芸とはいえません。そこでどうするかというと、一つは動きを抑制してわずかな動きのなかに心の動きを表現するのです。そうしてハラを見せるのです。そこに生きた人間が表現される。そうしておいて人形は人間にはできないような動きをするのです。たとえば足拍子を音を立ててふむ、あるいは飛び上がったりする。つまり、人間以上の動きをする。その動きと抑制した動きの交互によってハラが表現されるのです。この場合でいえば、お俊のハラは母と兄を説得する気持ちと同時に伝兵衛への深い恋の表現がなければなりません。それが表現されたらば人形は人間以上に純粋に精神的なものを表現することができるのです。それだから動きが大事なんですね。お俊の場合でいえば二重のハラをもっていなければならない。口では伝兵衛とは深い仲ではないといいながら、実は死ぬ覚悟でいる。そういうハラが人形の動きのなかに出てこなければいけないわけだね。

――兄のいう「往にがけの駄賃馬で踏殺し」の駄賃馬というのは?

危険だから、行きがけの駄賃と、駄賃馬がかかっている。駄賃馬とは安ッぽくて乱暴な馬のことです。行きがけの駄賃に殺していくかもしれない。その馬という言葉から、「滅多にかみ合わされぬ」と、かみ合いという言葉が出てきて、一緒に会わせることはできない、となる。それではあなたとは関係ありませんという手紙、つまり絶縁状を書けという与次郎の提案で、お俊がそれを書きます。あばら家の夜、行灯の光をたよりにひとりの美女が手紙を書いている。あとで、これは書置ということがわかるんだけど、そういう景色はいい景色ですね。そこで、親子三人が寝ることになります。ここで前半が終わります。

――お母さんが話しているのに兄が片付けしまくっているのはおかしくないですか?

生活感を出すためです。人間関係からいえば、与次郎は百姓でもいいわけでしょう。しかし百姓だと、畑から帰ってきて家で何もすることがないでしょう。猿回しの大道芸人の一家だというところが、もうひとつのミソなんだよ。つまり、大道芸人だから市民から人間だと思われていないわけ。しかも、自分の家のなかに猿を飼っている。猿の世話をしなければならない。

――猿回しの生活をちょっと見せる的なこと？

そうそうそう、下手な人がやると邪魔になるよね。

――「思ひ切るのがあっちの為」と、伝兵衛のためにも手紙を書けといいますよね。

このトラブルはお俊から起きているから。お俊が思い切ったといえば、少しは事態が進展するだろうという、その程度の知恵しか与次郎には出ないんだよ。

――お母さんの言葉に、あっちのため、と兄がリフレインしたりするのは？

半分はおためごかし。と同時に、馴れ初めたお俊に思い切らせようとしている。男女の仲は両方くっついているんだから、片方だけおさめても、片方がおさまらないというのが当然出てくるでしょう。だから、両方おさめようとしているわけ。そのへんは賢いんだよ。世俗的な賢さですね。世知辛いというか。そこが大道芸で、人を見ている人間なんですよ。

――なんで妹は字が書けるんですか？

寺子屋に行ったからでしょう。兄が犠牲になって。しかも廓の女は字が書けなければ客を呼ぶための手紙を書けない。むろん代筆屋もいたろうけれど。

――与次郎は？

生活苦で行かれなかった。少なくとも現在は母子家庭なんだから。そこも兄貴の愛情なんだよ。つまり、妹に行かせてやった。自分が大道芸人になって。

義太夫はこういうところの風情を味わってほしいんだけど。もう、みんな寝静まって深々と更けてくる夜の風情。「沼津」のお米(よね)、平作、十兵衛がみんな寝るところがあるでしょう。あそこも寂しい秋の田舎の夜ふけの景色にならないとだめなんですよ。ここも同じなんです。深々と夜の景色になって、そこでやっぱり「堀川」の景色というものが出てくるのが大事なんですね、「伝兵衛の出」っていうのは。

――景色っていうと？

風景とは少し違う。景色というのはその場の物理的な風景を含めて、人間の姿、心のありさま、世界全体の雰囲気、生活の余韻みたいなものです。それがないとだめなんですよ。そのおもしろさを味わってほしい。劇場全体が包まれる雰囲気です。そういうものが大事、それを景色という。

伝兵衛は和事(わごと)の役ですから、女の所に訪ねてくる色気がなければならない。お俊は実家に帰っていると聞いて、堀川まで訪ねてくるんだから、それなりの覚悟がいるわけでしょう。

――捕まるかもしれない。

捕まるかもしれないし、むろん、つまり、実家の家族に対してどういう言い訳をしたらいいか。それでもなおかつ、お俊に会いたい。会って真意を確かめたい。伝兵衛はお俊の抱え主からお俊は自分に愛想尽かしをしているといわれてるわけだよ。それでもなおかつ会いに来たわけだから、それなりの覚悟が伝兵衛にはあるでしょう。

「伝兵衛の出」になります。それで、闇の夜で与次郎が間違えて、お俊を表に出して伝兵衛を家のなかに入れてしまったわけですね。そこで伝兵衛にお俊ののき状（離縁状）だといって、臆病な与次郎がのき状と称するものを突き付けますね。伝兵衛は母親に対しても兄貴に対しても申し訳ないっていう気持ちでいっぱいだから、のき状って聞いたときにカーッとするわけだね。カーッとしたところでのき状を読むと、「書置の事」とある。この書置を読むところが大事。そこでお俊の心情が自分で語るのではなくて、手紙の形で人に読まれて、そしてお俊の本当の気持ち、実は心中に行きたい、伝兵衛と一緒に、という気持ちが出てくるところが大事なんですね。それは当人が語るよりずっと強烈な衝撃になるでしょう。それから、次の段になって、お俊が入ってきて、お俊の有名なくどき。「そりゃ聞えませぬ、伝兵衛様」になりますね。これがお俊の本当の気持ち。ここではじめて観客は「人の落ち目を見捨てるを、廓（さと）の恥辱とするわいな」というのが表面のことであって、お俊の本当の気持ちはここにあったということがわかるわけです。ここで大事なことは、四人の家族の気持ちがひとつに溶け合うというところなんですね。でも、問題なのは母親の気持ちですね。それは、母親はその書置を聞いてはじめて娘の心情がわかった。いつも操を正しく正しくと教えていながら、実は自分は逆なことをいっていた。つまりそれほど真剣に思っている恋人に操を立てずに捨てろといってきた。しかもこの母親には娘に負い目がある。この娘を貧乏なため廓へ売ったのは自分でしょう。廓に売ってしまったわけだから、そのことに耐えられない。そこの母親の改心というのが、このドラマのいちばんのポイントですね。

――「そなたの心に恥入って」というのは、そなたの心を聞いて、

恥ずかしい思いをしたということです。女の道を常々教えてきて、お前は娼婦に売られたにもかかわらず、女の道を立てとおして、義理を立てとおしてひとりの恋人を守ろうとしている。それなのに、私はお前がかわいいばっかりに、その男を排除して、女の操を立てているお前の道を邪魔したのは恥ずかしいことだった。まず、貧苦ゆえに廓に売った。今また、女の操を立てなさいと教育したにもかかわらず、男を捨てろといっているのは、私が自分でいっていることと、実は反対のことをしてしまって、論理的ではないということに恥じ入っている。山城少掾のここは泣くところだよ。「心中に合点してやる親心」、これなんですよ。そんな親はいない。いざ心中となったら、家族はみんな止めるにきまっている。それでもお前の気持ちに感動して、私は自分の教えたことが間違いではなかったと思って、お前を手放して心中に出してやる。というところにくるところが、山城は大ドラマなんだね。僕は思うんだよ。非常にスケールの大きい政治劇も文楽にはあるけれど、こういう非常に我々と同じ等身大の人間の日常の生活のなかで、こういう大きな転換が起きるというのが、本当のドラマのスケールの大きさだと思う。蘇我入鹿(そがのいるか)がどうとかしたなんていうのは外面的にはスケールが大きいかもしれないけれど、そうではなくて、普通の人間が大ドラマを演じるというところが実は大事なんです。つまり、この母親の決断というのが大きいわけです。そういうところが、山城は本当にうまいんだよね。「引窓」のおっかさんが濡髪(ぬれがみ)に意見されて、畜生と同じだからって、「濡髪の長五郎を召し取ったぞ」というところ、「十次兵衛はいやらぬか」という変心(↓66ページ)と、この変心は非常に大きいですよ。

母の改心で、心中にわが娘を送り出してやるというのはたまらない悲劇だから、そのままならば非情で過酷な現実の悲劇です。それを猿回しが商売だから、お俊伝兵衛の結婚の祝儀に猿に『曽根崎心中』を舞わせる。人間の『曽根崎心中』を猿にやらせるわけですから一目見てだれにもこれは虚構化された滑稽な喜劇になる。そこで冒頭の『鳥辺山心中』の古典的な虚構化された心中と、この喜劇化された『曽根崎心中』と、そして今、ここで心中に行くお俊伝兵衛の現実の心中と三つの心中が対比されるとどうなるか。美化された古典的な心中、喜劇化された心中のなかで、お俊伝兵衛の悲劇があらためてうかび上がる。それは心中の虚構化であり相対化でしょう。段切れに「名を絵草紙に」という文句がありますが、お俊伝兵衛も「絵草紙」にのこる。しかし、そのことによってのこされた家族の悲劇が鮮明になるわけです。お俊伝兵衛と現実を虚構化する操作のために『曽根崎心中』があるわけです。それで非常に虚構化されるし、滑稽だし、しかも、音楽的には優れたリズムがある。浄瑠璃は、たいてい段切れは三味線が主役になるんですね。浄瑠璃はどっちみち悲劇が多いから、最後は鎮魂歌になるわけです。「寺子屋」でいえば「いろは送り」、「合邦（がっぽう）」でいえば最後の玉手御前（たまてごぜん）の、「六段目」も最後はやはり鎮魂歌になるわけでしょう。「堀川」でいえば、ここが鎮魂歌になるわけです。ここが三味線の聞きどころになるわけです。

――三味線の聞きどころって、足取りとかテンポとか、いい音だなあみたいなことですか？

ただいい音だけではだめなんですよ。心に沁（し）みる音でなきゃだめなんですよ。だから、ただめでたくて賑やかでいい音で猿回しが終わったらだめなんだね。悲しくて、そういう余韻があって、そういうものが大事なんですね。

――でも、旋律は華やかなんですよね。

そうそう。だから、派手に弾いていて、悲しく聞かせるっていうのはむずかしい。盲目の貧乏なおばあさんの寂しいのを派手にやっていって、今度は本当に悲しいのを派手なお猿で旅立ちを祝ってやる。心中がめでたいわけがない。それを恋の勝利という形で祝うという展開に、残された家族がうきぼりになるんです。

引窓(ひきまど)

人間の情愛を聞く

浄瑠璃の基本は人間の情を語る、聞くということです。情とは感情、心情ですが、なかでも情愛――つまり人情の機微です。さて、ここでその見本とでもいうべき作品――「引窓」をとりあげます。正式の外題(げだい)は『双蝶々曲輪日記(ふたつちょうちょうくるわのにっき)』といい、全十段のうち「引窓」は八段目にあたります。なぜ『双蝶々』というかといいますと二つの意味があります。一つは、濡髪長五郎(ぬれがみのちょうごろう)、放駒長吉(はなれごまちょうきち)という二人の相撲取りの対立。長五郎の「長」と長吉の「長」を重ねて「長々」――蝶々です。もう一つは、山崎屋与五郎という男性に愛人の藤屋の遊女吾妻(あづま)と、お照(てる)という本妻が絡んで三角関係になっています。与五郎は山崎屋という菜種油の大問屋の息子で菜種には蝶がつきもので、その三角関係に蝶々が絡んでいる。二つの蝶々、つまり二人の女という意味と、相撲取り二人の長五郎と長吉の「長々」をとって、『双蝶々曲輪日記』というんですね。

ここは山崎八幡にある、南与兵衛という人の家です。吾妻の姉女郎の都という女性が、この与兵衛と恋仲になって引き取られて人妻になっている、というところからはじまります。与兵衛の家庭劇、ホームドラマになっています。与兵衛のお父さんが南方十次兵衛といって代官だったんですが、与兵衛の母が死んだあと再婚した。その父親も死んで、あとに後妻の母親一人が残っている。この母親も再婚でして、前の夫との間にできた子供が濡髪長五郎ということになっています。その長五郎を大坂の長右衛門という人のところに養子にやって、この南与兵衛の父親と再婚した。ですから、与兵衛と母親は義理の仲。継母継子ということになりますね。

父親の再婚が受け入れられなかったのでしょう。南与兵衛は放蕩の限りを尽くして勘当を受け、遊女の都とできていたのですが、父親が死んだので、その都を身請けして、この母親のところに戻ってきた。都はお早と改名して、親子三人で暮らしている。そこへ山城の国の領主が国替えになりました。国替えというのは大名の転勤ですが、それについて人事を刷新したい。ついては、昔、代官をやっていた人間の筋目をたどって、南方十次兵衛の倅ということで南与兵衛がお召出しになるというところです。

——長五郎の養子先が相撲取りだったんですか？

大坂の長右衛門に養子にやったのが五歳のとき。その長右衛門が相撲取りだった。実の父親についてはあまり書かれていないけれど、養子先が相撲取りだったんですね。『双蝶々曲輪日記』はこの「引窓の段」以外も、「角力場(すもう)」や「米屋の段」もおもしろいですし、ことにおもしろいのは第六の「橋本の段」なんですね。これは先代の住太夫(すみたゆう)（→352ページ）の当たり芸でした。

「引窓」のマクラは、次の通りです。

出入る(いでい)や月弓(つきゆみ)の、八幡(やわた)山崎南与兵衛のお祖母(ばば)、我が子可愛かな金を出せさと謳(うた)ひしを、思合(おもいあ)わせばその昔、八幡近在隠れなき郷代官(ごうだいかん)の家筋も、今は妻のみ生き残り、神と仏を友にして秋の半(なかば)の放生(ほうじょ)会(うえ)、夜宮祭(よみやまつり)と待宵(まつよい)と掛荷(かけにな)うたる供物(そなえもの)

今日は旧暦で八月十四日。明日十五日が十五夜で放生会がある。放生会というのは、仏教の殺生を禁じたお祭りですね。十五夜の中秋の名月の前の晩、待宵というわけなんですね、待宵と、放生会の前夜祭である宵宮祭り、両方がかかっています。

——「神と仏を友にして」というのはどういうことですか？

お月見は神のものでしょう。放生会は仏様のものだから。神仏混合なんですよ、母はその二つを生きるたよりにして信仰しているというわけです。

――マクラにある「我が子可愛かな」というのは？

このマクラは山崎のあたりで昔から歌われている民謡です。歌で賑やかにしているんです。民謡の歌詞だから、意味はわからない。そういう歌が遠くから聞こえてくる、ということです。「忠臣蔵」の六段目もそうです。世話物では歌ではじまることが往々にしてある。「諷ひしを、思合わせばその昔」というのだから、昔の歌なんです。月見の芋は明日が本番、今日は待宵だから、明るいうちからは早い。明日の放生会は今日から飾っていいけれど、待宵はお月様が出てから飾ればいいと。

ひなびた八幡の里に遠く民謡が聞こえてくる。それが明るい遠景になって、しかしあとで思い合わせると、この歌がこれからはじまるドラマを予言している。たとえば「我が子可愛かな」は、この段の母の長五郎への愛を暗示しているのです。そう思うと、ここにまた特別な味わいが出るのです。

長五郎の「嬉しやここぢゃ」というせりふで、長五郎がはじめてここへ来たことがわかります。人に尋ねながら、ここまで来た。都と与兵衛が恋をしていることは、濡髪は廓で聞いて知っている。都を請け出した権九郎は犯罪人だし、太鼓持ちはピンはねをしていたから、与兵衛はこの人たちを殺したけれど、無罪放免になった。しかし自分は相手が犯罪者ではなかったから有罪、長五郎は同じ人殺しでも対照的な運命を思うのです。

この長五郎も含めて、ここには家族しかいないのに、その家族が何かを隠している。この人たちは四人とも隠し事がある。隠し事をしはじめると、家族は他人の寄合いだから、絆がなくなってしまう。

その絆が解けてしまったことを乗り越えて、幸福に家庭を築こうと努力するのが、この芝居です。

――「その訳知ってもしらぬ顔あそこやここの手前を思ひ」というのは？

与兵衛が、継母には前の夫との間に濡髪という子供がいる事情を知っても、知らぬ顔をしている。与兵衛の態度や、長五郎と付き合うと近所の噂もあるから、あそこやここの手前もあって、音信不通だったと。これが、おっかさんの隠し事のはじまりです。どうしていえなかったかというと、与兵衛が放蕩して家に寄り付かなかったからです。義理の息子でしょう。継母が来たせいで放蕩をはじめたのかもしれない。義理の息子は家に寄り付かない。おとっつぁんは死んでしまう。そういう状況のなかで、正直にいえるチャンスを失った、というわけですね。そこの隠し事が、まず第一の問題なわけです。

――そういう事情があるから、お母さんは実の子の濡髪にも連絡をとりにくかった？

本来はできないわけだよ。後妻に入った以上は、前の子供とはできない。理想的には親子三人、与兵衛、お早、濡髪の三人と暮らしていけたらと、「果報な身の上はまたと世間にあるまい」と思っているのに、それがひっくり返るからドラマになる。

――母親が実の息子を慕って訪ねていくのは当たり前と思いますけど。

いや、それは義理の上ではできない。今日でも抵抗があるでしょう。

――特別スキャンダラスな再婚だったというわけでもないのに？

一度、家に入って嫁入りした以上は、前のことはすっぱり縁を切らないと。いくら実の息子とはいえ、そこでいろいろしてはいけない。

――礼儀として？

義理ですね。前の家から南方十次兵衛の家に来たときに、前の家庭のことは忘れて来ている。縁を切って来ているわけだから、実の子だからというのはトラブルの元になるわけです。しかも、なおかつ、死んだとはいえ、当時はまだ養子親が生きていたわけでしょう。そこへの義理もある。そういう二重三重の義理があるからこそ、こういう偶然でここへ来たのなら、今日は放生会だし、母親の願いとしては四人で暮らそうということなんだよね。

しかし、長五郎は人を殺して追われていることを隠す。みんな隠し事をしている。「与兵衛殿がお帰りあろうと拙者が事お話し御無用」と長五郎がいったあと、「なぜ〱」と母親がいってるんだよね。「なんでいっちゃいけないの？」と。この「なぜ〱」という短いせりふで母親の性根(しょうね)が出るわけだから、そういうところを語り分けることも大事だし、聞き分けないとだめです。

――口止めしたのは四人も殺したからですか？

しかも殺した相手が侍だからです。捕まれば死刑になるのは間違いない。だからこれがこの世の別れになると覚悟しているわけです。

――濡髪が食事は「欠椀(かけわん)の一杯ぎり」でいいというのは最後の晩餐ということですか？

刑務所のごはんのことです。

――与兵衛が任命された郷代官(ごうだいかん)というのは刑事みたいなものですか？

少し違います。代官は領主の代理人として政治を行う者で、郷というのは地方の場末の区画をいうので、「郷代官」は普通の代官のさらに場末の区画の代官の代理みたいな役です。むろん、警察権も持っている。だから、ここで殺人者を探さなければならない。おっかさんの義理の息子をかばってとり逃がしたらば最初の任務をしくじるわけだから、当然出世が遅れるに決まっている。

――歌舞伎と違って、三原伝造(でんぞう)のほうがやたらガミガミいってますよね。

平岡丹平(たんぺい)は「身が弟は郷左衛門(ごうざえもん)」といっていて、三原伝造は「手前が兄は有右衛門(ありえもん)」といっているんだから、平岡丹平のほうが年長でなければいけない。歌舞伎だと、どちらが年長かわからないことが多い。文楽は、ちゃんと年下である三原伝造が若いだけ血気さかんな敵役(かたきやく)になっている。

——確かに、歌舞伎だと悪い人の兄弟という感じがあまりしないんですよね。

御曹司が出るから、そう見えにくい。晩に役所で会いましょうといっているから、まだ夕方なんです。芝居全体で、時間経過がちゃんと計算されている。最後に月光がこうこうと照りつける。

——ずっと明るいから月の光を感じにくいです。どうして照明を変えないんですか？

文楽も歌舞伎も照明は変えられないんです。電気の照明が入ってくるのは明治以降ですからね。したがって、その明るさ暗さは芸で見せるのが本来です。能だって照明は使わないでしょう。一度この「引窓」で、八代目中車(ちゅうしゃ)が照明を変えてやってみたことがあるんです。そうするとドラマの様式、芸の構造と矛盾してきて嘘ッぽくて見ていられなかったんですよ。いくら電気の照明でも真ッ暗にしては芝居が成り立たないんですね。そこでいくらか明るくすると嘘ッぽくなる。そこに芸の意味があるんです。

与兵衛が庄屋に呼び出された事情を話しています。関口流、柔(やわら)の一手、柔道ができるから呼び出された。新しい代官が連れてきた家来はこの地方の状況がわからないから与兵衛に申し付ける、と。

ちなみに、濡髪というのは髪が濡れているということではなくて、喧嘩の時にケガをしないために濡れた和紙を額にあてていたからなんだそうです。

——それなら、お相撲さん全員が濡髪じゃないですか。

相撲の時ではなく喧嘩するときにやるんでしょう。濡れた和紙を貼るのは、この人だけがそれを得意にしていたということでしょう。

ところで、舞台のこの引窓の位置が今は違う。この引窓を通して、長五郎の姿が手水鉢(ちょうずばち)に映る。近年になるにつれて、引窓の位置がいい加減になってきたんです。だからわかりにくいのですが、昔の絵本を見ると二階のすぐ下に引窓があって、その下が手水鉢になっています。そうすると濡髪の姿が真ッ直ぐに手水鉢の水面に映ります。それがわかりにくくなったのは舞台の空間の都合です。引窓というのはいろいろな地方にありますが、特にこの山崎に多くて有名なんです。天井にある窓のことで紐で操作して昼でも暗い部屋を明るくして夜は閉めます。

――歌舞伎も引窓を通して長五郎の姿が映るようにはなってないですよね？

そうですね。二重屋体(にじゅうやたい)を作って、部屋との間に板の間があるから。

――与兵衛が羽織のちりを落とすしぐさをするのは手水鉢を見るためですよね？

初代鴈治郎(がんじろう)が考えた。不自然でなく手水鉢に近寄るために。そのためには、引窓は初演の番附の絵にあるように、もっと上手(かみて)よりにないといけないんだけど、今は真ん中あたりだから、明るくなるか暗くなるかでしかない。部屋の中が暗くなったからといって庭先の手水鉢まで見えなくなるなんてことはおかしいでしょう。この初演の時の絵が正しい。手水鉢を下手(しもて)に持っていこうとすると芝居の邪魔になるから、いい加減になっていった。

──「敏き(さと)お早が引窓ぴっしゃり、内は真夜(しんや)になりにける」といってますけど？

そりゃ暗くなったということもあるけれど、しかしそれ以上に、紐を引いて窓をあければ上にいる長五郎が見える、というわけです。

──「内は真夜になりにける」というのを、文楽だとすごくゆっくり語りますよね。歌舞伎だとパパッと畳みかけていくところなのに。

歌舞伎は段どりでくるから畳みかけてくるけど、文楽の語り物としていけば、「上の障子が閉まりました」「引窓が閉まりました」「そして、全く違う深夜のような闇の世界になりました」と、この家族にとっての闇と光の世界を語り分けているからです。

闇の世界になりました。その闇の世界からおっかさんが知恵を絞って金で人相書を買いたいというから、この浄瑠璃は成立している。闇の話でしょう、おっかさんが人相書をくれというのは法に触れるわけだから。その法に触れてでも母親の愛情で考えたということなんだよ。ただ人相書を買うというのではありません。人相書がなければ、たとえ逮捕しても本人かどうか確認できない。つまり見逃してくれという証なんですよ。そういう世界をお客にも理解してほしいから、ゆっくりと語っているというわけです。

――与兵衛が濡髪がいるとわかるのはどのタイミングですか？

お早が引窓を閉めると部屋が暗くなる。そこで与兵衛が「こりゃ何とする」といいますね。そこでお早が日暮だから閉めたのだといいます。それを聞いて与兵衛が「面白い〳〵」といいますが、この最初の「面白い」というのは「フーン面白いじゃないか」という感想で、その次に間があって、この間に、お早への反論を思いつくんです。それが二度目の「面白い」です。つまり、お前が夜だというならば、夜は俺の担当だということをいう反論です。その反論に応えてお早がまた窓を開けて昼間だというのです。

――お母さんがいう永代経（えいたいきょう）っていうのはどういうものなんですか？

お寺に頼んで永代供養のためのお経を上げてもらうことです。それによって死後の世界を、未来というのはあの世、死後の世界のことですからね。あの世で救ってもらおうとするための寄付です。未来を助かるための貯金をあげるから、人相書を売ってくれないかと。つまり自分は地獄へ堕（お）ちてでも濡髪を助けたいというわけです。

――ここのところ、与兵衛があれこれ考えて、さては長五郎はお母さんの実の息子だなと思い当たるまでが、ものすごくあっさりしているように感じたんですが。

お金で人相書を買うというのは汚職でしょう。そこまでしても助けたいほど俺より長五郎のほうがかわいいのか、というひがみが与兵衛にはあるんだよ。この金を受け取って人相書を売るということは、与兵衛にとっては初仕事での出世の階段を外されることであると同時に、発覚すれば汚職だから、また免職です。そういう家の行く末もすべてかけて、それでもおっかさんは、よそにやった実の子のほうがかわいいのか、という思いが与兵衛にはあるわけです。それも含めて、ほんのちょっとの間でもって「母者人（ははじゃひと）、二十年以前に御実子を」というところへいかないとだめなんです。

ここでまた、おっかさんは隠し事をしている。与兵衛もまた自分の本心を隠してるわけ。本心は、俺より長五郎のほうがかわいいのかという、それで放蕩したくらいなわけだから。やっぱりそうか、って。

――文楽だと間をあけないのは物語本位だからですか？

そうですね。文楽のほうがリアルで緊迫感があります。テンポが早いと緊迫感が出る。その早い間でこれだけ複雑な思いを表現する。それが芸のおもしろさなんですよ。

――与兵衛は義理の息子だからこそ本心をいえなかった。「忠臣蔵」の九段目も、戸無瀬（となせ）が小浪（こなみ）を殺そうとするのもやっぱり義理の仲だからで、昔ってそういう義理の親子が多かったんですか？

そうじゃなくて、一つは今日と違って継母継子の間の、あるいは嫁と姑（しゅうとめ）の間の義理という意識が強かった。それは今日から見ても反面教師なのではないでしょうか。それが家族の絆をつくる基盤になっているという意味でね。もう一つは、この場合もそうだし、「忠臣蔵」九段目の戸無瀬や「合邦」の玉手のように継母継子の仲で、母であること、子であることを演じるというのが演劇的におもしろいからです。

――普段から隠し事をしているわけではないと、いちいち言い訳するお早が気の毒です。

実際、隠し事してるわけだからね。どんな家庭にもどんな人間にも秘密があるということです。そこで与兵衛は人相書を母に売る。これだって本当は売りたくないわけですね。それを隠して売る。そのウラの気持ちを読むことが大事だし、それが「情」を聞くということです。

――河内音頭の河内ではなくて、今の東大阪のあたりだから八幡から南に抜けるんですよね？

河内に抜けるということは、すでに他藩の領分に入るということです。他藩の領地へ入れば追手はそれだけかかりにくい。それよりも私にはよくわからないことがあります。それは狐川を左に取ってるのに、なんで右に渡れるのかがわからない。「左へ取る」というのは自分の左側に川を見て行く。その左にある川をどうして「右へ渡」れるのか教えてほしいんですよ。

ここで与兵衛は一度、夜廻りといって出かけます。たまりかねた濡髪が障子屋体からかけ出してくる。それを母とお早が止める。三人の芝居になります。

――「河内へ越える抜道まで教へてくれた大恩を、何と報じようと思ひをるぞ」という、逃げることが恩に報いることになるというのが、よくわからなかったのですが。

そこまで見逃してくれている恩を、ここで自首したら報じようがないではないか。生き延びなければ、恩返しのしようがない。そこで濡髪が一応承知して逃げるために変装します。前髪を剃り落とす。いわば「髪梳き」ですね。髪梳きは歌舞伎で初期の頃からあって、これは髪梳きの変形です。「四谷怪談」のお岩もそうです。

――「死なれぬ義理にて生きながらへ」の「死なれぬ義理」ってなんですか？

濡髪が殺人事件を起こしたあとに死のうとしたら放駒に止められて、「あなたが今死んだら与五郎に迷惑がかかる」といわれたことです。

――歌舞伎と違って元服を母と息子、親子だけでやるのはどうしてですか？

そのほうが劇的だから。歌舞伎で大きな仕どころになっている濡髪の「落ちやんす、剃りやんす」も歌舞伎の入れごとだからね。本当ならもっと若いときに元服して前髪を剃らなければならないのに、三十も過ぎて前髪を剃る。「剃るべき髪を剃らなかった」のは相撲のためですね。相撲取りは年をとっても前髪を剃りませんね。本来、前髪を剃るのは祝い事なのに、こういう局面で剃るのは悲しい、ということです。

――「心からとはいひながら」と母親にいわせるくらいなら、殺さざるを得なかった理由を濡髪が説明すればいいのにと思うんですけれど。

いわないいんだよ。二つ理由があってね。一つは、「難波裏(なんばうら)」という場面で濡髪の殺人があるのですが、悪いのは侍たちのほうで、濡髪はほとんど正当防衛に近い。それをすでに観客は見て知っているからです。もう一つは、そういうことをいわないのが濡髪のキャラクター。言い訳はしない男なんです。

与兵衛が路銀(ろぎん)を投げて、ほくろが潰(つぶ)れたことで、長五郎の覚悟になるわけですね。ここでドラマは一挙に変わるわけです。なぜ変わるかというと、長五郎が自分の気持ちを告白するからですね。みんな隠し事をやめよう、というのが長五郎の意見なわけです。

「未来の十次兵衛殿へ立ちますまいがの」というのが大事です。あの世にいる、あなたが結婚した与兵衛の父親に対してすまないではないか、という論理が出てくるので、母親が変心する。ここで義理の論理が出てくる。義理と人情の矛盾ですね。この矛盾をのりこえて――スジを通した時に隠し事は明らかになり否定されるんです。

――いくら物語とはいえ、路銀が当たってほくろがとれたって、オイオイオイって感じなんですけど。

ほくろは象徴ですからね。それがとれたというのは濡髪が生まれ変わったということであり、矛盾のなかから一つの論理を発見するというプロセスの象徴なんですよ。

——とはいえ、最初に見たとき、オイオイと思うのを通りこして、ぼろ泣きしている自分に驚きました。そんなありえないことにどうして感動できてしまうのか、今でも不思議です。

「引窓」にかぎらず、古典としての文楽がおもしろいのは、義理と人情にあります。というと古めかしく聞こえますが、実は決して古くない。義理は論理であり、この場合でいえば家族の絆を支える論理です。人情とは人間が本来もっている感情です。論理と感情、この二つが矛盾した時、それをこえて解決するにはどうすればいいのか。それは人間が生きている限りもっているテーマです。そのテーマをどう読解するか。与兵衛はこうした、母親はこうした。つまり義理をこえ感情をこえた本当の生き方、それがあるからこそ文楽はおもしろいし、今でも私たちの問題を含んでいるのです。

——「猫が子をくはへ歩く様に」というのはどういう意味ですか？

本能に従って、猫は子供をくわえてかわいがる、それは畜生の皮をかぶった動物にすぎない。ただひたすら本能に従って、本来与兵衛に突き出さなければならない長五郎を隠し通そうとしたのは義理知らずだと。

「昼夜と分ける継子本（ままこほん）の子」というところは絶唱ですね。昼と夜で義理と人情がテレコになっている。引窓の縄を使って長五郎を召し取ったあとが段切れです。

濡髪長五郎を召し捕ったぞ、十次兵衛は居やらぬか、受け取って手柄にめされと、呼ぶ声に与兵衛は

駆け入り、お手柄〳〵左様なうては叶はぬ所、とても遁れぬ科人、受け取って御前へ引く、女房ども
もう何時、されば夜半になりましょか、たはけ者めが、七つ半を最前聞いた、時刻が延びると役目が上がる、縄先知れぬ窓の引縄、三尺残して切るが古例、目分量に是からとすらりと抜いて縛縄、ずっかり切ればぐわら〳〵〳〵、さし込む月に、南無三宝夜が明けた、身どもが役は夜の内ばかり、明くれば則ち放生会、生けるを放す所の法、恩にきずとも勝手においきゃれ、ハはっと悦ぶ嫁姑、合わす両手の数よりも、九つの鐘六つ聞いて、残る三つは母への進上、拙者が命も御自分へ、それもいはずとさらば、〳〵、さらば、〳〵の暇乞別れて、こそは落ちて行く

――「草葉の蔭の親々への言訳」というのは、南方十次兵衛と長五郎の父親のことですか？

そうです、まずはその二人。それに先妻の与兵衛の母親も入ります。

――「合わす両手の数よりも、九つの鐘六つ聞いて」というのは？

嫁と姑の手を合わせると四本しかないでしょう。だけど、その数よりも多い九つ。九つ（夜中の十二時頃）の鐘だっていうわけだね。それを六つ（朝六時頃）と聞いて、残る三つは母への進上――つまりはなむけだというわけです。このはなむけこそ、与兵衛が今日発見した継母への本当の愛情でしょう。

――「拙者が命も御自分へ」というのは？

「拙者が命も」が濡髪、「御自分へ」というのが与兵衛の詞（ことば）。私の命はどうするんだ。残る三つは母への進上っていうけど、「俺の命はどうするんだ」って濡髪がいうと、「いや、それはお前にあげるよ」と与兵衛がいう、ということです。

ここで大事なことは、ここで中天に、空の真ん中に待宵の月が上がるわけです。明日は名月だから、ほぼ満月。それを与兵衛は「夜が明けた」といってるでしょう。でも、自然はまだ真夜中ということですよね。夜が本当に明けたなら月は沈むわけだから、つまり、与兵衛は自然を人工によって覆い隠そうとしている。人情よりも義理が先行して、義理によって問題が解決するという結末なんです。という論理が通ったから、逆にいえば、濡髪は逃がしたのだし、与兵衛は母親に愛情を返して、そういう筋の通ったことはわかったから、中天の月を見て夜が明けたというのは与兵衛の嘘でしょう。その嘘っていうのが義理に対する人情の回答なわけですよ。

野崎村

詞、地、イロの聞き分け

すでに「酒屋」で詞と地とイロによって義太夫が成り立つことを説明しました。その変化によって各所にフシがつくことも説明しました。そこでこの「野崎村」であらためて、もう一度、その聞き分けをしていただきたいと思います。わかりやすい世話浄瑠璃のなかでも、お染とお光の対照、久作の意見、そして尼になったお光のくどきといった聞きどころが多いからです。「野崎村」は正式な題名を『新版歌祭文』といい、近松半二の上下二巻の世話浄瑠璃です。お染久松が心中したとかしないとかという事件に関しては先行作品がたくさんあって、それを半二がまとめて今日に残るような傑作を書いたわけです。上の巻は二場に分かれておりまして、最初が「座摩社の段」で、次が「野崎村」。下の巻が大坂瓦屋橋の油屋へいくわけですね。「座摩社の段」でどういうことが起きるかというと、瓦屋橋の大きな商家、油屋はお母さんとお染という母子家庭なわけですが、経営がうまくいかなくて借金をしている。山家屋佐四郎という人から借りているのですが、山家屋は大ブルジョアで、下心があって、お染を自分の女房にしたいと思って、お金を貸しているわけです。という事情が語られまして、そこで、久松と下男の小助が得意先に行ってお金を受け取ってくる役目で使いに出て座摩社に来るんですね。そこでお染と久松のラブシーンになるわけですが、そのスキを見て小助が久松の預かってきた一貫五百目（約三百五十万円）というお金をペテンにかけて贋金とすり替えてしまう。それと知らずに久松は店へ帰って、その一貫五百目が油屋で大問題になります。

「野崎村」はいつも「お光の出」から上演されるのですが、その前に端場、プロローグがありまして、例の一貫五百目というお金の行方が知れなくなった罪によって、久松をいったん実家へ帰すということになった。小助が大坂から久松の実家である野崎村の久作という百姓家に久松を連れて帰ってくる。その端場を「あ痛し小助」というのは、そのいばりくさった小助に久作が一貫五百目のお金を叩き返す。それを受け取って帰り際に柱に頭をぶつけて、「あ、痛し」っていうから「あ痛し小助」っていうんです。歌舞伎では珍しく富十郎が国立劇場で小助をやって復活しましたからね。「座摩社」から見ましたけれど。その「あ痛し小助」が終わると、いよいよ、「お光の出」になります。

「新版」というのは先行作品があるので新しい版ですよ、というのと同時に、この「あ痛し小助」のときに、「お夏清十郎」の歌祭文のテキストを久作の家に売りにくるんですよ。それが、あとで久作が意見をするときに役に立つんですが、歌祭文というのはその歌本を使って街頭で門付をして語って聞かせる大道芸人がいたということです。その歌祭文を「お夏清十郎」できかせると同時に、今まで歌祭文で歌われてきた「お染久松」の新版ですよという意味。「お染久松」は「お夏清十郎」とシチュエーションが全く同じで、清十郎という手代と主人の娘のお夏が恋をするわけでしょう。主人の息子が使用人の女と駆け落ちしても罪にはならないんだけど、主人の娘が使用人の男と駆け落ちすると、その使用人はかどわかし、誘拐になって死刑です。現に「お夏清十郎」では、お夏は無罪ですが、清十郎は死刑になりました。

――そういうところが納得いかないんですよねー。

男尊女卑の社会だからですね。その前に、お話をしておかなければいけないのは、久作の家族関係なんですよ。久作にはいま重病の女房がいるんだけど、その連れ子がお光なんです。それに対して久松というのは、久作の妹が乳母(うば)をして育てた青年なんですが、久松の実家にお家騒動があって、久松がみなしご同然になったので、乳母だった妹が引き取って久作の家に預けている。そこで久作は久松とお光を結婚させようとします。血がつながってないからね。ということで、今日は十二月の暮れで、もうすぐ正月が来る。正月の準備ができあがっているから、その正月の準備を使って、久松とお光を結婚させようという取り決めを久作がにわかにするんですよ。お前たちを結婚させると二人にいって、おっかさんも安心させようといって、みんなが病間に入ったところで床(ゆか)が廻って切場(きりば)になります。

昭和三十一年、三越劇場ではじめて文楽の「野崎村」を見ました。私は大学二年でした。松大夫のちの春子大夫と四代目清六（→364ページ）、それにお光の人形が桐竹紋十郎（→370ページ）でした。春子大夫っていい名前なんです。明治時代のトップの摂津大掾（→355ページ）の師匠は春太夫っていうんだから。その人の弟子が摂津大掾と大隅太夫（→355ページ）。春子大夫というのは、その大隅太夫の前名です。清六というのは姿勢のいい人でねぇ、男前で女にモテるのは当たり前だよね。有吉佐和子が『一の糸』という小説にしたほど、恋多き人。紋十郎も瀬戸内寂聴が『恋川』という小説にしましたね。

さて、本当はお光は病間から出てこなきゃいけない。でも、ここからはじまるから、障子屋体から出てきたのでは映えないでしょう。だから、今では歌舞伎役者も人形遣いも、みんな、のれん口から出てくる。お光は久松が好きなんだよね。子供のときから一緒に育ったから。

――久松のほうはそれほどでもないんですよね？

久松は思春期のときにお店に奉公に行ったでしょう。そこにお染がいたわけだから、去るもの日々に疎しのたとえで、やっぱり手近なほうがいい。もう一つ問題なのは、都市と地方、中心と周縁という文化の差があるわけです。久作の家はお百姓。田舎娘のお光と、都会の大家の御令嬢のお染というのが対比されている。近松半二の得意なシンメトリーです。『本朝廿四孝』の八重垣姫と濡衣や、横蔵と慈悲蔵とか。「山の段」の背山と妹山みたいになっている。それからいくと、久松は武家の子供でしょう。育ちは久作に育てられたかもしれないけど、そうするとやっぱり洗練された文化のほうに惹かれるんです、男として。若者は都会に出たら都会の女に惚れるのであって、田舎の幼馴染は捨てられてしまったという話です。でも、そこにただの三角関係ではない、文化の違いがあるところを見なければならない。大坂郊外の野崎村の百姓の家庭と、瓦屋橋の大商家の娘という格差です。

――紋十郎のお光は、どういうところがいいんですか？

純真な田舎娘のあどけなさを出すところです。これは私が梅幸（ばいこう）のお光を見たときにわかったんですが、その処女の純真さが傷ついていたことこそがお光が尼になる動機なんですよ。紋十郎のよさというのは、そういう娘の細かい動作とか味わいがわかること。そういうお光がいるからこそ、この悲劇が成り立っているのであって、だから、そういうキャラクターが出ないとだめなんです。ただ、料理仕度にとんとん包丁で大根を切っているだけでは仕方がなくて、こんなにも結婚することが嬉しい、ただ好きな久松と結婚することが嬉しいばかりではなくて、結婚することそのものが嬉しいんです。だから、次のお染と久松のラブシーンを壁ごしに聞いたところでつまずくんです。絶望して、尼さんになる。結婚というものに憧れていたわけです。ところが、恋っていうのは同時にセックスでしょう。そこが問題になってくる。

――久松が帰ってきて、そんなに日はたっていないんですよね？

たった今帰ってきたんだよ。小助が借金のために連れて帰ってきた。

――六年もいなかったら、普通そんなに好きになれないのでは？

幼馴染だから。初恋の人なんだよ。それに対して、お染っていうのがどういう女かというと、都会の女には違いないけど、都会の女のなかでも非常に深窓に育ったブルジョアのお嬢さんだから艶やかなところがあって、一歩間違うと、お姫様のようになるわけですよ。文化的には洗練されているけれど、芸者のように洗練されているわけではないからね。そこが久松には、またいいんですよ。武家出身だから。そういう絡みを半二は非常に巧妙に伏線として張りめぐらしてあるわけです。歌舞伎では、七代目芝翫（しかん）のお光で四代目雀右衛門（じゃくえもん）のお染というのが好対照だった。その前に見たのは、歌右衛門（うたえもん）のお染に梅幸のお光。こういうふうになると、わかりやすいでしょう。玉三郎のお染に五代目勘九郎のお光。そういう対照が半二の狙いなんですよ。野崎参りという野崎の観音にお参りする行事があって、お染はそれを口実にして久松を追っかけて野崎村の実家までくる。

――お染は積極的ですよね。振袖の袖でガンガン久松を攻めますよね。

武智鉄二は、あの振袖は性の象徴だといってますよね。それは、マルクスとフロイトによるとそうなるんだって。

――お染を説得しないまま、手紙ひとつで出てきちゃう久松もどうかと思うんですよ。

説得できないんだよ。

――ダメンズすぎですよね？

いやいや、人目があるから。お店の中でも自由にならない。

――でも、子供はできたんですよね？

外出したときに、だから、座摩社でもって、茶店の陰でセックスしてるじゃない。そういう余裕しかないわけです。後で詳しくいいますけど、都会と田舎の差っていうものが性教育の面で出てくるのが、この芝居のおもしろいところ。つまり、お染は成熟しているけれどもお光は性的に未成熟なんです。この人は男知らないいんだから。

――お染も久松が最初じゃないんですか？

いや、そうだろうけど、男を知っている。妊娠してるわけだから。

――妊娠してるって歌舞伎だとどこでわかるんですか？

役者によって違いますが、たいていいくどきの終わったときです。

——文楽だと、どこで妊娠を告げているかわからなかったのですが。

むろん、本文には書いてないんです。ただ、本文をよく読むと、久松はお染の妊娠を知って心中する決心をするように思えるんです。

——お染のことは、そんなに噂になっていたんですか？

薄々はわかっていたんでしょう。ここが大事なところなんだけど、季節感が今と違うんです。お正月前なのに梅が咲いているでしょう。年の内に立春がくる。出だしのところを読むと「年の内に春を迎へ」とあるでしょう。二月三日が立春というのは太陽暦の話であって、旧暦のときは立春が動くんだよ。だから、年によってはこういうことが起こる。

お互いに顔を見たことはないけれど、久松を通して薄々は二人の女は相手を知っている。それは本文にはっきりとは書いていないけれど、だから、そういうことがあって、二人の対決が起こる。「常々聞いた油屋の」っていってるでしょう。お光が鏡に映したお染の顔を櫛で突くというのも、田舎娘のおもしろさです。「嫉妬の初音」は浄瑠璃の聞かせどころです。

お光は必ず直接話法でくるけど、お染は間接話法というのも対照的です。

久作はお金を出してトラブルを解決した。「やっさもっさ」というのはそのこと。江戸時代にはお灸はものすごく流行ったから。お染に対する嫉妬心を燃やしているというのと、お灸が燃えていることが重なっている。もぐさの炎は嫉妬の炎なんです。

——逆さ箒に布巾をかぶせるのがおもしろかったです。

俺もこれやったよ。

——都会の子供だったのに？

昔からの風習なんです。ある人が家に来たとき、なかなか帰らない。ところがその日は新橋演舞場の六代目菊五郎の初日を見る予定だった。しかし客がいるかぎり、私を連れていってくれる母が出かけられない。そこでこのおまじないをやったんです。だってそうしないと六代目菊五郎の芝居が見られないから。時間が迫ってきていて。そうしたらはずみで、その人が箒のほうに来ちゃったんだよ（笑）。それを見て客はすぐ帰って、私たちは開幕に間に合ったんです。

——久作は、久松とお光がなんでもめているかわかっているんですよね？

この時点ではわかってないよ。わかってないからおもしろいんじゃないか。この最後で気が付くんですよ。お染の姿を見て。頑固一徹な親父なんだよね。

お光とお染の最初の出会いから対立は二人の詞のおもしろさですが、久作とお光が入ったあとは久松とお染二人ッきりのラブシーンになりますね。お染のくどき「観音さまをかこつけて逢ひに北やら南やら」は詞と地、その間のイロでくどきになるおもしろさを聞いてほしい。くどきとは女性の心情を語るアリアですから、フシがついていいところです。

地 その間遅しとかけ入るお染、逢いたかったと久松に縋り付けば、スエテ 詞 アヽコレ声が高ふござります、思ひがけないここへはどふして、訳を聞して聞してと、地ハル 問はれてやうやう顔を上げ、中フシ 詞 訳はそっちに覚へが有ふ（あろ）、私が事は思ひ切、山家屋（やまがや）へ嫁入せいと、残しておきゃったコレ此文（このふみ）、そなたは思ひ切（きる）気でも、地ハル わしゃ何ぼでも得（え）切らぬ、余り（あんま）逢ひたさなつかしさ、もったいない事ながら観音様をかこ付けて、逢ひに北やら南やら、知らぬ在所も厭（いと）ひはせぬ、二人一しょに添はうなら飯（まま）も焚（たこ）ふし織つむぎ、どんな貧しい暮しでもわしゃ、嬉しいと思ふもの、詞 女の道を背（そむ）けとは。地ハル 聞へぬわいの胴欲と、恨みのたけを友禅の、振（ふり）の袂（たもと）に北時雨（きたしぐれ）晴間は、フシ 更に、なかりけり、地ハル 曇りがちなる久松も、脊（せな）撫でさすり声顰（ひそ）め、詞 そのお恨みは聞へてあれど、十（とお）の年から今日が日まで、船車（ふねくるま）にも積まれぬ御恩、仇で返す身の徒（いたずら）、冥加（みょうが）の程も恐ろしければ、地ハル 委細は文に残した通り、山家屋へござるのが母御へ孝行家の為、よふ得心をなされやと、いへど諾（いら）へも涙声、詞 いやぢゃいやぢゃわしゃいやぢゃ

（『日本古典文学体系　浄瑠璃集下』岩波書店刊）

「その間遅しと」からは「地」です。「スエテ」とあるのは、地のなかでも強調するところで「アアコレ」からが詞です。その変わり目が「イロ」です。「問はれて」の「地ハル」は、「地」の冒頭を「ハル」つまり張って語る手法です。「顔を上げ」が地のなかでも比較的地にとけこんだ「中（なか）フシ」です。地の部分で「フシ」になるところです。あとのお染のくどきは、「そなたは思ひ切気でも」のあと「わしゃ何ぼでも」から地ですが、この「地」には注が書いてありませんが、むろん「フシ」がついてい

ます。「女の道を」からが「詞」で、そのあとの「地ハル」「フシ」と「詞」がこのテキストのように交互につながっています。

――「わしゃ何ぼでも〜」はお染が話しているのにどうして「地」なんですか？

「そなたは思ひ切気でも」「わしゃ何ぼでも得切らぬ」をまず文学的に見れば両方ともにお染が久松に語りかけている言葉です。しかし一歩踏み込んで読むと「そなたは」はハッキリ言葉ですが「わしゃ」のほうは言葉というよりもお染の独り言めいた言葉で「そなたは」とは明らかに性質が違います。小説にも対話と地と分けても、その地のなかに入ってくる対話めいたものがあります。「わしゃ」はその地のなかの対話であり、お染の内心の告白です。想像してください。「わしゃ」は対話でありながら地になります。しかしこの微妙な差を跳び越すためには「イロ」が必要になります。そこで「わしゃ」が「地」でありながら「イロ」になって「得切らぬ」で本当の「地」になります。そうなれば後はすべて「地」――つまりお染という女の客観的描写になります。これがテキストの文学的な分析です。

それを今度は音楽的に分析します。「そなた」はリアルな「詞」ですから普通に語ります。「お染のくどき」は、お染の見せ場です。久松も当惑するわけです。もう結婚は今晩と決まっているわけだから。「わしゃ何ぼでも得切らぬ」。縁を切れないという意味です。太夫の聞かせどころです。次に「わしゃ」は「地」でありながら「イロ」ですから「フシ」が付きます。さらに「得切らぬ」は

「地」そのもので「フシ」が付くのです。しかしこんなことがわかっても義太夫はわかりません。一応解説書という建前から説明しましたが、こんなことはどっか脇へ置いて必死になって聞かなければわかりません。それでいいのです。そしてある時ああそういうことなのかと気が付く時が必ず来ます。それまでは読み流してください。

——こういうくどきのときの動きって決まっているんですか?

一応、型があるけれど、人形遣いによって違います。

——「逢ひに北やら南やら」みたいなダジャレって、

掛詞(かけことば)といってください。二重の意味をもった掛詞。

——掛詞がいっぱい入ってくるとわからなくなっちゃうんですよ。

掛詞は一種の言葉遊びでたのしいものですが、それ以上に、言葉に二重の意味を持たせて、それによって言葉の意味する世界を広げる和歌の伝統でもあります。その伝統を知るためには、『百人一首』がいいですが、現代の作家では井上ひさしと野田秀樹の作品を見るのがいいでしょう。

——このあたり、お染の振袖の扱いはヤンキーにしか見えません。

そんなことないと思うけど。

――バーンって袖を久松にのっけてますよ。オラオラです。これでもかっていう感じです。

まだ若いから、ちょっと乱暴に見えるだけでしょう。

――「女の道を背けとは」というのは？

あなたに捧げた貞操（ていそう）を破って、別の男と結婚しろというのは、女の道にそむくのではないかという意味です。

――久松は、自分が武士の息子ということを今はじめて聞いたわけではないんですよね？

そうです。前から知ってます。

――武士の子供がなぜ油屋に奉公に行ったんですか？

前に申し上げたように、御家騒動の結果、久松は乳母の世話で久作の家に養われた。久作は百姓にするより少しでも読み書きそろばんができたほうがいいと思って油屋へ奉公に出したんです。

――「お夏清十郎」を例にとって意見をするのは、お染への遠慮ですか？

そうではなくて、清十郎は死刑になっているんだから、お前だって死刑になるよというためです。久作は全財産を売り払って小助に返した金を作ったんです。ここは久作の詞のうまさの聞きどころです。詞一つでこの老人の人生が出なければなりません。こういうところ、山城（↓３５０ページ）はうまかった。昔の太夫は老人がうまいからね。若い役は華があるからフシをやっておけばなんとかなるけれど、老人は論理を通しながら情で聞かせなければいけないでしょう。老人のほうがむずかしいんです。歌舞伎はお染が舞台上手（かみて）、久松が下手（しもて）に行くけれど、人形は久作が二人の間に割って入る。久松は、お染の妊娠を知り、その上に今またこの久作の意見で死ぬ覚悟をするわけです。

――人形は、妊娠のことをはっきりいわないですよね？

人形は歌舞伎のようにあからさまにやらない。しかし本文を読めば言外にその事情は明らかです。

――子供うんぬんより父親の意見によってというほうが、話としてはおもしろいからですか？

義太夫は語り物だからね。「互に目と目に知らせ合ふ心の覚悟」、ここでもう死ぬ覚悟をしている。「心の覚悟」というのは死ぬ覚悟。それは、あとでお光がいうから。このラブシーンから意見までを、壁ひとつで、お光が聞いているということなんです。だから、お光は尼になる決心をするわけです。お光はセックスとしては未経験な処女なわけだよね。その処女が壁越しに聞いた濃密なラブシーン、その次にくる久作の意見。世間体と愛とかなんとかかっていったって、恋もしょせんはセックスだから、その上で見ると、さっきまで嫉妬していたけど、このお染に負けたって思うわけです、お光は。だから、これほど、セックスがこういうものだと聞いたときに、処女がセックスを穢(けが)れのあるものと受け取りやすい状況というのができちゃったわけだよね。濃密なラブシーンを聞いていて。お染に負けたというのと同時に、セックスに私は踏み込んでいけないと思って、尼さんになる。自分が身を引くということは、久作の意見につながっているから、お父さんのいう通り身を引かなければならない。結婚すればお母さんを助けることはできるかもしれないけど、本当のお母さんだからね。

――お父さんはお染と別れろといっているんですよね。お光が身を引くのが父親の意見につながるというのは？

これほど愛し合っている二人が死ぬ決心をしている。それを救うには自分が身を引くしかないし、世間体の上でもいちばん大事なことだと。三人いて、三角関係になったときに、ひとりのけば、残りの二人は幸せになる。自分がのけば、この二人を助けることになる。

――えらいですね。

えらいんじゃなくて、最初の濃密なセックスの問題があるから、尼になる決心をする。というドラマなんだよ。この壁越しに聞いているというところが大事なんだよ。

――お母さんも聞こえてるはずですよね？

障子は聞こえないんだよ、都合よくね。

――久作は二人が死ぬ覚悟をしていることをわかってない？

久作は久松とお染のラブシーンに関心がないから。お光は耳を研ぎ澄ましていたわけだから。それでなきゃ、ここで「できた！」とならない。老人だから、セックスがどういうふうに処女に受け取られるかということは考えられないんだよね。

――お光が髪を切っている時点で、みんなは尼とわかるんですよね？

有髪（うはつ）の尼は切り髪してるから。お光の述懐は山城のいいところですね。「嬉しかったはたった半時」というところは「地合（じあい）」という、地と詞の間のお光の心持ちを語るところですが、山城はこういうところでお光という娘の真情を語っていますね。エロスとタナトスは紙一重。タナトスというのは、死ぬ欲望。セックスと死は紙一重。

こうして、嫉妬の感情から逃れて、聖女になる。「浮（うか）む涙は水晶の」というのも山城のいいところです。嫉妬に燃えていた女から清らかな女が生まれる。六代目菊五郎は山城を聞いて、山城のようにお光をやったんです。それを梅幸は受け継いでいるから、「浮む涙は水晶の。玉より清き貞心に」というところが非常に清純になる。ここでお光の述懐になります。ノリです。ノリというのはリズミカルに言葉を運ぶことをいいます。私たちが「ノリがいい」というのと同じです。このノリが身体的な快さをよぶのと同時に、悲劇の緊密さをあらわすのです。ここも山城がいい。「嬉しかったはたった半時」。フシが実にうまい。聞かせる。半時というのは一時間。幸福の絶頂はたった一時間だったというわけです。

——義太夫のフシって演歌のコブシとかとは違うんですよね？

私の独断ですが、義太夫節（ぎだゆうぶし）から小節をまわすという技法が、上方のデロレン祭文という音楽に流れ、それが演歌に発展したのだと思います。

——尼になる必要なんてないと思ってましたが、わかってみるとすごくかわいそうですね。

近松半二は、都会と田舎で文化も性教育も違う対照を描いた。しかし、人間性をつかむのはどちらかというと、お光のほうが聖なるものをつかむ、より高い人間性に目覚める、義理をわきまえてきちんと生きるのは、純粋さにこそある。その純粋さは、都会のように汚れない田舎にこそある。純朴さっていえばいいのかな。

——お父さんは追い込んだことになりますよね？

そうです。

――このあと、お染と久松は心中しちゃうんですよね。お光もそうなると死ぬんですか？

いや、お光はここで終わり。神に仕える者は自殺はしないでしょう。お光の人形がハラのなかで悲しみをもって、じーっと久松を見るところが大事ですよ。鏡を櫛で突いた女とは百八十度違う女ですよね。この人格が変わる、その変わり方がドラマです。

この最後の三味線が、三味線の連れ弾きとして有名なものです。歌舞伎では花道へ舟、仮花道へ駕籠が行きますが、文楽では連れ弾きで別な場面になり、お染の乗った舟だけを出して終わりです。この連れ弾きは桂文楽の出囃子でしたね。高校の頃、三味線習ってて、十円玉を挟むと義太夫の音がするんだよ。ここだけ弾ける。四代目清六どおりの掛け声をしようと思ってね。レコードで覚えるんだよ。清六はいい音出してるよねぇ。あの指先、名人だよね、やっぱり。レコードは山城とまだ喧嘩する前だから、清六が弾いてるんだよ。このレコードは戦前ですが、戦後、山城と清六は喧嘩別れします。それは大事件でした。なにしろ新聞の社会面のトップになったんですからね。なんとか二人の喧嘩をやめさせようと、時の文部大臣から、最高裁の長官、芸術院の院長から、みんなが仲裁に入ったんだから、あの喧嘩は。しかしもとへ戻らなかった。私がはじめて聞いた「野崎村」のときはもう清六は山城ではなく松大夫を弾いていました。

十種香

場面に分けて見る

「初級編」の最後で、ここからが時代浄瑠璃です。したがって、ここから「中級編」に入れるべきですが、その橋渡しに「十種香」をとりあげます。なぜかというと、「十種香」は、時代浄瑠璃には違いないのですが、内容は「野崎村」に似ている。作者も同じ近松半二ですから当然ですが、一人の男を二人の女が争う。「野崎村」では久松をお光とお染が争う三角関係。これは勝頼を八重垣姫と濡衣が争うという構図に似ている。そこにはむろん違いもあるのですが、一応、恋する青年男女の物語というところから中級編への入口にしたいのです。

さて、あらためてもう一度基本的なことをいいますと、文楽を理解するには、第一に丸本を読むことです。築地小劇場を創立した演出家・小山内薫が、演劇一般について岩波新書から『芝居入門』という本を出しています。そこで、「芝居を見るときにいちばん理解しやすいのは、見る前に戯曲を読む。見たあとに、もう一度読む。そうすると芝居というものがわかる」と、いっています。これは現代劇についての話ですが、文楽といえども同じです。まずお勧めしたいことは、できれば丸本を全段読むことです。「十種香」でいえば、『本朝廿四孝』全五段の浄瑠璃を全部読むことです。丸本というのは、江戸時代に読書用に出されている本ですから、とにかく全編を読むことがいちばんいいのです。時間がない人も、「十種香」は四段目ですから、自分が見る四段目だけは、少なくとも読んでほしい。その上で芝居を見てくださることがいいと思います。

——そうはいっても、丸本の浄瑠璃はむずかしくて、とても読めません。

古文だから、すべて現代人にわかるように書かれているわけではないのですが、いちいち引っかかっていてはだめなんです。わからなくともザーッと読むのがコツです。全体の隅から隅まで理解しないと理解したことにならないと思うのは近代人の悪い癖です。部分的にわかればいいのだから、一応、全部ザーッと読むということが大事です。

次には、一幕のうち、たとえば「十種香」なら「十種香」の段を見るときに、いくつかの部分、パーツに分けて見ることが大事です。たとえば、ラシーヌというフランスの古典劇作家はどういうふうにドラマを書いているかというと、登場人物の対話ごとに一シーンになっているんです。AとBが対話して一シーン、Cが出てきてBが引込んでAとCの対話になると、これでまた一シーンになる。そういうふうに細かく書いてある。このラシーヌ流で全体を割ってみることが大事ですね。「十種香」は十くらいのシーンに分かれているわけです。それをひとつひとつ、ちゃんと理解すれば全体がわかるというふうにできています。

日本の芸能は白洲正子がいったように、能でも狂言でも文楽でも歌舞伎でも細分化できるというところが特徴なんですね。つまり、全体がわからないとわからないというふうにはできていない。細かく分ければ分けるほど、部分的にはわかるようになっている。たとえばですね、『仮名手本忠臣蔵』は全段通して見ないとドラマの構造がわからないということはないでしょう。たとえば、「五六段目」の早野勘平のところだけ読めば、それでわかる。「七段目」なら「七段目」だけ見ればわかる。そういうふうに分けていくことができるわけですね。段ごとだけではなくて、シーンごとでもそういうことがいえるわけです。「十種香」も全部わかろうとせずに、まずは「八重垣姫のくどき」のところだけわかろうとか、あるいは「勝頼の出」だけわかろうとか、まずはいくつかに分けてみて、その部分から詳しく見ていくといい。

――そうはいっても、途中の、しかも一部だけわかっても仕方なくないですか？

そんなことはありません。一部がわかるとそれが入口になっていつか全体がわかるようになる。だから分けてわかったうえで最初から見る、という努力をしたほうがいいと、私は思います。「十種香」を見るうえでどこにポイントがあるのか、見どころはどこなのかというようなことを考えないほうがいい。ポイントだけ見ようとするのは現代人の傲慢(ごうまん)さです。だから、わかるところから入っていく。十に分けたら十のものを均等に見ていく。自分が勘どころだと思えば、そこを見ればいい。

分けると細かいところをきちんと見ることができる。その習慣を身につけないとだめです。全体を追っかけて、テーマはなんだろう、ポイントはなんだろうというのではなく、部分だけ、たとえば「八重垣姫のくどき」なら「くどき」のところだけを取り出して、女の気持ちがどうなっているのかと考えることが大事です。どういう分け方をするか、やってみましょう。

一「勝頼の出」　行く水の流れと人の蓑作(みのさく)が〜、のマクラから
二「濡衣(ぬれぎぬ)の愁嘆」　こなたも同じ松虫の〜
三「八重垣姫のくどき」　申し勝頼様〜
四「勝頼と濡衣の対話」　あの泣声は八重垣姫よな〜
五「八重垣姫、勝頼を発見する」　一間には不審たち聞く八重垣姫〜
六「恋の仲立ちの依頼」　コレ濡衣、蓑作とやらいう人を〜
七「濡衣の条件」　諏訪法性(すわほっしょう)の御兜(おんかぶと)〜
八「八重垣姫二度目のくどき」　ヤア何といやる〜
九「恋の成就」　ヲヲさすがは武家のお姫様〜
十「『謙信の出』と勝頼使者と二人の追手(おって)」　父謙信の声として〜
十一「八重垣姫三度目のくどきと段切れ」　思いにや、焦れて燃ゆる〜

だいたい、こんなものです。まず、一の「勝頼の出」がありますね。ここが大事なのは、これでこの場の状況がわかるからです。次に二の「濡衣の愁嘆」で濡衣という女がわかる。三の「八重垣姫のくどき」で八重垣姫という女がわかるんですよ。簑作がわかって、濡衣と八重垣姫という女がわかる。つまり、この舞台面は三つの部屋に分かれていることがわかります。最初に勝頼にライトが当たって、次に濡衣、八重垣姫に当たる。それが終わったところで、四の「勝頼と濡衣の対話」がありまして。それで八重垣姫が絵像に似てるっていうんで出てくるでしょう。そこで、はじめて三つの部屋が交錯するわけです。濡衣も出てくるし、八重垣姫も出てくるし、三人が一堂に会したとき、この男女の関係がなんなのかがわかります。すなわち簑作は実は八重垣姫の許嫁の勝頼であること。しかし勝頼は事情があって切腹した。その切腹した勝頼は実は偽者で、この偽者こそ濡衣の恋人だったということです。八重垣姫は長尾（上杉）謙信の娘で、勝頼と濡衣は武田家のスパイであること。といったことが少しずつわかってくる。そのあとは簡単です。五の「八重垣姫、勝頼を発見する」があって、自分にとって新しい恋だけれど、あれが勝頼でなくても新しい青年と恋がしたいと。その次に、六の八重垣姫が濡衣に仲立ちしてくれというところがありますね。そして、七の諏訪法性の兜をとってもらいたい、となるでしょう。そのあとに、八の「八重垣姫の二度目のくどき」がある。九の「同じ羽色の鳥翼」があって、十の父長尾謙信が出てきますね。簑作が引込みます。それもひとつのシーンですね。最後に、追手を見て父の陰謀を知った八重垣姫が悲しむところが段切れ。と、こういうふうに分けるんですよ。

——だれが出てきて何をして、ということを頭に叩き込むということですね？

そうそう。これで芝居が頭へ入ると同時に、登場人物の性格、状況もしっかり覚えられる。むろん、言葉も覚えておいたほうがいい。「行く水の流れと人の、簑作が」って口から出てこないとだめなんですよ。そういうことをまず注意して、シーンごとに分けてみることが大事だと思います。それを勉強してほしい。

その上で、太夫、三味線、人形遣い、それぞれの芸を楽しむ。たとえば、最初の三味線。これは「三重(さんじゅう)」っていうオクリの三味線。この音、この間、この弾き方を聞いただけでその三味線弾きの腕前がわかる。まず、その情景がうかばなければなりません。次に、その曲の位——つまり曲相(きょくそう)がわからないと困ります。

——さらっとしています。

四段目だからね。つまり、オクリっていう、三味線のメロディは各段ともに同じなんだけれど、三段目風と四段目風がある。三段目がいちばん偉い太夫が語るんです。四段目は二番目の人。そんなに重々しくないのは男女の関係だから、軽くていい。むしろ恋の物語ですから色っぽいほうがいい。マクラ一枚がなぜ大事かというと、太夫の語りでその空間をつくるからです。

——五段に分かれているのが普通として、クライマックスは三段目なんですか？

時代浄瑠璃は基本的に五段構成です。いちばん重いのは三段目の切で、これを一座の座頭が語る。次が四段目。その次が二段目ということになります。したがっていちばんドラマティックであり、かつ風趣に富んでいるのが三段目ということです。

一、勝頼の出

行く水の流れと人の、簑作が姿見かはす長裃、悠々として一間を立出で、我民間に育ち人に面を見知られぬを幸ひに、花作りとなって入込みしは、幼君の御身の上に、もし過ちやあらんかと、よそながら守護する某それを悟って抱へしや、ハテ合点の行かぬと差俯向き、思案にふさがる一間には

――玉男さん（↓376ページ）**の勝頼はかっこいいですよね。**

上半身が微動だにしていないでしょう。腰が入っているからです。その上で人形にハラがあるかどうかを見る。ハラがあれば自然に身体全体から発散しているものがある。玉男の勝頼には、今敵地に来てスパイをしている、しかもそこで女に恋い焦がれられている、そういう状況の中で生きているハラがある。

――人形にハラがあるなんて、よほど感性がないと理解できないのでは？

感性の問題ではありません。まず技術の問題、次に芸の深さ、精神性を理解することです。よく

「名人上手」というでしょう。しかし「名人」と「上手」の間には大きな差があるのです。「上手」は技術に関わる。アァうまいなと思わせる。しかし「名人」はその技術を超えて、技術からはむろん、何ものからも自由になった心境の人をいうのです。そういう人の遣う人形には精神性がある。その精神が見る人の心に響くんですね。簑作が正面へ出てきて、「思案にふさがる」というところまでで、つまり勝頼がどういう人間かということがわからないとだめなんです。勝頼は武田信玄の子供でしょう。そして、身替わりの勝頼は腹切って死んでるわけ。それが濡衣の恋人なんだけど。にもかかわらず、勝頼が死んだことにして、花作り簑作としてここに入り込んでいるわけです。スパイですね。武田家の後継ぎが対立している長尾家に来ているわけです。その長尾家の息女で、政略結婚で勝頼の許嫁になったのが八重垣姫なわけですね。スパイだから、たとえば、「姿見かわす長裃(ながかみしも)」。今まで卑しい花作りの変装をしていたのに、この前の段で、長尾謙信に抜擢されてこの裃をもらったわけですよ。「お前、侍に取り立ててやるから」っていわれて、裃を着て出てきたわけだから、スパイとしては、俺の正体を見破られたんじゃないかって疑心暗鬼になるわけでしょう。

「幼君の御身の上に、もし過ちやあらんかと」。「幼君」とは足利将軍家の息子が長尾家の人質になっているんです。武田家としても将軍の息子は守らなければならない。「よそながら守護する」ボディーガードをやりたい。だけど、花作りから、にわかに侍に取り立てられたということは、半分、スパイとしての自分の身分が明らかになったのではないかという危惧もある。そういう恐ろしさも全部腹におさめて、それでなおかつ幼君を守護して、同時に、武田家の重宝である諏訪法性(ほっしょう)の兜、諏訪神社の神体を取り返したいと思っている。そういう二重三重の役目を背負ってきた人間が、自分の変わった姿を見て、感慨をもらして座るっていうところまでが大事なんです。

こういうことを考えるとハラがなければ一センチも動けないでしょう。というわけだから丸本を読んでくださいっていうんです。戯曲を読めば、この人はここで何をしているのかが実によくわかる。「行く水の流れと人の、簑作は」というところは、簑作は勝頼の偽名ですからね。スパイ、花作り、園芸家として雇われていたのが、急に出世して侍に召し抱えられたわけでしょう。謙信の腹の中はわからないですよね。だから、危険が迫っているのかもしれない。しかし、諏訪法性の兜と幼君の、まあ、長尾謙信にとっても将軍家の息子はそう簡単に殺したりはしないだろうけれど、人質の身の上も気遣い、というところで出てきているわけだから、それがわかることが大事で、かっこがいいとか悪いとかっていう話ではない。

ちょっとうつむいている感じはそれだからなんです。で、それ以外のことはあまり考えないほうがいい。それは非常に複雑であって、実は長尾謙信と武田信玄は敵対しているように見えて本当は将軍を暗殺した犯人を捕まえるために協力しているということが最後にわかるんだけど、そういうことは忘れたほうがいい、この場だけ見るなら。そんなことより大事なのは「行く水の流れと人の、簑作は」という文句です。この文句は孔子の『論語』からきている。孔子は『論語』のなかで、「人間の運命ってものは大河が流れるようなもの。行く者はかくのごときか」といっていて、そのことは教養として江戸時代の人はみんな知っているわけです。だって寺子屋で『論語』を教えているんだから。「行く水の流れと人の、簑作は」って聞いたときに、人間は運命のなかに流されるほかはないものだという感じを簑作がすでに持っていなければならないんです。勝頼は武田家に板垣兵部(ひょうぶ)っていう悪い家老がいて、その男が、自分の主君の武田家を乗っ取ろうとして、赤ん坊のときに自分の子供と信玄の子供である勝頼をすり替えた。しかも板垣兵部はすり替えた勝頼を田舎で育てた。勝頼は武田家の長男でありながら子供の頃から田舎の百姓の子として育てられている。「我民間に育ち」というのはそういう意味です。ところが、板垣兵部がすり替えたわが子が目が見えなくて濡衣の恋人なんだけど、「勝頼を切腹させろ」という政府の命令で切腹せざるを得なくなる。それはまた、将軍暗殺の犯人が、武田家長尾家が捜索をした結果、犯人が捕まらない場合は子供を殺せということは両家ともいわれている。そういう事情なんです。しかし、そういったことは、一切忘れたほうがいい。ただ、スパイだということと、身分が変わっていくということは、勝頼の大事な性根(しょうね)だから、それだけはちゃんと承知していないと。だから、すべてを知ろうと思わないで、ここに必要な知識だけをとるっていう、その取捨選択をするということが大事なんですよ。批評を書くわけでもないんだから、ポイントだけ押さえるっていうことが大事なんですね。

——自力でそこまで理解するのはとても無理です。

だから、丸本を読んでください。丸本を全段読めばすべてわかることなんだから。でも、そんなことをやってたら手間がかかって大変だから、せめてその場だけでも読んでほしい。

玉男の勝頼は、私が今いった性根を全部押さえている。押さえているからこそオーラが出るんです。押さえないでスタスタ出てきても、そんなものは感じられない。つまり、この人がどういう気持ちで何をしようとしているのか、ということは押さえておかないとだめなんです。

――それを客も押さえておかないと、玉男さんの勝頼がどんなによくても、そのよさがわからないということですよね?

そうです。そういう性根を知っていれば精神性も自然にわかります。だから感覚の問題ではないんです。

二、濡衣の愁嘆

濡衣が自分の恋人の偽の勝頼が切腹させられた不運を嘆くところは、本当にしんみりします。恋人を失った不幸な女。だから黒地の衣裳を着ているんです。チェーホフの『三人姉妹』の、やはり不幸な次女マーシャが年中喪服を着ているのと同じです。

――濡衣は勝頼のせいで恋人が殺されたのに、勝頼の味方をするのが不思議です。

濡衣は自分の恋人の偽勝頼が切腹させられているから、恋人をそういう目にあわせた親、坂垣兵部の悪を憎んでいる。それで武田家に忠義を尽くそうしている。もう一つウラをいうと本物の勝頼が死んだ恋人にそっくりだったからです。そこにこの女の死んだ恋人をあきらめきれないでいる不幸な翳（かげ）があります。

三、八重垣姫のくどき

八重垣姫は大名の深窓に育った十六歳の少女です。自分の許嫁である勝頼、顔を見たこともない勝頼が切腹したと聞いて、勝頼の姿を絵に描かせて、それにお香を炊いて回向（えこう）をしている。十種香というのは仏に供えるお線香とは違って香のゲームですからね。本当なら普通のお線香をあげて仏式で回向すればいいのに、ゲームのお香を使っている。大人の真剣な行動ではない。つまり少女のお遊び——ままごとです。第一、勝頼の顔も知らないし、どんな男かも知らない。それでいて、だれにも負けないくらい情熱的に愛している。つまり、この恋はゲームの恋であり、恋の空想、恋の観念化なんです。その遊び道具を使って、子供っぽい遊びを真剣な恋に使っている。つまり、彼女は本当に恋をしているわけではなく、恋に恋しているんです。

それに対して濡衣という女は簑作とそっくりな、偽物の勝頼の恋人ですから。しかも、その偽物の勝頼は目が見えなかった。顔はそっくりなんだけど、目だけ見えない。だから、濡衣は看護婦なんだよ。現代風にいえば介護士。テレビドラマの『エレメンタリー』でいえば女性のワトソンなんだよ。シャーロック・ホームズの付添い。大麻の依存症を治すためにシャーロックのお父さんがつけた看護師みたいなもの。そこで簑作、実は勝頼っていう男が顔が似ているっていうだけで、濡衣の恋人であると同時に八重垣姫の恋人という三角関係が成立している。それが三つの部屋の意味です。

このくどきは、二つの点で重要です。一つは大名の奥御殿でしかも密室に香の煙がいっぱいに立ち込めていること。武智鉄二は、この香で八重垣姫は一種のヒステリー状態になって、のちの「奥庭」の奇蹟を起こすのだといっています。とにかく密室のむせかえる香の香りが彼女の官能を刺激しているのは事実でしょう。その香気が出なければなりません。もう一つは、八重垣姫が恋の対象にしているのは、事実は別にして死者だということです。「魂返す反魂香（はんごんこう）」。あの世の霊の蘇りを願っている。当然、これはこの恋を現実ではなく幻想にする。つまりこの空間は精神的なものです。

四、勝頼と濡衣の対話

八重垣姫の回向を聞いた勝頼がいいます。「誠に今日は霜月廿日（はつか）、わが身替わりに相果てし勝頼が命日」「弔ふ姫と弔ふ濡衣」。これで勝頼をめぐる二人の女の関係が明らかになります。ここで大事なことは勝頼を中心にして二人の女が一緒に泣いているということ。だけど、八重垣姫と濡衣が対象にしているのは、実は違う男でしょう。裏表が勝頼に集中している。その裏表の関係が三つの部屋で、男女の関係、ねじれた三角関係というところが大事です。濡衣と勝頼は、ともにスパイでよく知ってるけれども、八重垣姫は全く知らない。ここで三つの部屋の均衡が破れるんですね。

濡衣が出す血染めの白い布は、亡き恋人——偽勝頼として切腹した男の形見です。その恋人に顔がそっくりな男が目の前にいる。しかし、自分の恋人ではないことも明らか。濡衣でなくともめまいがするでしょう。それが、彼女のいう「わたしゃ輪廻(りんね)に迷うたさうな」。つまり、輪廻転生(てんしょう)のぐるぐる廻っている人間の運命の回路がどこかで外れてしまった気がするというのです。これが彼女の寂しい心境です。

たとえば、ここの濡衣の、ちょっとカシラを傾けたところで、その人形のよさを感じないとだめです。人形は最も小さい動きで最も象徴的に心情を表現して動くから、小さな微妙な動きも見逃さないようにしないといけません。その小さな動きがリアリティを生んで、それが私たちの心に響いて、人形の魂が伝わってくるのです。

――ということは、人形がよく見える前のほうの席に座ったほうがいいですよね？　遠くの席では、目線の動きは見えません。

そんなことありません。人形の小さな動きが舞台いっぱいに広がってくるようでなければその人形遣いはいいとはいえません。

五、八重垣姫、勝頼を発見する

「泣く声もれて」で八重垣姫が濡衣の泣き声を聞いてフッと覗くとそこに勝頼がいる。死者の絵像が現実に生きてそこにいる。これもまた濡衣のめまいと同じめまいでしょう。観客も同じめまいを感じる。そこで八重垣姫が現実の勝頼と絵像の勝頼を見比べるところが大事になります。「やっぱり似ている」。そう思った八重垣姫は部屋を飛び出す。新しい恋の発見です。恋に恋した少女がついに現実の対象を発見する。恋の幻想が現実になる。こうして三つの部屋がひとつになって、三人が交渉をもつ。

人形が何を考えているかがわからないと困ります。動かないところが大事で、太夫がうまければ、太夫の語りと三味線と人形が一体になって生きます。たとえば、越路大夫（こしじだゆう）（↓357ページ）の浄瑠璃で簑助（みのすけ）が八重垣姫を遣うと、十六歳の少女の品の良さもわかるし、ちょっとした顔の角度でしょんぼりしている具合もわかる。人形が生きているはずがないのに人間以上に生きてくる。それは気持ちの綾（あや）、人間の情が、そこで生きるからです。文楽は、太夫も三味線も、むろん人形遣いも情を見せるものだから、人間の情がどういうふうに発露していくかということが大事です。たとえば、簑助の八重垣姫にはその少女の気持ちがよく出ている。人形を動かして動作をすることよりも、動かないほうが大事。ほんのわずかカシラを傾けるとか、そういうことによってハラを表現する。勝頼を見つけても決して走り出さない。静かに行く。それが大名の深窓に育った少女の性根だからね。その歩き方に、やめたほうがいいと思いながら見てしまう心理がよく出ている。こういうのは人形よりも先に人形遣いがその役になりきらないとできないんです。

——人形を動かすのはテクニック的には稽古すればできそうなものでは？

それはロボットと同じことですね。練習すればできるというのは物理的な動きであって、それ以上に、こういった精神的なものを出すためには、ロボットの技巧を超えないとだめでしょう。超えて、別の表現をしないと。つまり、料理でいうと、西洋料理だと、どんどん出汁をとるためにいろいろ足していくけれど、日本料理は引く。どんどん省いていく。引き算をした果てに、魚なり野菜なりの味が引き立つようにするわけです。これも、引き算をしているんです、そういうふうに。よけいな動きは一切しない。そういうふうに説明しない。料理研究家の伏木亨(ふしきとおる)さんによると、味には三段階くらいあって、いちばん下の味はだれにでもわかる。つまり物理的な味であって、いちばん上に精神的な味がある。そこに出汁が到達するかどうかが日本料理では大事だというんですね。精神的な味っていうのは、いってわかるものでもないし、聞いてわかるものでもない。無形のものだから。

同じように、人形をどうやって動かすかというテクニカルな問題は超えているわけです。生きているように見えるかどうかが問題なのではなく、気持ちがわかるかどうかが問題。日本の芸道のなかで人形はもっとも典型的なんです。たとえば世阿弥がいった「離見(りけん)の見(けん)」、演じている自分をもう一人の自分が離れて見ているという意味ですが、ちょっとわかりにくいでしょう。ところが人形遣いは、自分の遣っている人形を離れて見ている。離れながらじっと見ている。それは自分もまたその人間を演じているということです。つまり自分もその役の身体を生きなければ魂が人形に映らない。そこはドイツの演出家ブレヒトが「異化作用」といったことと同じです。人形遣いが自分もその人間になり切って遣っている。しかし目の前に人形があるから、その自分の行為が相対化される。ブレヒトは役者が役の人間になりきりながら(同化作用)、同時にさめた目でそれを客観的に見る(異化作用)ことを主張しました。文楽の人形遣いはそれをごく日常的にやっているのです。しかし、桐竹紋十郎（きりたけもんじゅうろう）（→370ページ）は自分の遣っている人形を見ていませんでしたね。この二つの作用を自然に身体化して一つにしていた。そこが名人なんです。

六、恋の仲立ちの依頼

ところが、八重垣姫が絵像の人だと思った青年は、イエ私は花作りの簑作ですという。つまり、恋に恋した少女の幻想は現実に出会って一度は破滅する。ところが八重垣姫はあきらめない。別な人でもいいから恋をしたい。彼女は幻想の世界から一歩出て現実に直面する。恋に恋する少女は本当に恋する少女に成長していく。ここが見どころです。八重垣姫が偽者でもいいから、この簑作という青年と恋をしたい、濡衣に取り持ってくれといいます。

> ム、、すりや知るべの人でなく、殿御でもない人なら、どうぞ今から自らを可愛（かわゆ）がってたもる様に、押し付けながら媒（なかだち）を頼むは濡衣様よと、夕日まばゆく顔に袖、あでやかなりしその風情

これはかなり大胆ですね。歌舞伎だと上手（かみて）の屋体（やたい）に行って二人きりでやるでしょう。しかも文楽ではこれを、女二人が男を間にして喋ってるんだからね。エロティシズム全開ですね。「夕日まばゆく」というのはそのことです。ここでいう濡衣のせりふで大事なのは、「がをれ」です。漢字で書くと「我

折れ」。閉口した、びっくりしたってこと。勝頼は困っているけれど、濡衣に任せている。

七、濡衣の条件

濡衣がこの人こそ本物の勝頼だと告白してしまうのは諏訪法性の兜が欲しいからです。それは勝頼的にはえーって感じだけれど、勝頼も兜は欲しいから。この計画に賭けるしかないと思っている。一人の少女が恋に目覚める。恋に恋する少女はついに現実のなかに本物の恋を発見する。それが本物の勝頼その人だった。つまり、空想から現実になる。そして奇蹟を起こす。恋の強さですよ。

八、八重垣姫二度目のくどき

三回あるくどきのなかでこれがいちばん大事です。なぜ大事かというと、一回目は密室で抑圧されているし、大名の深窓に育ったお姫様という品位も必要だし、なんといっても相手は死者だから空想的で、すでに触れたように恋に恋している少女ですが、ここでは現実の勝頼がいて、すべてから解放されて思いのたけをいっている。たとえば「勤めする身はいざ知らず、姫御前（ごぜ）のあられもない、殿御に惚れたといふ事が嘘偽りにいはれうか」。自分は娼婦ではないといいながら、そういうことをいうのは、実は娼婦と同じことをしているからです。

ここの蓑助は全然人形を見ていない。人形遣いの身体のなかに人形の動きが入っているから。名人はみんなそうです。精神が自分のなかにも身体化されている。それは一方通行ではなくて、人形の身体を自分が身体化していると同時に、自分の身体が人形に乗り移っている。行ったり来たり。一体になっている。このくどきのとき、人形が後ろを向くでしょう。これは「後ろぶり」というハイライトです。しかし、ハイライトばかりを見ていても仕方ない。もっと素直に見れば、形よりも心が見える。じっとしているところが大事とみんなが思っていないのは鑑賞法が間違っている。

それに舞台一面、遠くで見るほうがいいのは、芸が遠心力があるから遠くまで飛んでくるんだよ。

九、恋の成就

もう夫婦気取りになってるんだよ、この女はね。裃につかまって泣くのは坂田藤十郎もやるから、上方の型ですね。なんかいかにも男の身体にさわっているようで、人間だと少し過剰ですが、人形だとその象徴的な意味がはっきりわかっていいですね。

十、「謙信の出」と勝頼使者と二人の追手

八重垣姫が本物の勝頼に抱かれたところで奥から謙信が出てくる。これは勝頼暗殺計画です。謙信は勝頼だと見抜いている。文楽はドラマの緩急を心得ている。派手に三味線を弾いて、視覚的にも派手にしておしまいにしたい。しっとりとしたくどきのあとは、早くやる。先にいくと、どんでん返しがあって、謙信と勝頼は通じていたことがわかり、花作りの関兵衛(せきべえ)が実は斎藤道三(どうざん)で、それを見あわすための計略だったということがわかるのですが、そんなことを知っていたらバカバカしくて見ていられない。それと知らずに湖水を渡った八重垣姫はいい面の皮だよ。そんなことは知らないほうがいい。おかしいことだらけだけど、そんなことは気にしない。追手は歌舞伎だとスターシステムだから一人一人別々に出ますが、文楽では二人一緒。足取り、つまりテンポが大事だからです。

十一、八重垣姫三度目のくどきと段切れ

八重垣姫三度目のくどきは短いのですが、この姫の絶望がないと、次の「狐火」につながらないのです。

以上でこの段は終わります。そこでこの段をよく考えてみれば、これはただの恋物語ではないことに気が付くでしょう。それは恋とはなにか、恋がいかに人間の本能と執着と、そして精神の深いところに結びついているかの物語です。あるいは一人の恋に恋する少女が現実に出会って本当の恋をする成長の物語といってもいいでしょう。八重垣姫の燃え立つ情熱、濡衣の冷めたあきらめの過去形の悲しみ。二人の女は鏡に映る虚像と実像です。現実的な「野崎村」とはどこか違う。もう時代浄瑠璃の世界に入っているのですよ。

中級編

鮓屋
太功記十冊目
寺子屋
七段目

鮓屋（すしや）

時代と世話の区別

さて、いよいよ中級編。時代浄瑠璃の世界に入ります。時代浄瑠璃は市井の庶民の世界ではなく歴史上の事件を背景にもつ作品です。人形浄瑠璃の本質は世話物ではなく時代物にこそあります。しかし、いきなり時代物の世界に入るのは大変なので、時代物と世話物の接点になる四つの作品を選びました。いずれも時代と世話の接点を描いています。「鮓屋」は町なかの食品店、「太功記十冊目」は尼崎の百姓家の隠居所、「寺子屋」は京都芹生（せりょう）の里の寺子屋――つまり学校が舞台で「七段目」は京都祇園（ぎおん）の遊里、一力（いちりき）という店です。いずれも庶民と武士階級、その他の上層階級との交流のある場所です。

もう一つ「中級編」で学んでほしいのは、人形浄瑠璃の舞台技巧です。モドリ、身替わり、廓場（くるわば）の掛け合い、いずれもこの接点から生まれた技巧です。その技巧を学んでください。

『義経千本桜』はその時代浄瑠璃の作品の一つで「平家滅亡の悲劇」を扱っています。「鮓屋」はその三段目です。最初に「木の実」、あるいは「椎の木」ともいう、大和の国の下市村の村はずれにある茶店の場面があります。「鮓屋」の立端場です。重要な端場を立端場といいます。

大和の国の下市村に鮓屋の弥左衛門という人がいまして、この家は平安時代から、朝廷に鮎の鮓を献上している実在の家で「釣瓶鮓屋」といいます。釣瓶の形の桶に鮓を漬けるので、この名があります。正確にいうと、天皇ではなく上皇に献上するという習慣を持っている由緒のある家です。その家のひとり息子に権太という男がいまして、御所という町へ鮓を売りに行っていました。その頃は鮓といえば今日の握り鮓ではなくて、馴れ鮓と、そこから発展した押し鮓でしたから、店舗販売はむろんあるのですが、町の中を流しで売り歩いていました。年頃だった権太は御所の町に鮎鮓を売りに行っていたときに、遊女となじみになりました。その小せんという遊女を女房にしようと思って、店のお金を使いこんだ。そのせいで父親の弥左衛門に勘当されたので、権太は家を出て女と一緒になった。善太という子供もできて放浪していくうち、だんだん悪いことを覚える。博打をやる。強請、騙りをやる。ゴロツキですね。「いがみの権太」とあだ名される悪者になっている。「いがむ」というのは人を脅すという意味です。その権太が、下市村で女房に茶店を出させている。諸国を遍歴したけれども、なんとなく父親の近くに戻ってきた、という設定ですね。ここまでが「木の実」です。

「木の実」でもう一つ大切なのは、維盛の夫人の若葉の内侍と維盛との間の子供の六代君、それに従う主馬の小金吾の三人連れが、平家滅亡後も生きのびて高野山にいるという平維盛を訪ねていく途中で、小せんの茶屋に来かかるんです。そこで、権太がスキを見て、自分の荷物と一行の荷物をすり換える。すり換えた包みのなかに、維盛の父親である重盛の絵像が入っていた。これが、「鮓屋」のための仕込みですね。そのあと、若葉の内侍と小金吾は追手に追われまして、小金吾は討死して、若葉の内侍と六代君は下市村に落ちていく。ここを「小金吾討死」といいます。小金吾が死んだあと鮓屋の弥左衛門が村の五人組に送られて庄屋から帰ってきます。弥左衛門は鎌倉から詮議に来た梶原平三景時に呼ばれて、お前の家に維盛をかくまっているだろう、その首を討って出せと命じられます。五人組というのは連帯保証の隣組です。五人組と別れた弥左衛門は暗闇で小金吾の死骸にけつまずき、この首を弥助の身替わりにしようと考えて首を討つのが幕切れで、この場が終わります。「木の実」、「小金吾討死」ときて、いよいよ「鮓屋」になります。

ここのマクラは前の暗い夜の「小金吾討死」から一転して、「春は来ねども花咲かす。娘が漬けた鮓ならば馴れがよかろ、と買いにくる」という明るく華やかな唄ではじまります。この家の看板娘お里の愛嬌でパッと場面が明るくなる。権太の妹です。幕開きは他の浄瑠璃もそうですけど賑やかに流行り歌風に出るんです。まず、鮓屋の繁盛を描写するんですね。三味線が賑やかで手がこんでいます。「娘が漬けた鮓ならば、馴れがよかろと」というのは男と女のエロティックな意味です。「馴れがよかろ」といって男が買いに来る。「馴れ」はこの鮓が今日の握り鮓と違って「馴れ鮓」だからです。その「馴れ」と娘の「馴れ」がかかっている。娘のおかげで鮓屋が繁盛している。

「千本桜」は時代浄瑠璃ですが、全編時代物では単調になる。そこで中に世話浄瑠璃風の市井の場面を挟みます。これを「時代世話」といいます。この「鮓屋」は全体が世話浄瑠璃風で、その背景に時代浄瑠璃の輪郭をもっています。たとえば、弥助が実は平維盛だとか、梶原景時がやってくるとか、あるいは朝廷の追手が若葉の内侍を追ってくるとか、背景のドラマが世話物に入ってくるのです。しかも一方では市民の生活を描いている。私もこの店に行ったけど、作者もこの店に来たんじゃないかと思うほど、実際にあるお店によく似ているんですよね。

――「味い盛りの振袖が釣瓶鮓とは、物らしし」の「物らしし」ってなんですか？

それらしい深い意味がありそうだ、っていう意味です。それはお里のエロティックなところにかかってるからでしょう。

――ここってマクラなんですよね。すごく大事なはずなのに、いきなり下ネタなんですか？

下ネタっていうより、歌なんだよ。つまり、華やかな歌で情景を描写しながら入っていく。田舎の鮓屋が娘のために華やかに繁盛していて、そこに色男の弥助が帰ってくる、というところにつながる。鮓を売る行商に行って、空いた鮓桶を回収して帰ってきた弥助がお里とイチャイチャしている。二人の濡れ場です。短いシーンですが、華やかな色気がいります。ことに維盛は平家の武将でありながら、今は市井のやさ男になっているところが見せ場です。

——お里って女の人が苦手なタイプの女の人ですよねえ。

そういう蓮っ葉なところがないと、後の「お月様も寝やんした」とか、ああいう弥助をベッドへ誘うお里の性格が出ないんだよ。

二人の濡れ場の前のおっかさんの話から、吉野というのが、京都や奈良とは別の文化圏であるということがわかる。吉野は古代以来の山岳信仰の土地でもあるし。それに比べれば京都の朝廷なんて新しいわけだから。そういう文化圏の違いがこういう風習として残っているということをいいたいわけですね。朝廷と深い関係がある伝統のある鮓屋。代々襲名をして伝わってきている名家でもある、ただの鮓屋ではない、ということをいっている。

「権太の出」になります。権太は歌舞伎では江戸中期に四代目市川團十郎や初代中村仲蔵(なかぞう)によって吉野下市村の田舎の無頼漢が江戸風のスッキリした悪党になりました。しかし、文楽では丸本の本文(ほんもん)(浄瑠璃)通り、見るからにいかつい吉野下市村の無頼漢です。

——維盛はこの家にいつ頃から来ているんですか?

高野山へ行く途中で弥左衛門に助けられて、という設定です。史実でいうと、維盛は最初の源平合戦の時点で総大将だったのに敗北して、逃亡するんです。しかも高野山から熊野へ出て行方不明になった。その史実を浄瑠璃作者がつかまえてきて、行方不明になった維盛が実はここに隠れていたという設定にしたんです。

――芝居のなかでは、維盛はいつ頃やってきたんですか？

どのくらいかねえ、一年か二年か、そこらへんじゃないの。

ここで権太の「金の無心」になります。おっかさんから金を強請ろうと入り込んできます。ここは滑稽にするほうがいい。あとの悲劇が引き立つから。これを見ると、母親がひたすらに一人息子の権太を愛したために権太がグレてしまったのがよくわかる。マザコンなんだよ。母親コンプレックスがあって、母親の一方的な愛情によって甘やかされてしまった男の境遇が出る。母親が近くに住んでいても嫁の顔さえわからないのはお前が不幸者だからだと怒る。「目に角を立て変はったる機嫌にぐんにゃり」という、「ぐんにゃり」というところで、権太というのは母親に弱い男だというのがよくわかる。これじゃあ金の無心はできないとなって、昨晩泥棒に入られたという話をする。泥棒に入られて、即刻納めるべき税金（年貢）の金を盗られてしまった。税金未納ならば刑務所に入らなければならない。それはできないから夜逃げをする。だからお別れを、となる。徳川時代でいちばん問題になるのは、逃散といって百姓の夜逃げなんです。大名の経済は全部お米で成り立っているわけでしょう。金本位ではなく米本位。そこで農民から税金分のお米、あるいはそれと同額の金があがってこないと、大名の経済が潰れる。だからお米が大事。そのために、北前船みたいな廻船の、お米を積んで江戸や大坂に持っていく航路が発達したし、大坂が天下の台所として米の相場で成長していくことになるわけです。お米の経済だから。そのお米を作っているのが百姓でしょう。その百姓が税金としてのお米を納めることができない。お米の代わりにお金で納めるけど、権太はそのお金を盗られちゃったんだよね。むろん、これは権太の母親から金を引き出す作り話です。

――百姓が夜逃げをすると、田んぼが荒れてしまう？

田んぼが荒れるだけでなくて、大名が当てにしている収入が入らない。だから弾圧するわけです。牢屋に入れるだけではなくて、水責めとかいろいろするわけでしょう。だから、必死で逃げるわけ。

――いやな世の中ですねえ。

だけど、よく考えればだよ、こんな権太の話が嘘だっていうことくらい、母親にはすぐわかるはずなんだよ。だって、権太はまじめに田んぼ耕してないんだから。そこがわからなくなってしまうのが、母親の一方的な愛情ですね。しかし「どふで死なねばなりますまい」ということは事実なんだよ。税金盗られちゃったんだから。大の大人がこんなことをするかっていうくらい子供っぽいところを見せるところが大事。別れなければならないとなると、母親は乗り出してくる。息子がこのあたりをウロウロしていることは知っていたわけだ。父親は許していないけれど。権太は父親が怖いわけです。つまり、グレた息子というのは家庭のひずみから出てくるということがよくわかる。教育って親の問題なんだよ。母親なら、息子のことなんだから、こういう作り話をする男だとわかりそうなものなのに、いざ別れて遠い所に行かなければならないといわれると、「なんで?」となってしまうところが母親の弱いところなんだよね。母親の愚かさ、息子の弱さです。それを非常に滑稽に書いている。権太は泣いて見せようと思うんだけど、涙が出ない。このあたりはチャリ場です。喜劇のことをチャリというので、喜劇を主題にしたシーンをチャリ場といいます。

「鮓屋」は、夕方から夜にかけて事件が起きるわけですが、人間の出入りが明確にできている。弥左衛門が帰ってくると、おとっつぁんが怖いから権太は引込む。お袋から借りた金はその場にあった鮓桶に隠して。表では、小金吾の首を持った弥左衛門が激しく戸を叩きます。しかし、権太は出られないよね。お里は女だし。そこで弥助が代わりに出てくるというのが非常によくできている。鮓を仕込んであるか、と聞いているのは、握り鮓ではなくて馴れ鮓だから。発酵させなければいけないから、仕込んでおかないと明日売る分がない。弥左衛門は空いた鮓桶に首を隠す。これがのちの間違いのもとです。

奥へ入ろうとする弥助を弥左衛門が引き止めて上座（じょうざ）へなおします。ここから今まで世話物だったところへ突然時代物の背景が表へ出てきます。弥助が急に維盛になるからで、装束は同じでも時間と空間が逆戻りします。ここが時代世話のおもしろい技巧です。

深夜で二人っきりになったところで、弥左衛門は維盛に告白をするわけですね。だんだん世話物の世界が時代物に入っていくでしょう。雰囲気が変わりますね。それで最後に鎌倉の使いとして梶原平三景時が出てくるというふうに、京都と鎌倉、その間に挟まれている庶民という、社会の縦割りの構造がだんだんあらわになってくる。武家の権力と朝廷の権力、その両方の間で滅亡していった平家の権力。というところで、それがいろいろな形で一人の市民の家庭につながっていくというところが、この作品のおもしろいところです。そういうことが、ここの弥左衛門の大時代（おおじだい）な告白にも表れている。さっきまで鮓屋の若い者だった男が急に衣紋（えもん）を繕うなんてことをする。そもそも、維盛っていうのは三位（さんみ）の中将（ちゅうじょう）だからね。三位の中将というのは大変な官位だから。上から一位二位ときて三位。中将っていうのは大将、中将、少将だから、たちまち貴族の感じになるし、言葉も変わってくる。

昔、今は亡き平重盛（維盛の父）が、中国の聖地に平家の将来を祈るために三千両のお金を寄付しようとしたんですね。平重盛というのは仏教に帰依（きえ）する心が強かったんですが、平家の行く末を危うんで、平家の菩提（ぼだい）を弔ってもらおうと祠堂金（しどうきん）（寄付金）を中国に渡そうとしたんですね。そこで問題が起こる。その船を海賊が襲って三千両を奪った。その海賊が弥左衛門だった。逮捕されたときに、重盛は弥左衛門を死刑にはせず、三千両を中国に渡そうとした自分の行為こそ日本を裏切る泥棒だった。弥左衛門は確かに泥棒だけど、俺のほうがもっと大きな泥棒だったというんです。だから、俺がお前を釈放してやると。それで弥左衛門は元に戻って鮓屋の主人になることができた。

――それは事実なんですか？

祠堂金を海賊が襲ったという、事実かどうかはわからないけど伝説がある。ところが、たぶん釣瓶鮓屋から苦情がきたんだな。再演以降、弥左衛門は海賊本人ではなくて、海賊に襲われた金を護送する役人だったという現在の台本になった。そうすれば金を奪われた被害者だし、刑事犯じゃないからね。

――重盛の三千両の解釈、洒落てますね。

重盛は父・清盛が強硬な暴君だったのに対して、良識派だったからね。

――重盛を小松の内府（ないふ）といいますが、内府は三位の中将とは別の位取りなんですか？

内府は内大臣のこと。三位というのは階級、内大臣とか中将っていうのは役職です。弥左衛門にしてみれば、平家はもう元には戻らないんだから、維盛はこのまま鮨屋の亭主として暮らしたほうがいいんじゃないかと思ってるわけです。だから、娘と結婚させようとしているんだよ。

――自分の娘のためでもあるけれど、維盛のためでもある？

維盛のためが第一だよ。恩になった主人の息子を助けたい。鎌倉方の追及が厳しいからこそ、うちの娘と結婚しなさい、と。

弥左衛門が去ったあと、お里が弥助を口説く。「寝て花やろ」っていうのはセックスしましょうってことですからね。お里は弥助を誘っている。でも、要するに、いっぺん弥左衛門が態度を変えたことによって、弥助は貴族の気位に戻ったでしょう、元の中将に。そこにお里が来ても、そう簡単にはセックスできない。鮓屋の弥助のままだったら結婚できたかもしれないけど、平維盛のプライドがいま戻ってきちゃったから、そう簡単にイエスとはいえないわけ。「貞女両夫にまみえずの掟（おきて）は夫も同じこと」となっちゃうわけ。そこの段どりが非常にうまくできている。

――そもそも、どうして弥左衛門は弥助を上座に座らせて維盛として扱ったんですか？

今夜、危険が迫っていて、逃げるようにいわなければいけないから。自分も梶原に呼び出されて、首を出せといわれているし。弥左衛門は弥助に、追手が迫っているから上市村の別荘に避難するようにといいます。そこで、お客にも弥助が維盛とわかります。一方、小金吾の首を持ってきましたから、その首を、権太が金を入れたのとは別の鮓桶に入れるんですね。これで「鮓屋」の前半が終わります。

そこへ若葉の内侍と六代君が落ちてくる。親子三人が対面しているのを、寝ていたお里が聞いてしまう。はじめて、弥助が維盛だとわかって、「お里のくどき」になります。

――今夜にも祝いというのは、梶原に呼び出される前から思っていたことなんですよね？

まあ、そうですね。だから、弥左衛門が告白しなければ、すーっと結婚したかもしれないよね。維盛だって元は貴族だから、貴族のプライドが自分のなかでむくむくっと起きてきちゃうと、もう弥助には戻れない。だから、「貞女両夫にまみえず」なんていわなくてもいいことをいっちゃうわけですね。正式に結婚はできない、となっちゃうわけだよね。そこのほんのちょっとのズレでもって、どんどん悲劇になっていく。人間が追い詰められていくところがおもしろいところ。そこに若葉の内侍が門口に来ちゃうからね。よけい大変です。

維盛枕に寄添給ひ、「是迄こそ仮の情、夫婦となれば二世の縁、結ぶにつらき一つの言訳、何を隠そふ某は、国に残せし妻子あり、貞女両夫にまみえずの掟は夫も同じこと、二世のかためは赦して」と

「貞女両夫にまみえずの掟は夫も同じこと」というところは、詞とイロと地の典型ですよ。「なにを隠そう某は」からが弥助の詞ですね。「貞女両夫にまみえずの掟は夫も同じこと」がイロで、「二世のかため〜」以下が地になります。フシというのは音楽的なことで、こういうイロがとかくフシになりやすいんですね。

――「野崎村」でも、せりふ＝「詞」ではないと教えていただきました。

詞とか地とかいうのはテキストの文学的な文法です。それに対して、イロとかフシとかいうのは、そのテキストを語る音楽的な手法です。だから、地でも詞でもフシがつくし、それを調整するためにイロという緩衝地帯があるわけです。

――メロディがあるところがイロということでしょうか？

そうとばかりはいえませんが、そうなることが多いですね。詞から地にうつる橋渡し。踊りも振りから振りにうつるところが大事。浄瑠璃も、詞から地へ、地から詞にうつる、そこが大事。そこがちゃんと語れると、詞も地も両方クッキリと立体的になります。舞踊家の場合、非常に具体的な振りを

踊っていて無意味な振りへいくときに、うまい人だと具体的な意味のあるイメージがうまく抽象化されてさらに無意味になっていく。ところが下手な人だと唐突に無意味になるでしょう。

――どうしちゃったの、って思うときがあります。

歌舞伎役者は、そこを自分の持ち味でつないでいるから見ていられるわけです。舞踊家は舞踊家で持ち味でつなぐのではなく、踊りとしてうまく変化して踊る必要があります。

――そうしないとブツブツ切れてしまうということですよね。

振りと振りの間の踊りがブツブツ切れるのは具合が悪い。振りと振りの間がつながっていくと、両方の振りが引き立つ。たとえば、イロの部分が突出してくると、地と詞が両方ともせりあがってきて様式的になる。これで様式ができる。だから、イロが大事なんです。

――うまいなあと思える時って、イロでつなぐのがうまくいっているんでしょうね。

様式の力ができると、何か表現しようとするものが観客にバッと訴えられる。様式がないと、訴える力が出ない。

さて、ここでは一人の男に二人の女。本妻と、これから結婚しようとしている女が対照的に描かれているわけです。当然、嫉妬になる。その嫉妬を、若葉の内侍は貴族だから表には出さないけど、中身は嫉妬ですよ。ということが、このドラマの色気になっているわけです。ここで寝ていたお里が気が付いて真相を知るわけです。弥助に実は本妻がいた。弥助が実は平維盛という人だった。ということに気付くことが大事なんですね。真相を知った結果、娘ははじめて自分の心情を告白する。

こういうところは空間としての装置を見ていると非常によくわかるでしょう。若葉の内侍と六代は身分が違うから一間の内へ、柱の向こうに入りましたね。つまりお里は、表向きには弥助という人を相手に口説いている。しかし、本当は弥助の陰には本妻と子供がいる。というのが、別な次元で迫ってくる。歌舞伎はベタ一面平舞台でやるから、絵にはなるけど立体的ではない。

——別な次元ってどういう意味ですか？

女性としては内侍とお里は一対一なわけだから、本妻とこれから結婚しようと思っているお里と若葉の内侍は対等なはずでしょう。でも、若葉の内侍は貴族で既婚者なんだから別な次元にいるわけ。間に立っている弥助は、お里のほうに対しては弥助だし、若葉の内侍に対しては維盛、ひとつの人格が分裂していることが明らかになる。向こうの一間に若葉の内侍と六代を入れることで、間に立っている維盛の人格が分裂していることが演劇的に非常に鮮明になる。歌舞伎みたいに平舞台でやっていると、そうはならない。そこで屏風（びょうぶ）が必要になってくる、というわけです。歌舞伎のお里は、屏風で囲うとき、若葉の内侍だけではなく、維盛も一緒に囲っているでしょう。だから、維盛の位置が鮮明にならない。

お里のくどきは、人形遣いの見せ場ですね。女形の人形って身体のなかに何も入っていないのに、お里の身体というのをよく映してますよね。「夢にも知らして下さったら」で、いい形になるでしょう。若葉の内侍はこういうことはしない。気持ちが表現されて、よく伝わるから、いい形になる。ただ見た目だけがきれいというのではない。それは本当の美しさではない。

――簑助さんの撮影のとき、ちょっと人形を動かされただけなのに、あんまりにも色っぽくて、あわあわ照れてしまったほどでした。

人形は第一に生きているように見えることが大事です。でも、それだけではだめで、第二には、人間を越えて、つまり、心が動いていくことが大事なんです。形も大事だけど、心持ちも大事。あなたがそう感じたとすれば、簑助が遣う人形がオーラとしてのエロティシズムを発散したから。このお里のくどきもそうですね。だから、人形がまるで生きているようだというのはほめ言葉にはならない。半分しかほめたことにならない。それだけではなくて、もっと人間を越えるものを持っているというところが大事です。人間では表現できない人間の本質があらわれないと。

とにかく上市村の別荘に移そうと、三人を表に出すんですね。ここで平家の運命というものを描くんです。「御運の程ぞ、危うけれ」。ここの三味線をタタキっていうんです。強く叩くように弾く。この音ひとつで、平家一国が崩れていくことを感じさせないとだめなんです。若太夫（↓351ページ）と綱造（↓361ページ）でここをやると、本当に平家一門の栄耀栄華が崩れていく。そういうことが三味線の音で表現できるんです。ここは歌舞伎は及ばないよね。

――歌舞伎だとどうするんですか？

ただ引込むだけ。

――文楽のタタキは歌舞伎ではむずかしい？

三味線の音の表現力。歌舞伎の三味線はそこまでいかない。逆にいうとね、そこで竹本の三味線がものすごく表現力をもっちゃうと、弥助の役者から文句が出るかもしれない。ここは俺の持ち場だ、と。歌舞伎の竹本は役者に合わせなければならないから。

ここに梶原が首実検に来るという騒ぎになります。いがみの権太が実は若葉の内侍と六代君を生け捕ったといって出てきます。『義経千本桜』で、二段目の切、三段目の切、四の切とあって、「鮓屋」は大事な場面なのに義経が出てこないわけだよ。それにはいろいろな事情があるわけだけど、ここでは義経の代理として梶原が出てくる。ここに敵役のはずの梶原を入れたのはおもしろいところで、敵役がなんでこれだけの密命を帯びて来ているのかというのは、あとで明らかになる通り。そういう裏表のあることを義経はしないから。

――汚れ役ということですか？

そうです。

――権太は訴人（そにん）しようと家を出たのに、鮓桶の中の首を発見して改心したんですか？

厳密にいうと、「木の実」で騙り取った荷物のなかに重盛の肖像画があって弥助に生き写しだと気が付いたときに、これを手がかりにお父さんの勘当を許してもらおうと思うんですよ。「鮓屋」では、最初に出てきたときから実は「戻り（モドリ）」になっている。モドリというのは悪心をもっていたのに善心に立ち戻ったり、本当は隠していた本心をのちに打ち明けるということをいいます。母親からとった金は維盛を逃すための路銀にしようと思っていたからね。

――といってはいるけど、本当にそうなんですか？

本当です。そこは（十八代目）勘三郎が初役で権太をやった時にさんざん迷って「どこで変わるんだろう」っていうから、五代目菊五郎の型を三木竹二がこまかく書いた文章（『観劇偶評（ぐうひょう）』所収）を見せたら、「これではっきりした」といって権太をやったんだよ。突き詰めて考えればそういうことになりますよ。「鮓屋」の場に出てきたときには、すでに改心している。それを隠してずっと敵役でいる。だから、「モドリ」になるのは述懐のとき。そういうどんでん返しがないと、芝居はおもしろくないからね。権太が陣羽織を頭からかぶるのは、涙を見せないためですね。余計なことだけど、仁（に）

ている
から。

左衛門(ざえもん)は陣羽織を着るでしょう。菊五郎型は着ないんだよ。仁左衛門は本文（文楽の浄瑠璃）を知っているから。

――いま、梶原の人形が目を動かしてジロリと見たのは？

知ってるよ、というところですよね。目を引いたでしょう。梶原は全部知っている、ということです。その視線で、権太はバレてるかも、と思った。人形は細かいところを見ないと。

弥左衛門が権太を刺してからは、実にかわいそうなドラマですね。ことに女房小せんと、子供の善太。俺みたいな親不孝な子供に、こんな親孝行な息子が生まれた。それは、俺に対する天罰だったな、ということを権太が知るというところが大事なんですね。自分はこんなに悪い親なのに、善人の子供が生まれた。その時、はじめて、俺みたいな子供が生まれたために父親がどんなに苦しんだかということを権太は知るわけです。それだから、ああ、俺が善太みたいな子供だったら、子供を殺すような悲しみをおとっつぁんに見せなくてすんだのに、俺が本当に悪いんだ。刺されて当然だとなるわけです。

「そのお二人と見へたのは」というところ、二人を身替わりにというときに血の涙を流したというところです。なんといっても、権太の性根(しょうね)は、おとっつぁんに勘当を許してもらいたい。その一心なんです。しかも、若葉の内侍の身替わりになって夫の危機を救おうとしている権太の女房、小せんは、自分が原因で権太がおとっつぁんから勘当を受けたわけでしょう。そういう巡り合わせを小せんも権太も感じているわけ。

ここで大事なのは、すべて仕組まれて成功したかに見えた権太の身替わりが、実は梶原はすべてお見通しし、承知していたということ。鎌倉政権にとっては、維盛が吉野の下市村に潜んでいたのを討ち取ったという事実が欲しい。昔はテレビも写真もないわけだから、その事実が嘘でもいい。鎌倉幕府はその嘘を公認すればいいんですよ。

――全部見抜かれていたのなら、奥さんや子供を犠牲にしなくてもすんだのでは？

首は必要なんですよ。『平家物語』の最後で六代は斬られるでしょう。それは、この少年ですから。それで『平家物語』は終わるから大事なんです。維盛も、死んだという証拠が必要。史実でいうと、維盛は補陀落渡海（ふだらくとかい）によって海上に行ったきり即身成仏して、それで行方不明になっちゃうんだよ。そういう死に方は鎌倉幕府にとっては困るわけ。男と女と子供の死体がどうしても必要なんです、政治的に。証拠が必要なわけだから、どこの何兵衛でも関係ない。その事実を鎌倉幕府は欲しがっていて、だから権太を利用して一家を犠牲にして――その代わり維盛と若葉の内侍と六代は助けようというので、まず維盛を仏門にということで珠数と袈裟を陣羽織の裏に縫い込んだのです。

――権太は利用されちゃったんですね？

そうです。早野勘平も桜丸（さくらまる）も権太も犬死になんですよ。無駄に死ぬ人間ほど、観客は泣くんですよ。

——権太を利用するために、鎌倉方が仕込んでいたってことですか？

そりゃあ、内偵してるだろうからねえ。こういう無頼漢がいて、訴人してきたとか。その顔なんだよ、さっきの梶原が目を引いたのは。

——鎌倉方が賢すぎです。

『平家物語』によれば、六代は文覚上人（もんがくしょうにん）のもとにいたんだけど、斬られて死ぬんだよね。そうして平家の血筋は絶えるんだけど、浄瑠璃はそれでは収まらないよね。平家贔屓（びいき）もいるわけだし。

浄瑠璃というのは、歴史的な事実のなかで曖昧（あいまい）なところや不明なところを裏側から書くという性格を持っているわけです。これが実話です、と。その実話をつくったのが「千本桜」。死んだはずの知盛（とももり）が生きている。死んだはずの維盛が助かって僧籍に入る。佐藤忠信って奴が実は狐だった。佐藤忠信は歴史上では戦死だから。それが実は生きていたって話に全部なるわけですよ。歴史を引っくり返して見せるところに浄瑠璃のおもしろさがある。学校で教える歴史とは違う歴史がここにもう一つありますよ、というのが人形浄瑠璃の本質です。

太功記十冊目

時代のなかの世話

前章の「鮓屋」が市民生活へ政治や歴史が入ってきたのに対して、『絵本太功記』は逆に政治の世界へ家庭が持ち込まれるとどうなるかという物語です。ご承知の通り、これは『太閤記』の世界を描いていますから、ここには幕開きに出てくる農民たちを別にすれば、登場するのは武将の武智光秀（史実の明智光秀は浄瑠璃では武智光秀とします。検閲への言い訳です）一家ばかりです。『太閤記』は江戸時代のベストセラーです。その明智光秀の本能寺の謀叛を描いていますから、当然、史劇であり政治劇ですね。そのなかで、政治に家庭が入ってくるとどうなるかが描かれています。

さて幕開きは光秀の母が隠居しての一人住まい。三味線が入らずに太夫の題目だけではじまるのは非常に特殊な開け方です。幕が開き切るまで、「南無妙法蓮華経」っていいっているでしょう。この場面が「夕顔棚」。端場(はば)です。ここは武智光秀の母皐月(さつき)が隠棲(いんせい)している尼崎の閑居ですね。幕が開きますと大勢の近所の人——町民、農民が集まって妙見講(みょうけんこう)をやっています。この人たちがなぜ必要かというと、この人たちのいう詞(ことば)を聞いていればわかります。京都の本能寺というところで、尾田春永(おだはるなが)(織田信長)を武智光秀が殺したという事件の噂になる。庶民の生活から非常に遠い上層部の世界の政治の物語がここまで伝わってきて、戦争の予感がしている。『絵本太功記』のこの十段目には、実際には戦場は出てこないんだけど、ほとんどが戦争の予感に巻き込まれている。庶民の生活が脅かされているということが、ここで最初に出てくる。戦争が起こるかもしれないという噂です。そういうものが非常に身近に入ってくるというところが大事なところですね。いよいよ本筋に入ります。

——村の人たちは皐月が何者かは知らないんですよね？

むろん、知らないです。近頃、近所に引越してきたおばあさんとしか知らない。妙見講というのは、妙見菩薩という日蓮宗の尊崇している仏様の信仰の組合、講中です。講を組織して、そこにみんなで集まって、お題目を唱えるというのを皐月が土地の人と一緒にやっているということですね。

——皐月は信心深いんですか？

むろんですよ。単に信心深いだけではなくて儒教や仏教の掟(おきて)を厳しく守っている保守的な老女です。この作品のいちばん大きなテーマは現代的にいうと、そういう保守的な考え方の母親と革命的な考え方の息子光秀の争いです。保守的な考えからいえば、親子は一世、夫婦は二世、主従は三世。その三世にわたって、つまり過去、現在、未来の三世にわたって仕えなければならない主人を、たとえ相手がいかに暴君であり虐められたとしても殺すということは反道徳的です。だから、旧道徳を守っている母親にすれば主君春永を殺した息子光秀の行為が許せない。それに対して光秀は、主君であっても暴君で天下万民の災難になるならば殺してもいいという考えです。その二つの立場の対立なんですよ。信心深いのも、ひとつの表れだけど、皐月は行儀正しく、その常識のなかで生きている人です。そういう人が、主人を殺してしまった光秀の論理に対抗できるのか。革命思想が正しいかどうかという問題なんですよ。本能寺でいっぺん春永を殺したあとに、この前段の六日目「妙心寺の段」で、光秀自身が母親に反対されて一度は自殺しようとする場面があるんです。自分が主人を殺したことはやっぱり間違っていたんじゃないかと。母親はお前が間違っている、お前なんかと一緒に生活できないからと、家出して尼崎に来ているくらいだから。反省して自殺しようとするんですよ。遺書まで書くわけね。それを息子の十次郎と頼りにしている家臣の四王天田島頭（但馬守）に止められて、真柴久吉（羽柴秀吉）と一戦交える決心をする、つまり、世直しをするのはいいことなんだから、とにかく、暴君を討ったことを正当化しようと転身して、「十日目の段」になる。一方で、皐月の立場というのは庶民と一緒で健全な常識のなかで生きている。

――光秀はお母さんにいわれたことでグラグラっときてしまうんですか？

そうそう、「妙心寺の段」で、お前と一緒にいられないといわれたときにね。本能寺で六月一日に事件が起きて、この「夕顔棚」はもう十日たっています。だから「太功記」十段目（十冊目）というんです。夕顔というのは真柴久吉つまり羽柴秀吉の旗印の千成瓢箪とつながっているんですね。

この一段には口伝があるんですが、第一に、光秀でお客を泣かせるように語らないとだめ。第二に、このおっかさんで泣かせないとだめという口伝です。だから皐月は大事な役なんです。行儀正しく生きている。アンシャン・レジームの象徴。それに対して光秀は革命思想。さらに、もうひとつの論理がこの芝居にはあって、女性対男性。出てきたところで、操や初菊が何を考えているかわかる。十次郎の困った立場もわかる。光秀（父）と十次郎（息子）の男性の考え方と、皐月、操、初菊の女性の考え方の対立。つまり、男性と女性の、女性は母として、妻として、娘として、男性に従うべきだという倫理観が底に流れている。歌舞伎だと全部カットだから、よくわかりませんが、文楽では本文通りです。

――歌舞伎は「本文」とはいわないですよね？　元というか、本行である文楽のほうが歌舞伎より上といったヒエラルキーがあるんでしょうか。

「本文」とは、原作の浄瑠璃の詞章をいいます。文楽と歌舞伎の間にヒエラルキーがあるかといえばないとはいえないでしょう。文楽の芸人は宮廷の職人としての掾号を得ていますが、歌舞伎役者にはその例がない。身分的な階級差があったからでしょう。しかし、それとは別にここで「太功記」が文楽のために書かれ、かつ原作ですから、その詞章を「本文」として尊重するのは当然だと思います。

さて妙見講の連中が引込むと、光秀の妻操が十次郎の嫁初菊を連れてやってきます。皐月は歓迎しない。私は息子光秀に反対だが、あなたは光秀の妻、妻は夫に従うのが道、「夫に付くが女の道」。旧道徳からいくと、夫に従うのが基本ですから、帰れっていうんですよ。

――息子は間違っているとずっといっているのに、嫁には息子に従えというのは理不尽ですよね？

女は夫につくものだから、そうでなければいけない。男としては間違っているけれど、夫婦である以上、その男に従わなければいけない。夫唱婦随っていうくらいでしょう。皐月と光秀の間には政治上の対立がある。しかしそれとは別に男と女の道徳がある、もう一つの対立ですね。

「善にもせよ悪にもせよ、夫に付くが女の道、操の前は武智十兵へ光秀がつま、そなたは又、孫の十次郎光慶が嫁でないか、生死分からぬ戦場へ、趣く夫を打ち捨てて浮世を捨てた姑に、孝行つくすは道が違ふ、妻城にとゞまって、留守を守るが肝要ぞや、モウやもめくらしの楽しみには、夕顔棚の下涼み、捨つべき物は弓矢ぞ」と、云放したる老女の一徹、跡は詞もなかりけり

――「捨つべき物は弓矢ぞ」というのは、どういう意味ですか？

政治上の対立と男女の倫理的な対立が矛盾している。皐月はその矛盾に気付いているから、今までそういう武士道を守ってきたけれど、この矛盾で浮世のこと、ことに武士道が嫌になったというんです。せがれがこんなことをしでかしてしまった以上、私はもうどうでもいいから弓矢を捨てて、普通の人間として生きたいといっている。

ところで、初菊がここで水仕事をするでしょう。この作品の作者、近松柳（ちかまつやなぎ）は『鎌倉三代記』を書いた近松半二（はんじ）の弟子だからね。『鎌倉三代記』で時姫（ときひめ）がやっているようなことを、この井戸のところでやらせたいわけです。高貴なお姫様が、下世話な炊事をするという。

——十次郎がいう「けふの軍（いくさ）」ってそもそも、なんの戦いのことですか？

本能寺の変が起きて尾田春永が殺された時点で、その知らせは中国攻めに行っている真柴久吉のところに行く。久吉は春永の命令によって、備中（今の岡山県西部）にある高松城を攻めている。その留守中に光秀に主君を殺されたと聞いた久吉は、それで急遽、本能寺の変のことを秘密にして、高松城と和睦をして都に帰ってくる。「大返し」といいますね。久吉の軍勢が光秀に仇（あだ）を討とうとしてはじまる中国から帰ってくる戦争です。

——「しらせ給はぬ悲しや」と涙、というところ、この戦いに勝てるとは皐月だって思っていないいはずなのに、なぜこんなに上辺をとりつくろうんですか？

帰ってきてもらいたくないんだよ。武智の名前を汚した逆賊だから。皐月は負けてもらいたいと思っている。だけど、それは腹の中のことであって、かわいい孫だから、どんな重傷を負っても帰ってきてほしいと思っている。でも、これは八分通りだめだな、と。大義名分のない戦いをしているのだから、武智が負けることはわかっている。だから、そのためには、討死する前に、特攻隊と同じで、思い残すことのないように結婚してから行きなさい、といってるわけ。そこが非常に複雑なんです、皐月の心境は。負けると思ってるんだよ。当然ですよ。大義がないんだから。

――みんな負けると思っているんだけど、そのことはいわないで……、

でも、やらなければいけない戦だったわけでしょう。太平洋戦争だってそうじゃないか。みんな負けるってわかっててやった。そういう戦争もあるんだよ。

――尼崎に陣を構えているんですよね？

中国から帰ってくると、船は当然、尼崎に着くわけでしょう。そこに上陸する久吉の軍を光秀側が食い止めようとしている。京都から出張した光秀軍と久吉軍が激突するのが尼崎。続いて山崎から天下分け目の天王山の戦で光秀は滅亡するわけです。だから僧侶に扮した久吉を光秀がただ一騎追ってくる。その姿を見て、光秀と顔を見合わせた皐月は、これで久吉の身替わりになる決心をするんです。久吉が皐月に風呂を勧められて入る。光秀も竹藪に姿を消す。そこへ十次郎が皐月に初陣の暇乞い（いとまごい）に来る。ここまでが端場の「夕顔棚の段」です。これからいよいよ切場（きりば）になります。

残る莟（つぼみ）の花一つ、水上げ兼ねし風情にて、思案投げ首しほるゝばかり漸（ようよう）、涙押しとゞめ

「残る莟の花一つ」。初陣の祝いとともに、十次郎と初菊の祝言をあげようと皐月がいって、その準備のために女三人が奥へ入る。十次郎が一人取り残される。それが「残る」の意味です。ここはこの段のマクラですから大事なところです。「莟の花」の色気――結婚式を目前に、しかも出陣という、いわば生と死の狭間にいる十八歳の少年の孤独で複雑な心境が「水上げ兼ねし風情にて、思案投げ首しほるゝばかり」ですから、その景色をこの短い文句で語り出さなければなりません。「残る莟の花一つ」で、白い牡丹の花のような十次郎でないとだめなんだよ。思案に暮れている。花の莟。白い牡丹がぱぁ～っと咲いているような感じでないと。十八歳ですから。玉男（↓３７６ページ）の十次郎はいい十次郎ですね。「水上げ兼ねし」。しおれているわけです。

裃（かみしも）の着付けの下に鎧（よろい）を着ているんです。歌舞伎は姿がよくないから鎧は着ないのが普通です。ただ珍しく坂田藤十郎がやっていましたね。凛々（りり）しい若者でないといけない。着るのが文楽のやり方です。

「此身の願ひ叶ふたれば、思ひおく事さらになし」というところは「思ひおく事」でイロになって、「さらに」でフシになる。「なし」で地（じ）になる。

――十次郎はなんでこんなにめかしこんでいるんですか？

別にめかしこんでないよ。十八歳の少年の裃姿。歌舞伎の悪い影響です。紫の裃なんて昔は着てなかった。紫の裃はいけないって山城（↓350ページ）が芸談でいってるよ。そういうデレデレした男じゃない。凛（りん）としていなければいけない。

――戦いに行くと、おばあちゃんに許可を得るのが礼儀なんですか？

父親が逆心を持っていて、しかしその逆心に従わなければならないから、家族の中で心のよりどころは道徳の象徴であるおばあちゃんだけなんだよ。おばあちゃんの許可がないと戦場に行かれないわけではない。

――息子は間違っているのに、孫をなぜ戦場に送り出すんですか？

息子は悪いのに、非常に素直な正しい正義感をもった孫ができたからかわいいんだよ。でも、息子は父親に、妻は夫に従わなければいけない。子供は、どんなにひどい親でも親には孝行を尽くさなければいけないというのが道徳だから。この道徳観からいけば、父親がどんなに間違っていても、主人を殺しちゃったとしても、負け戦（いくさ）だとしても、とにかくそこで討死するしかないと十次郎は考えている。

初菊のくどきになりますね。こういうところで踊っちゃいけない。だって特攻隊の奥さんなわけだから。とはいえ、地味にばかりというわけにもいかない。簑助の初菊はリアルな現代の女です。現代ッぽくできるというのが才能です。

――負け戦とわかっていて、皐月が喜んで送り出そうとしているのが理解できないです。

皐月はこの時点ではそれと察しているものの、「討死」の覚悟までは知らないことになっています。しかし、察しているから祝言をして行けというのは後でわかります。十次郎が「初陣に討死」になるかもしれないと皐月が覚悟しているのは、そもそもこの戦には負けて当然だと思っているからです。負け戦に初陣するというのは、下手すれば討死です。久吉には戦争に主君の仇を討つという大名目があるけれど、たとえ暴君であろうと主君を殺しているわけだから、光秀には名目がないわけですよ。戦争の志気を左右するのは名目があるかないかによるでしょう。

――討死することがわかっているのに祝いを、というのもさらにわからない。

太平洋戦争の特攻隊と同じなんですよ。心残りのないように結婚してから行きなさい。十次郎の許婚者ということになってはいるけれど、正式に婚礼を挙げていないから。今日挙げて結婚のお祝いと出陣のお祝いを両方やりましょう、と。

――十次郎は、自分は死ぬから他家へ縁組してくれといっているのに。

それは十次郎の述懐ですね。それを立ち聞きした初菊が出ます。ここからが初菊のくどきです。そこで一度夫と決めた十次郎をあきらめない。初菊は封建時代の理想的な従順な女性像そのものなんだよ。ここは初菊の心情を訴える聞かせどころです。しかし十次郎は聞かない。お前だって武家の娘。もしこのことを皐月に聞かれたらどうするといって出陣の用意をさせます。

「随分お手柄高名(こうみょう)して、せめて今宵は凱陣(かいじん)を」と、跡(あと)は得云(えゆわ)ず喰(くい)しばる、胸は八千代の玉椿散りて、はかなき心根(こころね)を、察しやったる十次郎包む涙の忍びの緒絞り、かねたるばかりなり、哀れを、爰(ここ)に吹(ふき)送(おく)る、風が持(も)て来(く)る攻(せめ)太鼓

十次郎の用意ができて、三三九度の盃(さかずき)を上げます。「せめて今宵は凱陣を」から「胸は八千代の玉椿」が初菊の仕どころです。それを受けての十次郎の「察しやったる十次郎」が今度は十次郎の仕どころです。人形で見ているといかにも哀れな少年少女の恋物語です。そこへ「風が持て来る攻太鼓」で戦場の響きが聞こえます。ここは竹藪の平和な一軒家ですが、常に近くに戦争の足音が聞こえる。それがこの場の大事な景色であり、主題でもあります。皐月も十次郎の覚悟は知っているわけですよ。だから、めでたい、めでたいといいながらもハラがないとね。ここの見どころは、「胸は八千代の玉椿」というところですね。こういうところが人形のおもしろいところで、人間だと嫌味になるところが、人形だと嫌味にならない。初菊の見せ場だから。永遠を願いながら、侍のもっとも嫌いな椿が

ぽとっと落ちる。初菊が刀を持ってきて十次郎の顔を見る。十次郎のほうは、すーっと見ないで刀を受け取るでしょう。ああいうところで情が通うんです。見ていないけれど、気持ちは目一杯、刀を持ちあったときに通う。そういうところが人形遣いの芸です。

この芝居、とってもよくできていて、肝心なところになると風が吹いてきて戦場の音が聞こえてくるんだね。このあとに、女三代のそれぞれの十次郎に対する嘆きになる。みんな戦国の女たち。戦争のなかで生きていかなければならない女の不幸。この間の戦争のときは、こんなシーンは日常茶飯事だったからね。出征で万歳万歳といいながら泣いていた母親。建前上は、涙なんか見せられなかったからね。今頃になって憲法を改正しようなんていう人は『絵本太功記』を見て反省してほしいんだよね。

十次郎が出陣した後、はじめて皐月があの孫は討死するだろう、「なまなか留めて主殺しの、憂き死に恥をさらそふより、健気(けなげ)な討死させせん為」「心残りのないやうと」結婚させたという心情を告白します。「はじめて明かす老母の節義」が大事な聞きどころです。

そこへ風呂が沸いたといって久吉が出ます。

――皐月がこの旅の僧が久吉とわかるのは？

すでに触れたように「夕顔棚」で僧侶に変装した久吉が駆け込んでくる。それを追って光秀が一騎がけで出る。そこで、母親と顔が合う。その時はじめて、久吉を追いかけて息子が来たことを知って、自分が身替わりになる決心をする。光秀の姿を見たから、あれが久吉だとわかったということです。久吉を助けて、身替わりになろうと。だから、風呂場へやる。風呂場で身替わりになる。

――久吉は、お母さんに身替わりになるといわれて、よく承諾しましたね？

だって、久吉は、どこのおばあさんか知らないでしょう。久吉は光秀のおっかさんとは知らない。早く京都に帰るために逃げてきただけだから。たまたまここに来たというだけで、光秀がそれを追いかけてきただけ。光秀のお母さんがいるからここに来たわけではない。このあと皐月が衣をかぶっているでしょう。墨染めの衣。刺されるときに、皐月がかぶっている。逃げなさいといったときに、衣だけはとって、久吉を逃がして、自分がその衣を着て久吉のふりをして身替わりになった。

――光秀がここまで来ているということを知っているのは皐月だけなんですか？

この家に来ていることを知っているのは皐月だけだけど、光秀が京都を出て尼崎に向かっているということはみんな知ってますよ。中国から来る軍勢を討たなければならない。そこで戦争が勃発することはわかっている。

余計な話をすると、「太功記十段目」っていうのは、麓（ふもと）太夫（たゆう）という人が初演で、富士山のような名人じゃないが、その麓くらいの力量だっていうことで、そういう名前を名乗った人です。大坂のお金持ちの素人なんです。ところが、この人がものすごい音量があって、音の上も下もよく出て、しかも語り口がうまい。その当時は御簾内だから、お客から見えないから光秀が出てくるまで、あぐらかいて酒飲んで語ってた。羊羹切らせて玉露を飲んだりしていて、光秀の出のときにはじめて正座する。その麓太夫の語る麓風っていう語り口が、「太功記十段目」の初演の芸風なんです。その麓風というのがとてもむずかしいんだよ。ことに初菊のくどきがむずかしい。

「光秀の出」もむずかしくて、山城だと小声で「光秀」と語るんだけど、本当にスケールの大きい怪しい男という感じがする。明治の大隅太夫（→３５５ページ）は口から投げ捨てるように語る。それがお客が驚くほど強く響いたらしい。ところが、山城は声量がないから、光秀が大きく見えるように逆に小さく声とイキをうまく使って工夫して語っていた。

鬢の油を竹槍につけるのは、こうすると鋭利になって、差し込んだときズブッと中に入る。行灯の油でやる人もいる。歌舞伎でもやることです。光秀は障子越しに久吉だと思って竹槍で突くと母の皐月なわけです。「ただ呆然たるばかりなり」は光秀の衝撃の大きさを出すところです。主殺しが今度は親殺しになる。尊属殺人だから最も大きい罪です。

系図正しき我家を、逆賊非道に名を穢す、不孝者とも悪人とも、たとえがたなき人非人、不義の富貴は浮べる雲、主君を討って高名顔、天子将軍になったとて、野末の小家の非人にも、おとりしとは知らざるか、主にそむかず親に仕へ、仁義忠孝の道さへ立たば、もっそう飯の切米も、百万石にまさる

ぞや

そこでいよいよ「皐月のくどき」になる。「不義の富貴は浮かべる雲」。手負いの老母なのに派手なフシがついているのは、これがこの一段のテーマだからです。悪いことをして贅沢をしてセレブになったって、雲のように実態のないものだという意味です。これが、この人の道徳観。「引っそぎ竹の猪突き槍」。猪を殺すような竹で殺そうとしたというのはその天罰だというわけです。光秀のハラは、自分は正しいと思ってやってはいても、ここまでおっかさんにいわれるとたじろぐじゃないですか。しかし今は盤石の強さで動かない。これが光秀の性根です。

操のくどきは踊ってはいけない。たいていの人形遣いはフシにのって踊っちゃうからね。文五郎（→369ページ）も踊ったけれど、文五郎の人形は人間離れしていて、人間では表現できないスケールの大きい精神的な衝撃も表現できていました。他の人は生々しく踊るからいけない。

「遺恨を重ぬる尾田春永」からは、この段の大事なところで、母親に対立する革命思想が出てくる。昔はここはカットだったんだよ、天皇に関わるから。「北条義時は帝を流し奉る」でしょう。承久の変の時、北条義時が後鳥羽上皇を隠岐の島へ流す。しかし暴君を滅ぼすのは民衆のためです。第一、三代相恩の主人としてふさわしくないから殺してもいいというのは革命の思想だよね。しかも春永は暴君で石山本願寺や延暦寺や三井寺のような神聖なところを攻めた。しかし春永の側からいえば、宗教的な勢力は大坂の石山本願寺にしても比叡山延暦寺、三井寺、奈良の興福寺にしても完全な軍事集団ですからね、これを殲滅しないと天下統一はできない。僧侶を殺して神社仏閣を破壊する必要があったんじゃないのか。そういう宗教の抵抗勢力を一掃しないと、安土桃山時代っていうのは来なかったはずだよ。信長が宗教勢力を弾圧したからといって信長のやり方がすべて間違っているとはいえない。しかし、光秀の側からいえば宗教弾圧はけしからんということになる。

――お坊さんにも悪いところはあったかもしれないけれど……、

悪いところがあったかもしれないどころか、みんな軍隊だからね。石山本願寺とか、加賀の国の一向一揆とか、延暦寺だってそうだよ。事あるごとに神輿かついで降りてきて暴動だからね。テロ。武家政権が、つまり信長がとんでもないと思って、反宗教的な活動をしたから、安土桃山時代っていう華麗な時代が来るわけだよ。歴史は一方からだけでは見ることができない。光秀だけが正しいように聞こえるけど、光秀だけが正しいわけじゃないだろう、ってことになる。信長は意地の悪いやり方をしたかもしれない。暴君かもしれない。無道の君かもしれない。しかし、本当の革命思想というのはどっちかというと、疑問がわきますね。とにかく基本的には、中世と近世の境というのは、宗教的な勢力を打破できるかどうかによるんだよ。宗教的な力を排除しないと新しい時代は来ない。織田信長のやり方は乱暴だったけれど、それだけの荒療治をしなかったら新しい時代が来なかったことも事実なんだよ。

もっとも、平清盛の命令で大仏殿が焼ける時は大仏殿に三千人もこもってたんでしょう。あそこまで来ると思わないから。南都炎上っていうのは、子供から坊さんまで武装していない市民が焼き殺されたわけでしょう。でも、逆にいうと、それだけ、三千人もそこに立てこもれば大丈夫っていうほどの大仏殿を東大寺は守ってたわけなんだよ。だから、南都の僧兵がみんな政治的な力を持ってるわけ。そういうことなんだよ。だから、光秀がいうことだけで一方的に評価を下すことはできないというところに、実は革命というものの問題があるわけですよね。革命はやっぱり血が流れるのは当然のことで、反革命と革命、あるいは保守と前衛の差っていうのは一方的にいうことはできないわけ。ただし、この「太功記十段目」の場合には、絶対的に旧道徳、アンシャン・レジームを守っている皐月の考え方と、そうではなくて新しい世界のためには暴君だったら殺したほうがいい、革命を起こしたほうがいいという光秀との対立があるわけです。

――信長が悪いと思いこんでました。

信長が悪いとは限らない。この場合、光秀は敵役(かたきやく)じゃない。だから、九代目團十郎は光秀の役が嫌いなんだよ。光秀は革命の例をいうでしょう。中国の例と、日本では北条義時は無道の君を流した。あれだってね、天皇の側近がクーデターを起こそうとしたわけでしょう、鎌倉幕府に対して。それだから、北条義時は帝を隠岐の島に流すわけだよね。極端なことをいうと、天皇だってほっぽり出せばいいのに、っていう考え方なんだよ。革命思想でしょう。そりゃいいんだよ、人間なんだからね。「和漢共に、無道(ぶどう)の君を弑(しい)するは民を休むる英傑の志」。これは本当ですからね。どうやると休まるかということはいえないでしょう。現代の中東だってシリアの反政府軍のほうが民を休めているとはいえないじゃない。だからこそ、皐月のように、古い道徳を守っていればいつかはいいことがあるというのが庶民の願いなんだよね。

――でも、なんとかしたいと思って動いても、考えが足りないとこうなってしまう……。

考えが足りないというよりも立場の違いですね。たとえば、鶴屋南北の『馬盥』を読めばわかるけど、ただ一方的に光秀を春永がいじめていると考えるのは、私は間違いだと思うんだよ。つまり、二人の間で政治的な見解の違いがあるわけです。国土は天下のもの――公共的なものというのが光秀の考え方。信長は領地は自分が努力して取ったものだから自分のもの。どっちが正しいと思う？　自分の土地は自分のものでしょう。中国のように私有地を持つことを禁じられたら困るでしょう。あなただって土地を召し上げられてしまう。それが信長の考え方なんだよ。天下がその上に成り立っているんだから。自分の国は自分で治めるべき。ところが、天下からのお預かりもの、というのが光秀の考え方。そりゃ、お預かりものかもしれないけど、そんなことといってたらモリカケ問題みたいになっちゃうからね。この土地は私は預かっているだけで、実は国家のものですということになると、八億円も簡単に値引きするわけでしょう。一概に、それはいえないんだよ。

――先生が光秀だったらどうしたんですか。

いじめられないようにすることが第一だし、それに、第一、そういう考え方の違いを理解させようとしたって、理解しないわけでしょう。

——どうしたらいいんですか。

やめりゃーいいじゃないか。浪人すればいいじゃないか。侍を捨てればなんでもないでしょう。

——プライドが高いから百姓にはなれないでしょう。

なったらいいじゃないか。殺されるくらいだったら。人を殺すくらいなら。そういうことなんだよ。根本的なことを考えると、敵役だから春永が悪いとか、子供みたいなことをいってちゃだめなんだよ。ただこの芝居では、この二つの主張が対立していることは事実ですよ。その対立が親子の間で起きたということが問題なんですよ。家庭の中に政治が入ってきたということ。私は共産党がいい。私は自民党がいい。そこで喧嘩になって人殺しになったっていう悲劇だもんねえ。それがだめだっていうんだよ。そういう悲劇なんだよ、これは。

——でも、そのくらい夫婦のなかで考え方の違いが起こることはありえますよね？

でしょう。そうなったときに問題が起こる。だけど、そのときに作動するのは、それだけ考え方が違っても妻は夫に従うべきだっていうのが生きるわけだよ。その仕組みが平和を保つんだよ。

――結局、女の人が我慢するってことじゃないですか。

そりゃそうだよ。男尊女卑の世界観だから。現代の話をしてるわけじゃないんだよ。ここのところが聞きどころだから。いろんな意見を持つことはいいんだけど、じゃあ、光秀はどう考えていて、それに対して家族たちはどう考えているのか、ということを見てください。そうすれば、自分たちのドラマになりますよ。他人事みたいに、ぼんやり見ていないで、「何いってるの、春永が悪いんじゃない」なんていわないで、自分たちの問題として見てください。

――どうしたらいいんだろう。

まず、第一に、ここをカットしないことだね（笑）。

――春永が違うと思うんだったら武士を捨てればいいじゃないかというのと同じように、これだけ家族のなかで意見が違ってたらどうしようもないじゃないですか。

だから、おっかさんが家出するしかなかったんでしょう。そこが悲劇なんだよ。「一心変ぜぬ勇気の顔色（がんしょく）」。ここ大事なところ。この豪傑があとで大落としになるから、客を泣かせることができる。ここで、女対男の対決が出てくるわけです。皐月も初菊も芝居をしているでしょう。光秀の主張に対して、そんなことをいったらだめだよという芝居をしている。

後半は足取りが早くならないと。ノリが大事ですね。三味線にのって。中国から秀吉の軍が海を横切って尼崎に上陸する。大将がいないんだからねえ。このあと十次郎が死んで、皐月が死んで、そこで大落としになります。ここが全編でいちばん大事。

――おばあちゃんが死ぬ間際まで同じことをいっているのは、反省してほしいからですか？

そう、家族全員が光秀に反省してほしいと思っている。反省したってどうしようもないんだけど。この家は滅亡せざるを得ない。母親と子供を一緒になくすわけだから。ところで、ここが人形の特徴なんだけど、光秀が下手に行っている。歌舞伎は吉右衛門型だと真ん中にいて、團十郎型だと上手にいる。

この後の操の第二のくどきは歌舞伎ではカットされることが多い。これがあると、大落としに早くいけない。ここでまた初菊のくどき。歌舞伎だと、もういい加減、飽きてるから。

母も子供も一度に死ぬから、「雨か涙の、汐境」で光秀の大泣きになります。これを「大落とし」といいますが、明治の名人大隅太夫の大落としは大変な大きさで、衝撃で何か倒れたかと思って客席係が場内に飛び込んできたくらい、大変な音量だったらしいよ。

ここで場面が変わって屋体を上手へ引きます。そうすると下手から松の大木が出てきて、光秀が戦場を偵察します。ここで人形が「団七走り」という特殊な動きで松の大木に上ります。家庭の中に入ってきた戦争の情景を見せておいて、これから戦況の全般を物見で語るからおもしろいんだよね。世界が広がって、戦争全体がどうなっているか。二階の御簾内でも三味線を弾いて「上下の合方」になります。歌舞伎でいけば、舞台が廻る。文楽でいうと、引き道具になって海が見える。こういうところは人形のほうがおもしろい。ここが文楽のいいところ。歌舞伎はもう一度盆が廻ると死体もなにも全員いなくなってるから。

「孫と一緒に死出三途(しでさんず)」ここがいいところだよね。十次郎と皐月の死によって、久吉と一応和解するわけだよ。戦争はするけれど、さらばさらばになる動機がある。最後、初菊が尼になるでしょう。それで尼崎なんだよ。

寺子屋

身替わりとモドリ

右大臣菅原道真の下屋敷（別荘）が山城の国佐太村というところにあって、その別荘番の四郎九郎夫婦に三つ子が生まれたんですね。三つ子は先に生まれた子が弟になるんです。長男が梅王丸、次男が松王丸、三男が桜丸。菅原道真は非常にめでたいことだといって、成人したその子供たちの面倒をみています。この三人を御所車（牛車）の運転手、つまり舎人（牛車を引く牛飼い）にしたわけですね。長男の梅王丸を菅原道真が自分の舎人にして、松王丸を左大臣の藤原時平の舎人に、桜丸を斎世親王という、天皇の弟の舎人にした。ところが、天皇が病気になって後継者の問題が起きる。天皇に子供がいなかったので、斎世親王が皇位継承者になるわけです。その斎世親王に、菅原道真の長女（養女）苅屋姫が恋をしてしまう。そのせいで、菅原道真は斎世親王の夫人に自分の娘をやって天皇の外戚になろうとしているといって、時平が菅原道真を九州大宰府に左遷してしまう。その恋の仲立ちをした桜丸は切腹をする。当然、菅原家はバラバラになって、苅屋姫はなんとか桜丸の手で逃れることができたのですが、奥方である園生の前は行方不明。その子供である菅秀才という少年は武部源蔵という菅原道真の書の一番弟子がかくまって、京都の郊外の隠れ里である芹生の里で寺子屋を開いて子供たちを教えながら、自分の子供として育てている。しかし、菅原一族を根絶やしにしようと思っている藤原時平の追及の手は厳しくて、ついに武部源蔵が菅秀才をかくまっているということがわかってしまった。時平の家来の春藤玄蕃と、首を確認するために道真恩顧の松王丸が芹生の里にやってきて、源蔵に菅秀才の首を討てというところまでが「寺子屋」の背景です。『菅原伝授手習鑑』という全五段の浄瑠璃の四段目の切にあたります。京都の芹生の里は、北山の山奥の非常に淋しいところで、いまでも寺子屋の跡とか、そういうのがある。もちろんフィクションなんだけれど。険しい山の中に小さな一本の川が流れていて、絶壁の連なる両岸に民家がへばりついているようなところです。ただし、この道は行き止まりではなくて、先に行くと山を越えて京都に出られる道があるんですね。そこを数百人でとりまいて、いよいよ春藤玄蕃と松王丸がやってきます。

「寺入り」というのは「寺子屋」の端場、つまり導入部です。寺子とは生徒のことで、寺子屋というのは寺の小屋ではなくて、寺子、つまり生徒の家——教室です。寺入りというのは入学式。手習いをみんなしています。下手に数人の生徒がいて、上手に一人いるのが源蔵夫婦がかくまっている菅秀才です。年かさの不良学生は、いつも涎をたらしているので涎くりといいます。寺子屋で授業しているのはそろばんと習字なんです。ここでは習字だけがクローズアップされています。なぜかというと、菅原流という書道の流儀があって、流祖は菅原道真ですから、これを教えている。江戸時代の町の小学校の風景が最初に展開する。平和な風景ですね。これから残酷な悲劇が起きるわけですが。端場で大事なのは、他の曲でもおわかりになったように、まず、庶民的な視点からドラマに入っていくことです。

源蔵の女房の戸浪は園生の前の腰元でした。武部源蔵と不義密通したのを菅丞相夫人である園生の前に助けられて、ここに逼塞しているわけですね。源蔵にとっていちばん大事なことは、若君を助けることではなく、菅原流の書道を流派として伝えることです。自分は中継ぎの継承者であり、この若君を助けることによって、いずれ菅秀才が成人したらバトンタッチすることを考えている。だから、菅秀才が大事なんです。ただ主人への忠義だけではないんです。天皇でさえ菅原流の流派を後世に残せといったわけだから。

そこへひとりの女が子供を連れて、三助という供の者に入学のための道具を持たせてやってきます。品のいい女性で、あとで明らかになりますが、ここでは松王丸の女房であること、一子の小太郎であるということはすべて伏せられて、ただの母と子供として出てきます。だからここでは名前は発音されないわけです、トリックですから。母は、どの子が菅秀才かということを確かめます。身替わりになるかどうかを見比べているわけです。源蔵がいま、庄屋のふるまい、宴会に行っているということがわかります。女は用事があるからといって、子供を預けていきます。習い事で入門するときには束脩(そくしゅう)の挨拶をするわけでしょう。束脩は入門料ですね。机も全部自前で持ってきている。

あとから考えると、これが親子一世の別れなわけですよ。だから、千代だけは覚悟をしている。そうすると、子供のほうはいい聞かされているけれど、一緒に「行きたい」っていうわけね。死ぬのはやはり怖い。しかしそれをあんまり表に出すと底割り(そこわ)(タネ明かし)になっちゃうから、それとなく別れていくというところで、顔を傾けたところが人形の見せ場ですね。見ている人たちは、大坂で同じように寺入りして入学したことがある人たちだからね。つまり、観客は追体験することになる。いまだって幼稚園に通った体験を大人はみんな持っているわけでしょう。その体験が再現されることが大事なわけです。自分も体験した、あれがここで繰り返されているな、と。入門したときの、母と別れる子供の心細さとか。それが大変な伏線だということがあとでわかる。扇で顔を隠して、ここであんまり底を割ってはいけない。むずかしいところです。顔を常に隠しているわけです、泣かないように。

ここからが切場(きりば)になります。「三重(さんじゅう)」というメロディを弾くのは、前の端場の空気を引き継いで、しかしそれをもっと深めていく導入部ですから大事なんです。ことに「源蔵戻り」というのは非常にむずかしいところですから、マクラ一枚、大事なところなんです。

――そもそも、ここからが切場だとわかることは大事なんですか?

「寺入り」が端場で、いわば一段のプロローグですが、そのあとの「源蔵戻り」からいよいよドラマの本題に入るので、ここからが切場ということになります。端場、切場の分け方は演目によってそれぞれ違います。普通の芝居ならばプロローグが端場、その後は全部切場と考えればいいでしょう。端場の別称が「口」です。中、奥というのは便宜的な分け方にすぎません。奥はエピローグといってもいいでしょう。「七段目」でいえば、「一力の表」が端場、「めんない千鳥」からが切場です。「熊谷陣屋」ならば「熊谷桜」が端場、「熊谷の出」からが切場です。「四の切」では奥庭が「奥」ですが、「七段目」「寺子屋」「熊谷陣屋」には奥はありません。

立帰る主の源蔵、常にかはりて色青ざめ

たとえば、山城少掾（→350ページ）のような名人が語ると、その床の陰に源蔵の青ざめた影がうかぶといわれたほどです。なぜ「色青ざめ」ているかといえば、ふるまいだといわれて庄屋の所に行ったら、松王丸と春藤玄蕃がいて、菅秀才の首を討って渡せといわれた。どうしたらこの危機を乗り越えられるか。逃げるといっても村は囲まれている。身替わりを立てるにもどうしようかと途方に暮れながら、源蔵が戻ってくる。だから、「源蔵戻り」というんですね。この腕組みをしているのは、腕組みしながら、袂の中であの子にしようか、この子にしようかと指折っているわけです。第一のポイントです。「いずれを見ても山家育ち」というのは、身替わりにならないということです。小太郎

を引き合わせられて、はじめてこの子を身替わりにしよう、と思うんです。考えてみると残酷な話ですよね。今日、自分のところに入学してきた子供を、若君のためとはいえ、身替わりに殺そうと決心するわけですから。ここが源蔵の大事なところです。最初の出と、「いずれを見ても山家育ち」に次いで、この「ハテさて、そなたはよい子じゃのう」が三つ目のポイントですね。「きっと見るより暫くは、打ち守り居たりしが」のところ、「打ち守りぃ〜」と「い」の産字を、母音で伸ばすでしょう。そういうところが「フシ」ですね。「イロ」っていう、つまり、詞から地に変わるところです。こういうところを音楽的によく語るかどうかが問題。それから源蔵の気持ちですね。

――イロの部分がフシ、メロディアスになるということですか？

再三いっているように、地、詞、イロはテキストの文学上の区分です。それに対して、フシは音楽上の区分です。したがって、地でもイロでも詞でもフシになり得るのですが、その性格上イロがフシになりやすいのは、つなぎだからです。

――そのフシになって「いぃ〜」と伸ばした産字に気持ちが表れるということですか？

そうです。音楽的に非常にグレードが高くなって、同時に人間の悲痛な気持ちが音楽に託されて出てくる。「公家、高家の御子息と云ても」というのは身替わりにできるということ。「よい子じゃなふ」と、機嫌が直る。つまり、危機を逃れる一つの方法、何も知らない少年を殺すなんて残酷な方法だけれど。母親が出かけていると聞いて「それもよし」というのは、母親がいたら殺せないからね。戸浪は、源蔵にその心情を打ち明かされてびっくりするわけです。どっちにしても、もう彼ら夫婦の前には死しかないわけです。小太郎の母親が帰ってきたら、母も殺そうと源蔵は思っている。源蔵は自分も死ぬ覚悟ですが、それを忠義だ忠義だというと、「寺子屋」が封建主義礼賛の芝居だと思われてしまう。そうではなくて、菅原流という書道の流派を守るためなんです。この流派をなんとかして守るためには菅秀才を育てないと流派が続かない。そういう瀬戸際にある。文化的な意味があるということを考えなければなりません。「せまじきものは、宮仕へ」というところが源蔵の仕どころです。つまり、源蔵はただの殺人鬼ではなくて、門弟といえばわが子も同然、その子を殺す苦しみというものをもっている。ここのせりふは非常によくできています。

——源蔵の人形の見どころはどこですか?

源蔵はまず第一に、書道もよくできて才能もありながら、色に迷って戸浪と一緒になって追放されちゃったわけでしょう。しかも彼は主家を守る。武術もできるわけです。そういう青年が戸浪と夫婦になって、子供はいないけど、菅秀才をかくまっている。その人間が、危機的な状況になったときにどういう対応をするかというのが見どころなんです。「ともに涙にくれいたる」。ここまでが「源蔵戻り」です。

人形の松王丸は百日鬘（ひゃくにちかつら）に大きな力紙（ちからがみ）というものを付けています。力紙は力を象徴するものです。面構えも険しく、広袖という袖口の開いた衣裳を着ています。衣裳の模様は黒地に雪持ちの竹ですが、これは歌舞伎からの逆輸入です。初演の絵本を見ますと、車引と同じ童子格子（どうじごうし）を着ています。それがこういう怪異な姿になったのは、この前半が敵役（かたきやく）なためです。そして紫の病鉢巻（やまいはちまき）をしています。病気という姿なんですが、実は仮病なんです。なぜ仮病をつかっているかというと、病気だといって時平のもとを去りたい。菅原道真を追いやった時平に仕えているのがいやだから。だけど、その願いが聞き届けられないうちに、首実検の話が起きてしまった。芹生の里に隠れている菅秀才の首をお前が検分して成功したら暇をやろうといわれたから、首実検に来ているわけですね。松王にとっても、大変な正念場なわけですよ。

——そもそも、なぜ菅丞相は松王丸を敵対する時平のところに就職させたんですか？

時平が当時の権力者だったからですよ。

——いい就職先だったとしても、主の根性が悪かったらかわいそうじゃないですか。

就職したあとにこういうふうになるとは思っていなかったから。長男である梅王丸は自分の舎人にして、次男は左大臣。右大臣よりも左大臣のほうが上ですからね。

――時平のほうが道真より偉いんですか？

そうです。つまり、天皇の次は関白太政大臣、その次が左大臣、右大臣、内大臣とくるわけだから、左大臣である時平は右大臣である道真の上になる。この左大臣を補佐して天皇の政治をうまく進めようと思ったから、道真は時平のところに松王丸を就職させたわけです。

――その頃、時平が自分に対してこんなに牙をむくとは思っていなかった？

というより、時平のほうが菅原道真よりずっと若いですから。菅原道真は左大臣である時平を支持し、天皇の意向を反映させながら、朝廷を運営していこうと思っているわけです。そうしたら、時平にだんだん悪心が兆してきてこういうことになった。

噂を聞いて寺子のＰＴＡの人たちが来ているわけですね。村の百姓たちにとっても、都から大勢の人が来て菅秀才を捕まえるというんだから、それに巻き込まれて子供や孫が殺されたら大変ですから必死です。

――歌舞伎より文楽だからこそいいところってどういうところですか？

たとえば、松王と春藤玄蕃がやってくると、戸浪と源蔵が外の様子を心配して門口を覗きにくる。こういうところが全部リアルなんです。俳優本位である歌舞伎では、門口の外を覗いたりしないでしょう。でも、文楽は物語本位だからリアルなんですよ。家の中にどれだけ緊張感があるかというのを人形が表している。それから、松王丸が咳をするというのが、やっぱり語り物の技巧なんです。咳は松王丸の仮病をあらわすと同時に家の中の源蔵に様子をそれとなく知らせる。たとえば「助けて帰る手もあること」のようなことをそれとなく知らせて、それを玄蕃にさとらせないようにごまかすためですが、その咳をすることが一つの芸になっています。

歌舞伎の松王は「寺子改め」でこんなに動かないでしょう。合引に腰かけたら動かない。それを人形は動くんです。合引も使っていません。つまり、合引というのは立っている姿を美しく見せるために歌舞伎で使う腰掛けみたいなもので、実はないと考えるべきものです。でも、人形の松王は動いているでしょう。そういうところが文楽のおもしろいところなんです。つまり、屋体のなかで緊迫した、歌舞伎だと、「打てばひびけの、内には夫婦」というところで急に戸浪がかけ出してきて、それを源蔵が止めて、それでまた入るだけでしょう。それに対して、人形はちゃんと表の様子を聞いているじゃないですか。お話のおもしろさを文楽は強調しているわけです。リズムがいいというのも文楽ならではです。三味線の手を聞いていたほうがいいですよ。リズミカルで喜劇的で音楽的に豊かなものが悲劇の前におかれている。テンポも早いし。

――音楽は歌舞伎と同じですよね？

メロディは同じですよ。同じですけど、歌舞伎はこれほど三味線の音楽的な要素が強調されない。なぜかというと、実際に子役が走ってきて、門口で止まって花道を入る。かなり大きく空間を横切るから時間がかかる。その点、文楽は人形の動きは大したことがなくて三味線主体だから、音楽的におもしろいところになるんです。文楽では喜劇をチャリ場っていうんですが、そういうチャリ場的な要素を挿入することによって前後の悲劇的な場面を際立たせているわけです。だから、みんなノリで運んでいます。音曲としておもしろくしているのが文楽。

――ノリって音階につくみたいなことですか？

ノリは、普通、私たちが使っている「ノリ」と同じです。「ノリがいい」とか「ノリが悪い」とかいう、あの「ノリ」です。つまり、調子に乗るということから来て、テンポよくなることをいいます。「ノリ」は音階ではなくテンポの用語です。

――「寺子改め」の間、松王はイライラしているはずなのに、人形だとわかりません。

わかりませんよ。わからないほうがいい。物語主体だから。

――底割りになるからですか？

そうです。ところが、現実に役者がやるとなると、そうは割り切れないから、どうしても心理的になるわけです。そこが人形だと心がないから、もうトリックをはっきりやれる。そういう利点もある。だから、あまりわからないですむ。イライラしないほうが正しい。そんなことをしていたら玄蕃がすぐ気が付いちゃう。

――冒頭の「スハ身の上と源蔵も」というのがわからなかったのですが。

「スハ」というのは、突然起こった事態に驚くことです。たとえば「スハなにごと」。「身の上」は、もう二人が家に入ってきたから、サァわが身の上に降りかかってきたぞ。危機的な状況に突入したということです。

松王丸としては自分の子供を先に廻してお身替わりに立てたけど、果たして源蔵が討つかどうか非常に不安に思っているわけでしょう。「身替わりの贋首(にせくび)、それもたべぬ」っていうんだけど、浄瑠璃はさんざん身替わり劇をやってきているわけです。「古手(ふるで)なこととして後悔すな」といっているのは、そういう古風なこと、今までの古い身替わり劇を相対化しているわけです。これはそんな古臭い身替わり劇ではなくて、新しい作品ですよということを強調している。

――「寺子屋」の前にも、身替わりが出てくる芝居がいっぱいあったんですね?

古くは、人間の災難を神仏が身替わりになってくれるという奇蹟が民間の伝説や、義太夫節(ぎだゆうぶし)以前の古い浄瑠璃、能、その他の芸能にはあるんです。その伝統を文楽では一つのトリックとして舞台の技巧にしました。だから身替わり劇はいっぱいあります。つまり代表的な技巧なんです。しかし、この「寺子屋」は自分の子供を身替わりとして、そうとは知らない他人に討たせるから新しい趣向なんです。源蔵が首桶(くびおけ)を持って入るところは、源蔵の憂いも必要です。子供を殺す決心をして入るわけですから。その間に松王丸が寺子たちの机の数を改める。

——松王丸が小太郎の机を見ているとき、ちょっとかわいそうな感じがしたんですけど。

深読みしすぎですね。松王丸はあくまで自分の計画が成功するかどうかに賭けている。必死ですよ。それが傍(はた)から見てかわいそうに見えたとすればもうそれだけで底を割ってしまっている。

——首を討つ音がしたあと、松王がショックを受けすぎでは?

ショックの質が違うんです。人形遣いが刀をどうするか見てください。歌舞伎だとここで刀を杖に突いて「無礼者め」の大見得(おおみえ)になるでしょう。しかし文楽では、ほら、刀を放り出したでしょう。武士が刀を放り出すのは大きな衝撃を表している。すぐに拾って立ち直るでしょう。歌舞伎の「無礼者め」より衝撃の大きさは、この文楽の人形のほうにある。リアルな気持ちの延長なんですよ。

——病気で咳き込むふりをするのではなく、衝撃で顔をおおってしまうということですか?

衝撃の大きさを、自分の子供を殺したわけだから、リアルに顔を隠す。しかもその動揺を玄蕃に見られては困る。だからすぐ手が出て顔を隠す。しかし松王丸は早く首を見たい。ここで松王と源蔵の対立が非常に明らかになる。人形独特の動きです。歌舞伎でいくと「無礼者め」のあと、「首実検」

の「ためつ、すがめつ」までは、松王は合引にかかったまま動きません。しかし、人形でいくと、源蔵の「いはば大切ない御首(おんくび)」の前に松王が首桶に手をかける。それを源蔵がふり払って大きく二人がきまる。「家来衆、源蔵夫婦を取巻召れ(とりまきめさ)」のあとも大きく動いてカゲ（ツケ）を打たせてきまります。「大切な」というところを「大切ない」というのは、より強調するために、あえて否定形を使った昔の慣用です。これで首桶を間に松王、源蔵の対立、争いが鮮明になります。それに歌舞伎では「ためつ、すがめつ」まで首桶の蓋(ふた)をあけませんが、人形では早く「蓋引きあけた」の文章にしたがって蓋をあけます。ここでも二人の対立は明確です。歌舞伎がなぜそうしないかというと、舞台の空間と松王丸の様式的な動き、ことに首実検をクローズアップするためです。それに比べて人形は本文(ほんもん)の文句通りに動きます。生身の役者ではもちきれないのですが、人形だと物語のドラマの文章に忠実に動けるのでリアルになるのです。

――物語本位だから、父親として早く首を確認したいということですね？

そうです。この複雑な状況が緊迫感をつくる。もう松王が首桶をさわっている。歌舞伎では、ここで戸浪の仕どころになるから待っている。文楽だと本文にぴったり合う。歌舞伎はずれているところに歌舞伎のおもしろさがある。文楽はぴったりしているところがおもしろい。さて首桶の蓋をあけた松王丸が目を使って玄蕃のほうをうかがうでしょう。せがれを殺したかな。本当は菅秀才を殺したんじゃないかと、不安で源蔵のほうを見る。生身の役者はここでも首をもう見ているから、そんなことはバカバカしくてできないんですね。首実検が終わって玄蕃が先に引込むのも合理的です。玄蕃が先に引込むから、後に残った松王丸が思わず泣けるんです。

すべてが歌舞伎より足取りが早い。語り物として、物語本位だから。間があけば、その分だけ嘘がばれるからスピード感がないと困る。小太郎の首のことを戸浪が「黄金仏ではなかったか」というのは、もともと身替わりというドラマは人間の代わりに仏が傷つく、仏が立つというところからきているからです。殺されてみたら、人ではなくて仏像から血が流れていたとか、そういう身替わり劇の伝統があるんです。

千代が出ます。この母親に秘密を握られているから源蔵は殺そうとするわけでしょう。そこで千代が覚悟の身替わりだというところに、松王丸が出て、身替わりが松王夫婦の子供だったということがはじめて観客に、謎が解けるわけです。男の源蔵が女ひとり殺せなかったわけではなくて、子供を殺しているという引け目があるから刃が鈍る。そういうところが人情の大事なところです。

この時、松王丸は衣裳を変えると同時に力紙と病鉢巻をとってますね。カシラが違うんですが、これはそれによって松王丸の本心を暗示しています。

——カシラそのものが変わるんですか？

カシラそのものが変わっているわけではありませんが、力紙と病鉢巻をとるとガラッと印象が変わります。文楽も歌舞伎も扮装が変わることによって、人間の役柄が変わり、役柄が変わると性格も内面も変わるところが大事です。

――松王丸は文七ですよね。熊谷、光秀もですよね。悲劇のヒーローが文七なのかな、と思ったりしますが、カシラの種類というのは役者のニンみたいなものなのでしょうか。

役が要求している人格を示している点では歌舞伎の役柄のニンと同じです。ある時、太夫がその人格を無視して語ったので、舞台で人形遣いが「このカシラで人形をつこうてんのが見えんのか」と、どなったということです。

――先生はカシラのどこをご覧になっていらっしゃるのでしょうか?

カシラは人形の身体の一部です。人形遣いは人形のカシラの表情だけで人形を遣っているわけではありませんから、身体全体を見ることが大事です。その上で人形のカシラは能役者が能面を傾ける角度によってその人間の想いを表現するように、角度の傾け方を見るのです。

――カシラが何かって覚えておいたほうがいいんでしょうか?

むろん知っているに越したことはありません。たとえば「道明寺」の菅丞相は孔明という知的なカシラを使います。それは、丞相が神になる時、役に立ちます。「寺子屋」の松王は文七ですが、「陣屋」の熊谷も「岡崎」の唐木政右衛門もそうです。これらの役の共通の感覚を知ることも大事ですが、それにとらわれるのもよくありません。そうすると役柄だけ見て、人間が見えなくなるからです。

——松王が入ってきて、源蔵と入れ違いになる「付廻し（つけまわし）」は人形だと無理なんですか？

無理なのではなくて、空間が整備されていないと「付廻し」はおもしろくないわけですよ。空間がきっちり分かれてないと。文楽は物語本位だから、人間らしくあっちに行ったりこっちに行ったりする必要があるから、空間は上手下手っていうふうに分かれていない。だから、歌舞伎のように上手が源蔵、下手が松王と空間がピシッと決まっていると、そこを入れ替わるっていう「付廻し」のおもしろさが出るけれど、そういうことは関係ないんです、文楽は。物語本位だから。

松王丸が述懐ではじめて本心を明かします。前半敵役、後半立役（たちやく）という設定です。つまり「鮓屋（すしや）」の権太（ごんた）と同じモドリですね。モドリという技巧が身替わりの技巧と深くからんでいるのです。全部松王丸の謎のために陰に廻してあるわけです。「我子は来たか、と心のめど」。今までの行動がすべてここで説明される。名探偵が謎を解くようなおもしろさがあるわけです。松王丸だけが、こういう運命を背負った結果でしょう。時平が悪心をもって菅原道真を追い落とした結果、菅原家が没落していく。三代相恩の主人じゃないですか。それが没落していく。自分は直接は時平の家来ですよ。だから、時平に忠義を尽くしているけれど、本来、親父の系譜をいえば、三つ子が生まれたときから恩になっている菅原家を裏切らなければならない。その苦しさ、世間にそういわれる汚名というものをこの男が背負っていかなければならない。その悲しさがここに出ないとね。

松王の述懐のあと千代のくどきになります。観客は「寺入り」のときのことを思い出して、「あぁ、あれが一世の別れだったんだな」と泣きになるわけです。「寺入り」のあと、どこにも行かれないよね、おっかさんは。かわいそうなおっかさんですよ。くどきの間、千代はずっと舞台の真ん中近くにいるでしょう。これも空間がちゃんと割られていないからです。リアルなんです。しかもずっと戸浪が引込まずにいるでしょう。歌舞伎はあとでしか出てこないから。子供を殺した夫婦、子供を殺させに来た夫婦。その対照なんです。その二人が対話しているから千代は真ん中でやっている。そういうところが歌舞伎と違う。歌舞伎は役者の身分できているから、いくら千代をやっている女形が立女形(たておやま)であっても松王の前に出てはいけない。文楽ではくどきも上手でごちょごちょやっている。それを目立たせるためには戸浪が邪魔だから排除しているわけです。

――文楽のほうが正しいですね。

物語的には正しいです。そういう人間のドラマだと思って文楽を聞いてないとね。源蔵と戸浪も逆になっているはずです。戸浪が上手にいるでしょう。千代と女同士でうまくいく。そういうことを想定して浄瑠璃作者は書いているわけです。千代がこんなに嘆けば、当然、戸浪も悲しまなければならない。それについて松王が戸浪の言葉をさえぎって、「未練な死を致したでござらふ」とくるから、劇的に巧妙に組まれている。だけど歌舞伎は空間を役柄で割っている。

文楽を聞いているときは音楽的に聞いていて、しかも物語としては非常に心を打つ物語なんだけど、整然とした動きのおもしろさみたいなものは歌舞伎ほど感じないでしょう。それは、こういうふうに入れ替わっているからです。

――だから、文楽のほうが訴えてくるものが強いということですね？

そうです。だけど、歌舞伎は定位置から動かない。居どころということを大切にするから。文楽にも居どころはあるけれど、居どころよりも人間本位。そうしなきゃ生きた人間に見えない。だって、座頭（ざがしら）がシンにいないとっていうより、松王が仕どころになったら松王が前に出てくればいいし、千代が仕どころになったら千代が真ん中に来ればいい。そのほうが自然でしょう。

ここで、松王丸が桜丸のことをいうのは不自然だという説があります。でも、文楽で物語として聞くと、桜丸は自分のやったことが原因で菅原家は没落した。しかしその菅原家を自分のせがれ小太郎が救った。という対照で思い出すんだからね。物語を聞いているとそれがよくわかる。歌舞伎は現実的すぎるんです。だから、そんな疑問が出てきてしまう。人形だから床に手をついて泣いたりできるんだけど、人間の役者がやると、そんな馬鹿なということになる。そこが人形の様式のおもしろさ。リアリティがある。こんなふうには人間ではできない。女々しいということになる。

――菅秀才の「我にかはると知（しる）ならば、此悲しみはさすまいに」というせりふは当時の大坂の人は白々しいと思わなかったんですか？

思わなかったでしょうね。菅秀才はただの子供じゃない。神の子だからです。しかも、菅原道真を祀(まつ)った天神祭(てんじんまつり)は大坂のお祭りですよ。京都には北野天満宮(きたのてんまんぐう)があるんですよ。東京は湯島(ゆしま)天神しかない。はるかに規模が小さい。そりゃなんといっても上方のほうが強いでしょう。

――いつも不思議だったんですよ。園生の前がどこからやってくるのかって。

四段目の前半、「寺子屋」の前に北嵯峨に隠れている園生の前を松王丸が救うシーンがあるんです。
「北嵯峨」ですね。そこで松王丸が救ったんですね。

ここでも松王丸が上手に行っているでしょう。このあと、千代が船底といって平舞台に出てきて「いろは送り」をやるときに、このほうがすっと出られるからです。松王丸が先に降りるわけにはいかないからね。「いろは送り」は小さい子供の小太郎への鎮魂歌ですよね。浄瑠璃は必ずこういう鎮魂歌が後ろについている。最後が三味線の持ち場になっていて。千代が先に行くでしょう。

――それは母親だからですか?

そうです。自然な人間の情。

――おもしろいですね、歌舞伎との違いが。

比較するとおもしろいですよ。ここでは千代が主役ですから。こんなふうに動くでしょう。松王丸と上下で動きがオーバーになるでしょう。歌舞伎は座ったきりじゃないですか。これは人形だから可能なんです。こんなことを歌舞伎の千代がやったら、こんな悲しいところで踊ってるんじゃないというこ とになるでしょう。母親がこんなところで動けるか、って。全然意味のない動きをやっていても、人が黙って見ていられるのは、「いろは送り」という浄瑠璃が背後にあるからであり、人形だからこそです。

——だったら、別に人形だって動かなくてもよさそうなもんですよね？

そこを動いて見せるのが人形のいいところなんです。目いっぱい感情を露骨に出すわけ。しかも、上下で。松王が絡んでくるし。しかも、効果的なのは、こういう無意味な踊りみたいな足拍子を踏むから効果的なんですよ。あれは人間にはできない。坂田藤十郎が「山の段」の定高（さだか）をやるときに、「命も散り散り（ちぢ）、日も散り散り」というところで人形の型で足拍子を踏んだけれど、本当は人間がやるとおかしいわけです。畳の上で足拍子なんて。

「いろは送り」は実に悲しい。素浄瑠璃で聞いても四代目清六（せいろく）（↓364ページ）の「いろは送り」なんて本当に泣きますよ。二人の動きを見ていると、リアルにいえば踊っているように見える。しかし、あの悲しい音楽があるから不自然に感じない。悲しみが増してくる。それが人形の特質です。だから、歌舞伎は「いろは送り」を竹本に任せないで割りぜりふにしたんですよ。それで、役者の口跡（こうせき）で聞かせる。テンポ早く終わらせるというのが歌舞伎の定法なのに、いまだれでも文楽の真似をしているでしょう。人形は歌舞伎と違ってこういうことが自然にできるんですよ。いかにも運命の犠牲になった夫婦の悲しさが出るでしょう。そんなことは歌舞伎ではできないから。歌舞伎は逆に、この幕切れでヒエラルキーがわかる。二重の上に菅秀才と園生の前、平舞台に上手から源蔵夫婦、下手に松王丸夫婦と並んで絵面になる。あの絵面は神としての菅家一族、その伝統を支える公家奉公の源蔵夫婦、舎人の松王丸夫婦という、社会のヒエラルキーが明確になる。しかし文楽はヒエラルキーより情が大事なんです。犠牲になった夫婦だけがクローズアップされるんです。以上、この「寺子屋」で身替わりとモドリという舞台技巧が文楽のドラマトゥルギーとして大きな役割を果たしていることがわかるでしょう。

七段目

掛け合いという技巧

ご承知の通り、『仮名手本忠臣蔵』のモデルになった「元禄赤穂事件」は元禄十四年三月十一日に起こった、浅野内匠頭の吉良上野介に対する刃傷事件です。三つの事件から成立しています。最初の事件は、三月十一日の刃傷事件。その日のうちに浅野内匠頭は切腹させられます。第二の事件は翌元禄十五年の十二月十四日に吉良邸に赤穂浪士たちが討ち入りをして吉良上野介を殺しました。第三の事件は翌十六年の二月四日に全員が切腹させられて、一件が落着します。三つの事件から成り立っているわけですね。いろんな作者がこの事件を劇化します。事件後四十七年目に『仮名手本忠臣蔵』という作品ができて、この事件の集大成となりました。江戸時代は徳川家にまつわること、現在起きた事件を劇化することを法律が禁じていましたので、『太平記』の世界へこの事件をもっていき、高師直(もろのお)、顔世御前(かおよごぜん)、塩冶判官(えんやはんがん)の、実際にあった歴史上の事件に仮託して書いているのですが、これは検閲があったからそういうふうにしたのだと一般の解説書には書いてあります。それも事実には違いないのですが、実は、二つの歴史上の事件を重ねあわせることによって、劇的な効果を高めているというところに虚構としてのおもしろさがあるんです。

――実際に起こった事件と『太平記』を重ねたからこそおもしろいということですか？

事実をストレートにやったのではドラマとしておもしろ味がないところを、両方重ねることによって、現実とフィクションをないまぜにして、芝居としてのおもしろさを出したからこそ、『仮名手本忠臣蔵』はこの事件の集大成的な傑作になったのだと思います。

『仮名手本忠臣蔵』は全十一段から成り立っていますが、時代浄瑠璃は原則的には五段構成ですから、十一段を五段に直してみると、四段目(よだんめ)の「判官切腹」が通常の二段目の切(きり)、六段目の「勘平腹切(かんぺいはらきり)」が通常の三段目の切、そして九段目(くだんめ)の「山科閑居(やましなかんきょ)」が五段構成でいけば四段目の切にあたります。七段目はそのなかで何かというと息抜きのための派手な場面としてできていて、要するに九段目の深刻なところに行く前のひとつの前奏になっています。

七段目が派手な場面として喜ばれる理由はもう一つあります。江戸の芝居は人形浄瑠璃も歌舞伎も、廓場(くるわば)というのが見せ場なわけです。遊里のなかで起きる事件が、女も絡んでいて色っぽいので、それが常に初期の歌舞伎の見せ場になっているわけですね。出雲阿国(いずものおくに)以来、廓場というのが歌舞伎のなかで定着している。初代澤村宗十郎という名優が、この事件のなかに廓場を持ち込んだ台本で「忠臣蔵」を上演したんですね。『大矢数四十七本』という台本なんですが、これが非常に大当たりをとりまして、その時代は大星由良助ではなくて、大石内蔵助のことを大岸宮内というんですが、廓で遊んでいる由良助を描いています。歴史上の事実でも、大石内蔵助は非常に遊び人で伏見とか撞木町とか祇園で遊んでいたわけです。ひとつには敵の目をくらますための偽装工作だというのですが、そこへ廓場をもってきて澤村宗十郎が大当たりをとったんですね。その澤村宗十郎をモデルにして、『仮名手本忠臣蔵』の中の廓場の「七段目」というものができあがりました。大星由良助の二つ巴という紋は、そのときに宗十郎が工夫した紋だということなんですね。宗十郎の人格が、史実の大石内蔵助というのをふくらましてできあがったのが、この「忠臣蔵」の廓場なわけです。なぜ廓場が歌舞伎や文楽の大きな要素になったかというと、廓というのが非常に華やかで、人の出入りがいろいろあってドラマを組みやすいということがあるわけです。

「七段目」はただ派手なばかりでなく、「掛け合い」という演奏形式も独特です。本来、文楽の人形浄瑠璃というのは、一人の太夫が登場人物全員を語るのが原則なんですが、たまに、各人物に別々の太夫が出て、「掛け合い」で人物を語り分けるという形式があるんですね。初演以来、そういう形式が成立している作品がいくつかあるんです。たとえば、「阿古屋琴責め」、「妹背山」の「山の段」、それから、「忠臣蔵」でいうと、この「七段目」ですね。そのほかには文楽では舞踊ですね。景事といいます。そういう華やかなシーンをこの「忠臣蔵」の深刻なドラマのなかで、ひとつ作った。その「掛け合い」の形式のなかでも、この「七段目」が非常に変わっているのはですね、舞台上手、正面に向かって右側の床に、由良助、おかる以下、全登場人物の太夫と三味線が並んでいて、下手に畳一畳ぐらいの床がひとつ出まして、これに寺岡平右衛門を語る太夫が出るんですね。これは「七段目」だけにしかないことです。ここには見台もありませんので、平右衛門をやる人は床本無しで語らなければならないんです。非常に特殊な「掛け合い」の形式をもっているというところをまずご理解いただきたい。

――どうして、平右衛門だけ下手に出るんですか？

わかりませんねぇ。平右衛門だけが足軽という身分が低いからでしょうか。とても廓に客として上がれるような身分ではないからかもしれません。

――何人もで語るのは、一人で語るのとどう違うんですか？

目先が変わっておもしろい。「掛け合い」の大事なところは、各自が別な人間を語りながらそれが間髪をいれずバラバラにならないことです。ご承知の通り日本音楽には和音もハーモニーもないし、指揮者もいません。楽譜がないためです。ここはどのくらいの間があるのかないのか、そういうことが楽譜に書かれていないわけですよ。曲全体でアンサンブルをつくるという考え方もない。バラバラなんです。

――バラバラなはずなのに合わせられるのはどうしてですか？

呼吸ひとつ。そこが芸の秘訣ですね。日本の文化の非常に大きな特徴です。浄瑠璃だけではありません。能も歌舞伎もみんな同じです。楽譜がないんだから。バラバラで到底合いそうにもないものを合わせてみせるところにおもしろさがあるといってもいいでしょう。

――でも、言葉の横に記号が書いてありますよね？

それは譜っていう簡単なものであって、ただの心覚えです。西洋音楽の楽譜のように精巧なものではありません。この〝楽譜がない〟というところが日本の音楽の大きな特徴ですし、楽譜がないなかで、どうやって呼吸を合わせてひとつの作品をつくりあげるかというところに、日本文化の大きな特徴があるんですよ。それがわからないと、日本文化は理解できない。そのおもしろさは、「掛け合い」でこそよく出る。一人でやっていれば、三味線と太夫が息を合わせればいいんだけど。

――「掛け合い」があまりうまくいってないことってあるんですか？

ありますよ。ヘタなものはとてもだめだよ、聞いていられない。

——由良助をやっている太夫がリードしていくんですか？

そうですね。能楽の地謡をみればわかるように、地謡には地頭というコーラスのトップの人がいるでしょう。そのリーダーの人に従うんだけど、リーダーに従うっていったって、リーダーが早いとか遅いとか、いちいちいうことはできないわけだから、当然、その場でハッと出てきたイキに合わせているわけです。地謡だけではありません。全体がそうなんです。全部、そういうイキだけ。鼓は鼓、笛は笛、イキひとつで合っているというのが日本の舞台芸術のすばらしいところです。

——それは、みんなの中に共通した理想的な音があるということですか？

絶対音感がある。しかし絶対音感というのは譜面にはなっていないから、わからないわけね。絶対音感は芸の修行でしか獲得できない。獲得した段階で、なおかつ個性が出る。指揮者がいないのに、それを合わせるのは呼吸ひとつなんですよ。

——吉右衛門と富十郎だと、聞いていても気持ちいいなあという……、

というのと同じですよ。

——というのを文楽で感じたことがあまりないんですけれど。

「掛け合い」でやった場合に、たとえば、土佐大夫（↓356ページ）が阿古屋を語って、喜左衛門（↓

365ページ）が三味線を弾いて、紋十郎（↓370ページ）が阿古屋を遣うといった、名人同士になればピタッと合うわけですよ。日常的にイキが合うというのと同じで、つまり、お笑いコンビのイキが合う合わないのと同じことですから。呼吸の構造は違いますけどね。

――イキが合っていれば、いい「掛け合い」なんですか？

合えばいいってものでもない。ぴったりイキが合っている先にね、合うことによって出てくる効果がないと。それが楽譜がないことの長所なんだよ。楽譜だと、音が合いさえすればいいわけでしょう。最低限合わなければ困る。楽譜がないと、最低限合わないこともありうるわけです。だけど逆にいうと、楽譜がないゆえに、合っただけではだめであって、合ったことが倍増して効果になっていかないとだめなんです。

――合ってないけど、なんだかいいってことはないんですか？

ないよ。マイナスだよ（笑）。

――最低限、合わないとだめで、合った先になにか感じるものが、という……、

そうそう、そこがむずかしい。それは言葉ではなかなか説明できないでしょう。実際に聞いてみないとね。

――それは、登場人物がどういう思いなのかとか、太夫さんたち全員で共有できていることが最低条件だったりするんですか？

そういうことではなくて、たとえば、蛸肴のくだりで九太夫が由良助に蛸を食えという。蛸は生臭なのに亡君の命日の前夜――逮夜に食べるかといって由良助の心底を試すところがあるでしょう。九太夫が「わけて逮夜はなお大切」といって蛸を由良助に突きつける。と、由良助がそれをさらりとかわして「塩冶殿が、蛸になられた」とでもいうのかというでしょう。九太夫の太夫がハラを探りながら、その詞をいっているのに対して、パッと由良助がそれを冗談にはぐらかして、っていう、そのイキの合い方が大事なんです。ただ合っただけではだめなんで、そこで間があいたほうがいい場合もあるわけだから。お互いに芸の絶対音感がないとできない。

――人形遣いが太夫を見ているわけではないのに合わせられるのも不思議すぎます。

太夫、三味線弾き、人形遣いの三者それぞれの芸から出る電波が、双方に飛び交っているわけです。たとえば昔の話だけど、「鮓屋」で、三味線がタタキになって太夫がパッと出たら人形遣いがそこでグッとハラに力を入れたために、人形遣いの腹帯が切れてしまったという逸話があります。腹帯が切れちゃうくらいの強い衝撃波が太夫から人形遣いに、人形遣いから太夫に、両方にいってるわけですよ。それがひとつになったときに絶大な効果が出るわけです。それはただ単に呼吸が合っているというだけではなくて、それが一つの力になって出てこないとだめなわけです。そうでないと観客に衝撃を与えることができない。この逸話は「掛け合い」ではなく普通の場合ですが、「掛け合い」ではそれがさらに複雑になるからむずかしいんですよ。でもその構造は基本的には、一人の太夫、一人の三味線、一人の人形遣いの場合にも起きる問題です。

「七段目」は歌舞伎と違いまして、文楽は二場になっているんですね。祇園一力茶屋の表の格子先があって、この道具が飛ぶといつものおかるの二階のある座敷になります。これは浄瑠璃独特で、本文通りです。由良助が祇園の一力で遊んでいるのが表まで聞こえてくるという風景がいいですね。一力の亭主が出てきていうでしょう。歌舞伎では普通は亭主は出てこないし、斧九太夫と鷺坂伴内の入込みもありませんが、この間、国立劇場で吉右衛門がやったときにここを珍しく復活したんです。しかし道具はいつもの通りでしたから、あんまり意味がありませんでした。やっぱり文楽のように一力の格子先でないと意味がないですね。というのも、ここが出ると廓全体の世界、町並みの実感、そのなかでの一力茶屋の風景という見え方になって、店の中から表まで由良助のどんちゃん騒ぎが聞こえてくるというのがいいですね。

まず、鷺坂伴内を連れて九太夫が出てきますね。一力の亭主と非常に洒落た会話になる。一階は由良助が独占しているから、二階か離れに行ったらどうですか、と。そうすると九太夫が離れは蜘蛛の巣だらけだろうという。それで二階に上がるんだよ。二階っていうのが、おかるのいる二階と九太夫が上がる二階が違う構造だっていうことが、この風景でわかる。つまり、一力という茶屋の全体の構造がわかるということが、この第一場の大事なところです。そうしないと、舞台の設定がわからない。どういう家の構造になっていて、それぞれの部屋でどういう人たちが遊んでいるのか、ということがわからないと。そこへ三人侍が来て、寺岡平右衛門がついて来る。ここまでが格子先です。

それからいつもの道具になって、由良助の「めんない千鳥（目隠し鬼ごっこ）」になります。これが第一のシークエンスですね。ここで三人侍が由良助に仇討ち決行を迫る。そこへ寺岡平右衛門が出ます。ここの大事なところは、本当は由良助の性根はどこにあるかということです。三人侍がいっているように、敵の目をごまかすため、計略のために遊んでいるだけで、実は敵を討つ心でいる。戯曲を読めばそうですよね。ただやっぱり、うまい太夫がやると、どうもそれだけではないらしい。もっと深い心があるらしいとわかる。それは後で詳しくお話しします。とにかくまず由良助がその遊び心を見せる。平右衛門との会話をしながらね。「大事の事をお尋ねなされ、かの丹波与作が歌に、江戸三界へ行かんして、ハ、、、御免候へ、たあい〳〵」というところは由良助の遊びぶりを見せるところですが、そのあと、平右衛門が「御家老様、寺岡平右衛門めでござります」といったあと、足軽だけれど非常に忠義な心を持っているという、その忠義という気持ちを出すわけですよ。歴史的にいうと、「元禄赤穂事件」の実態は今でいえば浪士は革命集団、暴力的なテロ集団なわけですが、主君の仇を討つという強固なイデオロギーに支えられている。こういう集団テロの構成員の問題を考えてみるとおもしろい。トップは城代家老だった大石内蔵助だということは事実なんだけど、しかし大石のほかで上層階級で富裕層の人間はごくわずか。それ以外の構成員はみんな身分が低い。つまり下層階級の武士が大部分です。貧しくて社会から疎外されている人間ほど、イデオロギーにとりつかれたりする。それは現代でも似ているでしょう。やっぱりテロを起こすのって、社会的にはしいたげられた人間の場合が多いんですよね。

――どうしてテロを起こすのはしいたげられた人間が多いんですか？

テロ集団が組織しているのは決して豊かな人間ではない。ということは、社会の底辺で不満が強いから。赤穂浪士もそうなんだよ。食っていけない、浪人して食っていけなくなった奴がテロを起こした。そこで、それを作者はうまく寺岡平右衛門という奴に象徴させている。彼は足軽でしょう、最下級の人間ですよ。別に忠義なんていわなくてもいいような人間に忠義を語らして、最下級の武士の不満をぶつけてるわけ。そういうところが、この作品のうまいところです。だから、テロ集団だって自爆テロをやる奴は下っ端でしょう。下っ端は不満をもってるから命を捨てられる。いちばんイデオロギーが強い。日本だって、二・二六事件で要人を殺したのは下級の兵隊だからね。だから、要するにテロというのは、そういう構造になっている。それを寺岡平右衛門にいわせて、イデオロギーが非常に不満分子と結びつきやすいということを書いてある。

――生きがいとしてのテロということですか？

イデオロギーとしての支えが必要なんだよ。だって、お金があったらさ、そんな生きがいとかいってないで、趣味でもなんでもやるじゃない。迫害された人間だけがテロを起こすんだよ。鈴木忠志が「七段目」の寺岡平右衛門だけで『忠臣蔵』をやったことがあるんですが、実に忠義というものがよくわかった。由良助もおかるも、九太夫も出さなくても、寺岡平右衛門のせりふだけで、日本人にとって忠義とは何かということを鈴木忠志が描いたことにびっくりした。追い詰められた貧乏な下級な奴らが、どうしてもイデオロギーとして大義名分っていうものをもつんだよ。そうすると、それに対して、由良助がいうことがおもしろい。ここは非常に皮肉な比喩で、会話がうまくできているんですね。

蚤の頭を斧で割った程無念なとも存じて、四五十人一味を拵へてみたが、味な事の、よう思ふてみれば、仕損じたら此方の首がころり、仕おほせたら後で切腹、どちらでも死なねばならぬ、といふは人参飲んで首くゝるやうなもの

「蚤の頭を斧で割った程」無念だった。しかし「よう思うてみれば、仕損じたら此方の首がころり」。失敗すれば死ぬんだよ。成功しても、あとで切腹。どちらにしても死なければならない。しかし、実際の事件直後には必ずしもそうではなかった。つまり、討ち入りがあったあと、四十七士が四軒の大名家に預けられたとき、主君の敵を討った英雄だから助命しようという議論が出るわけです。

——討ち入りをしても切腹とは限らないという意味ですか？

正式な敵討ちだったら、切腹しなくたっていい。

——正式な敵討ちと、正式でないのはどう違うんですか？

敵討ちは届け出制、許可制なんです。認められれば幕府の帳面に登録される。この許可を受けていないと単なる私闘になって、いくら敵討ちでもただの殺人者になってしまう。「元禄赤穂事件」ではむろん届けられていないから私闘とみなされる危険があった。しかし事件後すぐ吉田忠左衛門（ちゅうざえもん）らが大目付へ届け出てはいるんです。だから事前の許可はないが助命論が出た。したがって切腹させない場合があったかもしれない。しかし結局切腹になったから、その事実を踏まえて由良助の、今のせりふが出てくる。

——切腹ではないかもということを、この時点で想像できていたということですか？

事件の直後では想像できなかったかもしれないけれど、事件から半世紀たってるからね。どちらでも死なねばならぬ、というのが由良助の心持ちの大事なところです。だから今遊ぶ、今この一時（いっとき）が大事。生きて遊ぶのも人生、死ぬのも人生、というところがこの芝居の性根なんだよね。本心を隠して嘘でペラペラ喋っているというと、由良助の人間像が非常に浅くなってしまう。平右衛門の忠義一途な、イデオロギーだけで生きているのに対して、由良助は成功しても死ぬんだし、失敗しても死ぬんだし、どうせ死ぬなら今遊んだっていいんじゃないか。遊ぶのも人生だし、敵討ちをするのも人生なんだよ。どっちも大事なんだよっていうところに今いるんだから、それを忠義忠義でイデオロギーで押し切られたくない。という対話がおもしろい。たとえば山城少掾（やましろのしょうじょう）（↓350ページ）が語ると、それが出るんだよ。

――そういう思いは人形からも伝わってくるものなんですよね？

それはね、よく見ていると人形が生きているように見えてきます。ほんのわずかな動き、表情からそう見えてきます。ということは、人形が人形遣いの身体と同化しなければ起きませんから、そこで人形遣いのハラみたいなものが出てくるんですよ。どう思って、この人形を遣っているかというのが出てきます。そこから人形の魂が観客に伝染するんです。そこをよく見ていなければなりません。

――カシラのちょっとした動きにも表れるということでしょうか？

むろんその通りですが、それだけではなく、小さな動きから精神に至る回路を見ることが大事です。そこで動かないときにも、人形が何を考えて動かないでいるのかっていうのを見ないとだめなんだよ。ちょっと動けば、表情が出るでしょう。そういう表情をしないで、じっと人の芝居を受けている間に、人形遣いがどれだけこの人形の精神をたたえているかを見ないとだめですね。

――人形って、しょせん木でできているものって思ってしまうんですよねー。

確かに、人形は無機物だから、人形遣いの心が無機物のなかをどれだけ通っているかっていうところを見なきゃだめなんだ。

――それはDVDでもわかるんですよね？

わかりますよ。無機的な人形に人間の心が通っている心がどういうふうに考えているのかっていうことが見えないとおもしろくないよねえ。ただ人形を見ているだけなら、博物館行って、ぶらさがってる人形を見てるのと同じでしょう。

――歌舞伎で見ているし、あらすじも知っているけど、文楽となるとハードルが高いです。

むずかしくないんだよ。五代目菊五郎が大隅太夫（↓355ページ）の浄瑠璃や三遊亭圓朝の人情話を聞いて、「あなたがたはいいね、一人で全部やれるんだから。俺たちはいくら自分一人はうまくやれても傍の大根役者と付き合わなきゃならない」っていったっていうんです。それに比べたら、人形遣いに上手下手はあっても人形という点で様式が統一されていますからね。人間ほど凹凸がない。たとえば歌舞伎座の『吃又』（平成二十九年四月）がよかったのは、幕開きに歌六と東蔵と錦之助が出て、そこに葵太夫寿治郎の竹本でしょう。吉右衛門の又平が出てくる前にこれだけのアンサンブルがとれているのは珍しい。その点、文楽は一定の様式的なアンサンブルが歌舞伎よりも取りやすいんだよ。

平右衛門のいちばんの聞かせどころは、「酒でも無理に参らずば、これまで命も続きますまい、醒めての上の御分別」というところ、三人侍を止めるところですね。そこはこのシーンの最後の聞きどころですね。そこで平右衛門のイデオロギー一辺倒ではない人間性が出るわけですから。そうすると、イデオロギーの塊は三人侍のほうに行くわけだよ。こいつら武闘派だから。どこの集団だって同じでしょう。学生運動からはじまってISまで。武闘派とイデオロギストがいて、リーダーがいてっていう、集団の実態が非常によく出ている。ここのところは非常におもしろい。その武闘派に対する由良助の応対が皮肉で洒落てるからね。「丹波与作が歌に、江戸三界へ行かんして、ハヽヽヽ、御免候へ、たあい〱」。「江戸三界へ～」というのは太夫の聞かせどころでもある。「重の井子別れ」の歌詞で、それがつまり仇討ちに行くということに引っかかってくる。いつ江戸に行くんだって急進派が来てるんだから、それをはぐらかすために、由良助は歌っているわけ。江戸に行ってどうするんだって。鎌倉だけどね、本当は。つまり『太平記』の世界だと江戸はないんだから、都会として。それを江戸を匂わせて、実録を匂わせているわけです。

――「江戸三界へ行かんして～」という歌詞が「江戸に行く」、すなわち「仇討ちをする」ということを匂わせているということですよね?

そうです。これは「重の井」の題材になった丹波与作の俗謡なんです。それを廓で歌っている座敷歌なんです。

「月の入る、山科よりは一里半」。「力弥の出」になります。廓場ということを最初にいいましたけれど、「助六」にしても「七段目」にしても「吉田屋」にしても、廓の場面というのは時間の経過が大事なんですよ。時間とともに廓のいろいろな人が出たり入ったりしていくうちに時間がたっていくというおもしろさがある。ここで場面ががらっと変わります。力弥が来て鍔音をさせて、密書を由良助に届ける。「御口上はなかったか」。ここが大事なのは、由良助が本心をはじめて見せるところだからです。やっぱり敵討ちをするんだということが、お客にわかるということですね。

力弥が帰ったので密書を読もうとすると九太夫が声をかけてくる。いわゆる「蛸肴」というところです。ここで、また酔態に戻る。酒の肴の膳に出ている煮蛸を九太夫がすすめると、由良助が平気な顔をして食べる。しかし今夜は主君塩冶判官の命日の前夜、つまり逮夜ですから生臭は食べてはいけない。それなのに蛸肴を食えというのですから、由良助の腹の中は煮えくり返っているわけです。由良助の「おのれ、末社ども」の「おのれ」は九太夫にかかっている。それを「末社（太鼓持ち）ども」というふうにいい換えてくだけるところが仕どころですね。由良助が入った後、鷺坂伴内が出てきて、ここで「二階より降り立ち」という文句にあるように、二階から降りてくる。普通は下手から出てきますけれど。

次が「釣灯籠」です。二階におかるが酔い覚ましに風に吹かれて出てきて、由良助が出て「九太は去なれたさうな」になるんですね。廓場というのは、こういう雰囲気ががらっと変わるところがおもしろいわけです。さっき「月の入る、山科よりは一里半」で、大星力弥で気分が変わったでしょう。

に景色が変わる。

蛸肴でまた宴会に戻るじゃないですか。そのあと、もう一度ここで、おかるの酔い醒ましというふう

「炉の炭もついでおきゃ」って出てきた由良助がいっているから、炉開きをしているわけです。炉開きは十月ですよね。おかるが身を売ったのは六月二十九日の夜だから、旧暦でいえば七月ですよね。「六段目」から三ヶ月くらいたっているわけだね。その三ヶ月の間に、「早や廓馴(さとな)れて」といってるんだけど、おかるはせいぜい素人のバイトの女郎だよね。おかるの性根としては、そこが大事なんだよ。歌右衛門(うたえもん)のうまいところなんだけど、お客をうまくあしらっているようなんだけど、どこか素人ッぽくて、身請けしようといわれて、ついいやいや私には男がいるって正直にいってしまうとかね。「嘘から出たまことじゃない。まことから出た皆嘘々」っていうところを歌右衛門がやると、全部素人ッぽく聞こえるわけですね。

「釣灯籠」っていうのは、由良助が手紙を読む釣灯籠のことです。それを上からおかるが延べ鏡で、釣灯籠のあかりのあんな暗いところで、銅製の鏡なんかで手紙の全文が読めるわけがない。しかし、おかるはその手紙を「よその恋よと羨まし」い一心で読んだ。そこがいじらしいところですね。しかも、そのために知らなくてもいい秘密を知ってしまった。それがおかるの悲劇なんです。由良助が遊んでいるところもおもしろそうにできているけど、本当のこの芝居のへそは、知らなければなんでもなかったのに、つい好奇心から、それも恋という思いから、「よその恋よと羨ましく」読んでしまったために、おかるに悲劇が起きる、死ななければならなくなる、その悲劇です。この先行作の『忠臣

金短冊』っていう芝居では、由良助にあたる男がおかるにあたる女を実際に殺してるからね。秘密を知ったから。この芝居でも、もしこのままいって早野勘平の女房で兄の平右衛門とともに忠義な者だとわからなければ、由良助はおかるを殺していたかもしれない。いや、必ず殺していたでしょうね。

――平右衛門でもなく、由良助でもなく、このおかるの悲劇が一番のテーマというのは、ちょっと腑に落ちない感じがしなくもないのですが……。

「七段目」のテーマはむろん由良助の遊びにあるのですが、その裏側にあるものはおかるの悲劇です。テーマの一つというよりも、このことがメインテーマだと私がいうのは由良助の最後の詞にあるように「仇討ち」は一武士の当事者だけがするのではない、その家族に「君傾城の勤め」をさせることでもある。それが「仇討ち」をうかび上がらせているからです。

――「何ぢゃやら面白さうな文」って、実際は何が書いてあったんですか？

顔世御前からきてる手紙に何が書いてあったかは、この作品だけではわからないんですが、史実でいえば吉良上野介が息子の山形上杉家十五万石の城下へかくまわれることになる、そうしたら国元の警戒厳重な山形では敵を討つことができないってことが書かれていたんじゃないですか。とすると、顔世御前の密書は恋文どころか緊急情報ですね。

――読んだあとに、「面白さうな文」ってどうしていえるんですか？

「面白さうな文」っていうのは、つまり密事が書いてあるっていうことですよ。秘密の手紙をさして「面白さうな」っていったんですよ。

――ところで、太夫と三味線が「風(ふう)」を大事にしなければならないような縛りみたいなものが、人形遣いにもあるのでしょうか？

「風」は太夫だけを縛っているのではなく、三味線も人形も縛っています。そこで、おかるにはおかるの、その「風」から出た、おのずからのイメージがなければなりません。

――人形の場合、役者ほど型、型、いわないのはなぜなんでしょう？

歌舞伎ほど文楽の人形が型をいわないのは、文楽が歌舞伎よりもリアルだからです。人形は人間らしくするのが第一ですから、リアルな動作になるのです。

「おかるが簪(かんざし)、ばったり落つれば」となって、由良助も手紙を読まれたことに気が付くわけですね。ここが廓場のいちばんいいところです。おかると由良助の対話。二階からおかるを下ろすところが非常にエロティックな場面になっている。エロティックすぎるといって九代目團十郎は文句を変えたほど。由良助とおかるの間になんの恋愛関係も示されていないでしょう、これまでに。おかるは突然出てくるわけだから。早野勘平の女房だということは、お客は全員知っている。それなのに、客と女郎のやり取りというものの艶ッぽさが、ここに出ている。しかも、おかるという素人のような女の性格というもの、密事を知られてしまった由良助の危機感、そこへもってきて九太夫も見ている。三方で芝居になっているというのがおもしろいところですね。それを遊びとごまかして身請け話へ持っていく。だから、おかるが二階から廻ってこようといったときに、二階を廻っちゃだめだって、途中で人に会って秘密が漏れることを恐れている。由良助はあの場から連れ出して殺したい。

それで、おかるは手紙を書くことになって平右衛門とのくだりになりますね。ここからが「七段目」全体の後半になるわけですね。平右衛門とおかるの出会いは、歌舞伎より浄瑠璃のほうがよっぽど足が早くて、簡潔によくできている。兄弟の愛情がよく出ている。

――文楽のほうが簡潔なのに愛情がよく出ているのはなぜですか?

歌舞伎では役者がさまざまな入れ事(本文にない演出を挿入すること)をする。そうするとおもしろいことはおもしろいけれども、どうしても物語の核心から話がそれる。話がそれると兄妹の情もおのずから薄くなるわけです。私が最初に見た「七段目」は初代吉右衛門の平右衛門に三代目時蔵のおかるでしたが、時蔵は「勘平のこと」を聞きかねて「か、か、角の豆腐屋さんは」というようなことまでいったんですよ。

そこで真相を知ったおかるを由良助が殺そうとしていることを知って兄の平右衛門が殺そうとする。それで覚悟を決めたおかるのくどきになるわけですね。見せ場ですね。「勘平殿は三十になるやならずに死ぬるのは」。

由良助の真意がわかった平右衛門は、なんとかおかるを殺そうとする。そこが『忠臣金短冊』よりずっとよくできている。その覚悟を見て、由良助が出てくる。九太夫をつかまえての「獅子身中(しししんちゅう)の虫とはおのれが事」は由良助の絶唱ですね。山城少掾のここは一人の人間がある決心を吐露する切実さがあって感動的でした。その悲痛さを別なかたちで聞かせたのが初代吉右衛門。せりふ廻しのうまさで陶酔させる。山城のほうがリアルで物語そのものですが、それを吉右衛門は芸のおもしろさで聞かせる。歌舞伎と文楽の芸のあり方の違いがわかるんです。大星由良助が本心を表して、九太夫を殺すわけですね。「水雑炊を食らはせい」。

――歌舞伎だと首を切るポーズをするのに、文楽は何もしないですよね。

当たり前なんだよ。首切ったら殺人事件になって大変でしょう。水死したように見せる。歌舞伎のほうがおかしい。溺死体にしておけば犯罪にならないから。ひと刀斬ってはいるけれど、錆刀(さびがたな)だからね。文楽のこの段のサブタイトルは「大尽の錆刀」。大尽つまり由良助の錆刀が最後にきて効くんだよ。九太夫はスパっとは殺されない。

上級編

俊寛

金殿

渡海屋 大物浦

熊谷陣屋

合邦

俊寛（しゅんかん）

本行は能楽

いよいよ本格的な人形浄瑠璃独自の作品世界に取り組みます。再三申し上げた通り、浄瑠璃の本質は時代物にあります。そのなかでも傑作をここに五本選びました。「俊寛」は『平家物語』や能を背景にし、「金殿」は神話の世界、「渡海屋 大物浦」「熊谷陣屋」は平家滅亡の悲劇、「合邦」は大名家の御家騒動と、いずれも歴史と人間の関係が描かれています。したがって、この「上級編」のポイントは、第一に歴史と人間の関係、第二にそこで活躍する人間の個人の精神活動です。だれがなにをしたか、しなかったか。この精神の活動にこそ重要なポイントがあります。その精神世界こそ時代物の、ひいては浄瑠璃そのものの醍醐味です。

『平家女護島（へいけにょごのしま）』を見るにあたって参考にしなければならない作品が二つあります。一つは、これは一応歴史的事実だろうと思われている『平家物語』。ここに俊寛の物語が最初に出てくるわけですね。『平家物語』によると、俊寛のお父さんも非常に変わった人らしくて、俊寛自身も変人の傾向があったらしい。しかし平清盛が俊寛を法勝寺(ほっしょうじ)という大きなお寺の執行(しぎょう)という、事務総長の役に推薦した。俊寛は僧都(そうず)ですから一応僧侶なのに政治的な行動に走って、後白河法皇の平家追討の陰謀に加担しました。有名な鹿ケ谷(ししがたに)の山荘の陰謀事件ですね。この山荘が俊寛の法勝寺の所有だったのです。この陰謀に加担した人のうち二人が死罪になって、俊寛、丹波少将成経(たんばのしょうしょうなりつね)、平判官康頼(へいはんがんやすより)の三人が鬼界ケ島(きかいがしま)、九州の果てに流されました。その三人のうちの一人、丹波少将成経は平重盛の娘婿なので、平家に非常に強いコネクションがあったにもかかわらず裏切った。もう一人は平判官康頼という人で、この人のお母さんは後白河法皇の側近だったわけだから、非常に二人とも重要人物で、コネがあったし、お金もあった。ところが俊寛には金もコネもない上に、清盛の信頼を裏切ったというので憎しみを買ってしまった。

中宮徳子(ちゅうぐうとくこ)、のちの建礼門院(けんれいもんいん)徳子が高倉天皇との間で妊娠、のちの安徳(あんとく)天皇が産まれるというので、安産の祈祷のために大赦が行われた。その時に、鬼界ヶ島に流された三人も大赦の対象になるのですが、清盛は俊寛だけは断然許さなくて、二人だけ帰国することになる。どういうことかというと、さっき申し上げたように二人にはコネクションがある。俊寛だけはお金もコネクションもないから、島に残される。それで、都のいろいろな状況を聞いて絶望して、断食をして餓死するんです。これが『平家物語』の描いた事件の顛末(てんまつ)です。

二つ目は、世阿弥がつくった能の『俊寛』です。能の『俊寛』は、その史実をもとにして書かれたものでして、ここでは『平家物語』にも書かれている三人の流人のうち、丹波少将成経と平判官康頼は熊野権現を勧請して帰国できるようにお祈りをした。その信心の結果、二人は帰国できたけれど、熊野権現を信仰しなかった俊寛は帰れなかったという設定で書かれた傑作です。

そして、三つ目に近松門左衛門の『平家女護島』が出てくる。近松の「俊寛」は能を原作。いわゆる「本行」にしています。「本行」というのは、その作品が準拠している作品なり、そのジャンルをいいます。歌舞伎からいうと文楽が本行。文楽は能を本行というふうにいうのです。本行というのは作品のテキスト上だけのことではなく、能というジャンルそのものを規範にしているということです。そこで比較しなければならないのは、島の状況と、俊寛がどうして島に残ったのかという二点です。まず、鬼界ヶ島は九州の最果てにある島で、今の硫黄島だといわれています。この島には『平家物語』によれば原住民がいる。言葉があまり通じないんだけど、三人の流人は波打ち際に流れ着いた昆布とか貝を拾い、あるいは噴火している火山の硫黄を取ってきて原住民と物々交換をしていた。硫黄は燃料などに使うので価値があったんです。そうやって細々と生活をしている。原住民がいるから、彼らは孤独ではない。ところが、能の『俊寛』になると、原住民はいなくなる。世阿弥は鬼界ヶ島を絶海の孤島に設定するんです。三人しかいない。そこで、俊寛が一人島へ残されるという事件が起きるから、世阿弥が書きたかったのは、「孤独とは何か」、「孤独になっても人間は生きていかれるか」というテーマなんですね。そして、三番目の近松はどうしたかというと、『平家物語』と能の両方の影響を受けている。島の状況は能の影響を受けていて絶海の孤島、原住民はいない。そこへ、九州桐島の漁夫の娘、海女の千鳥が漂流してくる。絶海の孤島ですし、原住民もいないけれど、女が一人参加する。この千鳥が丹波少将成経の現地妻になります。史実からいえば成経は重盛の娘婿ですから、都に帰れば奥さんがいるのに、近松はその事実をカットして千鳥を成経の妻として書いたわけです。しかも千鳥の提案で、俊寛は父、康頼は兄として一家が形成される。ここで問われているのは孤独ではありません。近松の場合は世阿弥と違って、「家族とはなにか」が問われているんです。

――それなのに、千鳥のことを「北の方」とかいってるんですか？

そうです。そこは近松の創作なんですよ。なぜそんな創作をする必要があったかといえば、近松はここで「家族とは何か」という問題を書いているからです。千鳥の発案で、自分たち新婚夫婦が誕生するにあたって、俊寛は父親、康頼はお兄さんになってほしいといいます。四人の仮想家族ができるわけです。そこへ、いよいよ赦免船が来るということになって、千鳥が船に乗れるかどうかという話になるでしょう。船切手という手形（パスポートですね）が「三」人になっているから、千鳥は船に乗れない。そうすると成経も乗らない。家族が解体しそうになる。そうすると、俊寛は一度約束したわけだから家長なわけですよ。つまり、家族の責任者としての責任を問われる。千鳥も成経も見殺しにできない。だから、瀬尾を斬っても、自分から島に残ろうとした。そこでは、「家族とは何か」ということが問われる。大坂竹本座の観客といったらみんな大坂の富裕層でしょう。能の「孤独とはなにか」というテーマも『平家物語』に書かれている政治はお金とコネだなんて話もいらない。そんなことより、船場の人たちにとっては、「家族とは何か」ということが大問題なわけです。そこを近松は狙っている。だから、ここには原住民はいないし、孤独な中で家族を形成した四人がどうやって生きていくかということが問題になる。そこで、非常に大きな問題が浮上してくる。『平家物語』の俊寛は断食をすることによって抵抗しましたね。一方、能の『俊寛』は、最後まで「帰りたい、帰りたい」とわめいて、船頭に追い払われて、仕方なく島に残る。だから、ある意味でいうと、『平家物語』の俊寛も能の俊寛も自分から主体的に島に残る覚悟をしなかった。

――断食って主体的じゃないんですか？

生きて都に帰れる可能性があるなら断食なんてするわけないでしょう。島に残されたから仕方なく断食をしたにすぎない。それに比べると、『平家女護島』だけは、唯一、個人の主体でもって島に残る。家父長としての責任をとったわけです。家族に対して家長が責任をとるべきだ、というのが近松の主張です。そのために、『平家女護島』をつくった。

「女護島」という題名はこの作品の四段目からきています。徳川家康の孫娘の千姫が豊臣秀頼と結婚して大坂の役で救出され、姫路の本多忠刻と結婚してさらに未亡人になり、不幸せななかで鎌倉東慶寺をつくるわけですが、東慶寺というのは、彼女の意思だけでつくったわけではない。身持ちが悪すぎるからなんです。「吉田通れば二階から招く」といわれるほど、いい男が通りかかると千姫は連れ込んでいた。スキャンダラスなことになると困るから、徳川家は東慶寺をつくって、千姫を尼さんにした。事実無根の伝説ですが、吉田御殿といえば有名です。通りがかりのイケメンをみんな引きずり込む。その吉田御殿がこの浄瑠璃の中心です。女だけしかいない「女護島」。俊寛は二段目の切なので、吉田御殿とは関係ありませんが、俊寛が娘としての千鳥を守るために主体的に島へ残ったとすれば、「女」を「護」る「島」でもあったわけです。

マクラは能がかりなので非常に荘重にはじまります。謡を模した語り口になっている。能の影響もあるのですが、『平家物語』という歴史そのものを描くために能がかりになっているんですね。ここがいちばん大事な聞きどころです。これで曲の位が決まる。太夫の力量がわかるところです。ここは、近松の名文です。「都に似たる物とては、空に月日のかげばかり」。これほど絶海の孤島を描写した名文はないでしょう。現代人が聞いてもよくわかる。この俊寛の出てくるところが大事です。なぜ大事かというと、これで俊寛の性格、僧侶には違いないけれど、それだけではない、男としての俊寛、これから演じる家長としての責任感を持った男の人格が表現されなければならない。三人の流人のうち二人は熊野信仰を信じている。でも、俊寛は鼻で笑って信じていなかった。僧侶でありながら、そんなことをいうというところに、変わった人格が出ている。

名文です。よく義太夫の文句を聞いていただきたい。

もとより此の嶋は、鬼界が嶋と聞くなれば、鬼有る所にて今生よりの冥途なり、たとひいかなる鬼なりと、此のあはれなどか知らざらん、此の嶋の鳥けだ物も鳴くは我を問ふやらん、昔語るも忍ぶにも、都に似たる物とては、空に月日のかげばかり、花の木草も希なれば、耕し植えん五つのたなつ物もなく、せめて命をつなげとや、嶺より硫黄の燃え出づるを、釣人の魚にかへ波の荒布や干潟の貝、見る目にかゝる露の身は憔悴枯槁のつくも髪、肩に木の葉の綴りさせてふ虫の音も、枯木の杖に、よろよろ、よろ〳〵と今は胡狄の一ッ足とかこちしも、俊寛が身に白雪の、つもるを冬きゆるを夏風のけしきを暦にて、春ぞ秋ぞと手を折れば凡そ日数は三年の、ことゝふ物は沖津波磯山おろし浜鵆、涙をそへて古郷へいつめぐり行く小車の、わだちの鮒の水を恋ふ憂きめも中々に、くらべくるしき身の果の命

——相変わらず、注釈を読んでも、何をいっているのかわからないです。

そうですかねぇ。大事なところなので解釈していきましょう。もとよりこの島は鬼界ヶ島というのだから、鬼が住んでいるところで、今生の地獄である。たとえどんな鬼であろうと、この島の悲惨さをどうして知ることができようか。この島の鳥やけだものも、鳴いてこの島を通り過ぎてしまい、自分に問いかけているのではないかと思うほど孤独である。過去を思い出そうにもなんにも、都に似ているものは月と太陽以外、何もない。花や草木も生えないし、新しく耕して植えることもできない。なにで命をつなげというのか。山の上から硫黄が燃えているのをとって、釣り人の魚と交換したりして、やっと生活しているような悲惨な身の上は、身体も憔悴しきって、髪もぼうぼうになっている。

着るものもないので、木の葉をつないで着物に替えている。虫の声が聞こえる。枯れ木の杖によろよろと、中国でいう胡狄の一足と同じように、俊寛の身に雪が積もるのを冬だと思い、夏風が吹いてくるのを暦にして、日数を数えると、この島に来ておよそ三年がたっている。聞こえるのは波の音だけ。山から吹き降ろす風の音と浜千鳥の声しか聞こえない。なんとか故郷に帰りたいと思っているけれど、いつ機会が巡ってくるか、その機会を待ち続けている。わだちに取り残された鮒が水を乞い慕うような憂き目にあっている。名文です。

――注釈を読んでも、そこまで自力では訳せないです。大変だな〜ってことをいろいろとボヤいているんだな、という程度の理解では足りないんですよね？

そうです。ただ、古文は正確に意味をとってわかる必要があるのは、それはそうなんですが、すべてがわからないと全体がつかめないというのは現代人の悪癖です。自分のわかったところをとっかかりにして、その先もわかっていくようにしないと。それは他のこと、英語やフランス語でも同じことです。シェイクスピアは現代英語ではないけれど、みんなわかるでしょう。もうひとつ大事なことは、古典というのは、見ている人なり、読んでいる人が、その時の自分の人生に照らし合わせてだけ解釈できるもので、だから、年をとってくると名文の文章の良さというのはわかってくるものなんです。今わからないからといって放り出さないで、ずっと温めていくうちにわかるようになる。

――もっと手前、国語としてわからない。「木の葉のつづりさせてふ虫の音」といわれても、なんか切ないんだなあ、とは思いますけど、何をいってるのかはわからないです。

「つづりさせてふ」っていうのは、きりぎりすが鳴く声の擬声音です。そういうことは注釈で読めばわかるんじゃない？

――注釈は、「つづりさせと鳴く虫。すなわち、きりぎりすで今のこおろぎ。つづりさせは、継ぎ合わせ刺せの意」っていわれても、きりぎりすを継ぎ合わせ？？？

だって、木の葉をくっつけて着物にしてるんだよ、俊寛は。

――ということと虫がなんの関係があるんですか？

それは、きりぎりすが一見枯葉をつづっているような形の虫だからです。

――音をつづるという意味？

木の葉をつづって着物にして、っていうから、その「つづり」から引掛けて「つづりさせてふ」という虫のことを連想している。なるほどな、と思わなきゃ。昔の人はそうだったんだなって。その本の批評をしてもしょうがない。わかろうと努力すれば、必ずわかる。

――先生は頭が普通じゃないからわかるんですよ。

そういうことではない。私がいいたいのは、わかろうと思えば、必ずわかる、ということです。たとえば、「今は胡狄の一足と」っていったでしょう。これは中国の故事によるんです。そんなものを江戸時代の道頓堀の観客がみんなわかってたと思う?

――道頓堀の人たちに謝らないと。

その人たちは、「胡狄の一足」はなんだかわからないけれども「俊寛」を愛したわけでしょう。「胡狄の一足」がなんであろうと、そんなことは構わないんだよ。

「命待つ間ぞ哀(あわ)れなり」ということは、自分の生涯は終わりだと思ってる。俊寛は史実では三十代ですけど、昔の人生五十年という感覚からいうと中年は過ぎている。三人一緒に仲よく住めばいいわけですよ。そこが、俊寛の性格ですね。『平家物語』で暗示された通り、能でも俊寛は一人。そこへ康頼と成経が二人で出てきます。

――康頼と成経は一緒に住んでるんですか?

二人で熊野権現の勧請をしているんだから一緒でしょう。こんな宮大工もいない所で、二人一緒に共同作業しないと造れない。道具も何もないのに、小さいものであったとしても大変でしょう。能は合理的だから、二人は一緒に住んでいることになっている。二人は信仰を求めていたから助かった。

俊寛は求めなかったからだめだった。能は中世の作品だから宗教色が強い。

成経が漂流してきた娘を妻としてめとったということを俊寛が聞くんですね。そこで、「千鳥の出」、結婚式になります。ここが、この芝居でいちばん大事なところです。なぜかというと、近松の立てた「家族とはなにか」というテーマに沿えば、ここで家族の契約をしたことが、後の悲劇を招くからです。もしここで契約しなければ、千鳥が残ろうがどうしようが、俊寛はそのまま都に帰ればよかった。でも、俊寛が島に残ったのは、家父長としての責任を果たさなければならなかったから。だから、このシーンがいちばん大事なんです。しかも、それを女の側から発案させたところが非常に優れている。三人しかいないんだから、私が成経と結婚したら、ぜひ父親とお兄さんになってほしいということを千鳥が提案するでしょう。千鳥が提案することで明らかになるのは、日本が母系家族制だということです。古代から現代にいたるまで、女性が支えてきた社会なんです。だからこそ、千鳥が発案したということに意味があるんです。家族とは何かといったとき、大坂の商家といえども母系が問題になるんです。

――母系制、女性が支えてきたといわれてもピンとこないのですが。

母系制というのは古代から女性の血統を中心に社会が構成されていることをいいます。近世（江戸時代）になり、男尊女卑の封建制が生まれ、さらに近世から近代、現代になってそれが男女平等になりましたが、そういう社会の表面上の変化にもかかわらず、日本の社会の底流には母系制の名残が伝統的に流れていると私は思います。

「あられもない裸身に、鱧がぬら付く」というところは、千鳥という女が海女で海に入ると魚が食いつくほど柔らかい身体を持っているということでしょう。非常にエロティックな場面ですけど、これから疑似家族がつくられるためには、自然のエロティシズムが背後にあるということを示している。自然と社会は対峙している。その自然の中から出てきた女の提案によって社会が築かれているというプロセスそのものなわけです。だから、このエロティックなシーンが大坂の人にウケたわけです。いろいろ桎梏がある身分社会の中で、そういう自然というものを基盤にして家族がどういうふうに形成されていくのか、というところが出ている。そこを大坂の人たちは喜んだのでしょう。大坂の人が、「家庭とは何か」という近松の問題をまともに受け付けるとすれば、家庭の基盤になっているのは女性の母系社会だっていうことが、まずひとつあるでしょう。でも、なぜ母系社会がつくられるかといえば、人間が子供を産むという行為によって社会が形成されるということを示している。だから、そういう理屈は大坂の町人の人たちはすぐにはわからなかったかもしれないけど、ああ、こういうふうにして家族は生まれるんだな、っていうことを納得させた。そこがうまいんです。千鳥の存在をただの彩りだなんていうのはバカバカしい。近松は、必要のない女を彩りのために入れたわけではない。そうではなくて、そういう大きな問題を、これからはじまる家族の形成のために、この女が媒介になっているということを表していたわけです。そういうことを歌舞伎の世界で理解しているのは今の梅玉です。千鳥が乗船できないとなった時、この女を囲って最後に船に乗らないっていう時の梅玉の成経はそのことを押さえている。昔の役者はのほほんとやっていたから、たいていの成経はそんなこと何も考えていなかったけど、梅玉はちゃんとそういうことを考えている。この浄瑠璃はだから本当におもしろいんですよ。このことで俊寛が都に残した妻の東屋を思い出すという説もあるけれど、もっと本質的な問題があって、そういうことじゃないと思う。

結婚のときに使う鮑の杯というのも象徴的です。鮑の片思いの鮑で、しかも酒がないから水杯でしょう。そのあとの悲劇を暗示しているんです。

いつも、おもしろいと思うんですが、運命って突然やってくるんですよね。この四人は何も知らないでしょう。突然、海上に船が出てくる。それが彼らの運命を左右するというのは、とてもドラマティックですよね。丹左衛門と瀬尾の二人が赦免使として来るわけです。歌舞伎は儲からないから「丹左衛門の出」をもっと遅くするんですが、本文はむろん二人一緒に出ます。清盛が承認した赦免状には赦免される囚人は二人と書かれていた。その後特別に重盛が俊寛を九州まで戻すという赦免状を書いた。瀬尾の持っている赦免状には成経、康頼二人の名前しかない。俊寛の名前はない。

俊寛が名前がないと嘆くところが大事です。瀬尾は清盛の意を介しているから俊寛を島から帰さないという書状でしょう。それで、つまり、三人いる囚人のうち一人だけ帰れないという事実が明らかになるわけです。「もしやと礼紙を尋ねても」って、礼紙っていうのは書状を包んでいた紙ですが、ここで俊寛の神仏への不信感が明らかになる。仏の救いの手、なんで俺だけ外すのか。御仏のお慈悲にも自分はもれたのか。ここで、俊寛の成経たちとの立場の違いが明らかになるわけです。僧籍にありながら仏を信じていない。

――自分だけ帰れないのは、自分が不信心だったからとは思ってないですよね？

思ってないです。俊寛は宗教家というよりも政治家であり、かつ一般の常識人なんですね。それは、『平家物語』に描かれている俊寛が変な人だという印象を知っていれば、すぐわかる。しかしそんなことは重要ではない。ここで大事なのは、見放されて孤独に耐えていかなければならない人間の絶望、つまり能が持っていた絶望がそっくりここにきているということです。近松は能を巧みに利用している。ここではまだ家庭の問題は出てきていません。

成経は千鳥が乗船できないならば自分も船に乗らないといいます。ここは梅玉の成経のいいところです。その成経の言い分を聞いて俊寛も康頼も船に乗らないという。流人のストライキです。ここではじめて家族の結束が問われる。二、三日滞在して説得したらどうかと、丹左衛門が妥協案を出します。しかし瀬尾は聞かない。「有王（ありおう）が狼藉（ろうぜき）」というのは、俊寛の家来の有王が別なところで暴れて、その責任が俊寛にあるということ。「但し御使いの外、私の用ばし候かと」というのは、この召人（めしうど）を連れ帰るのが公用なのに、それ以外に女に目をかけたりするのは私用ではないか、ということです。

無理やり囚人三人を船に乗せます。あとに千鳥一人が取り残されてくどきになります。くどきは二段になっています。「鬼界が嶋に鬼はなく、鬼は都に有りけるぞや」というのは名文句ですが、今の自分の状況を嘆いているわけですね。二段目は、この上は自分が死ぬしかないと、死を決意する。

女形の人形には足がない。それをうまくあるように見せるのが人形遣いのウデです。ところが千鳥の人形には珍しく足があるんです。その足をうまく使うのがこれまた人形遣いのウデです。この間（平成二十九年二月国立小劇場）の簑助（みのすけ）の千鳥が本当によかった。身体が昔のように自由に動かないのに、この足一つが実にいろいろなことを物語っている。この女の人生、哀れさ、恋の想い、そういうものを含めていろいろ足が物をいう。いい舞台でしたね。

――このDVDの時の簑助さんと何がどう違うんですか？

この間の舞台ではこのDVDよりも人間の心の表現が円熟して豊かになったということでしょう。動きそのものはそんなに変わりはない。

――年齢を重ねた役者が演じるお姫様がかわいいというのは実感できますが、人形となるとハードルが高い。先生がおっしゃるほど、よさを実感できませんでした。

年をとって若い頃のように身体が動かなくなると、どうしても細部に人間の想いを籠（こ）めるようになる、凝縮して象徴的になるんですね。そうなると本来醜いはずのものが美しさに逆転するんですよ。この逆転が人の目を引く輝きになる。それに年をとると芸が円熟して表現力が付くし、一方芸が身に付くと表現が身体化されるんです。そこで心境的には自由になって人間の想いがうまく表現されるようになるんです。よく例に引きますが三代目梅玉が七十過ぎて娘役をやった、裾を引いてますから転んだら大変だから小走りになるところで慎重に走った、ただ走るんでなくてシナを付けたらばそれが大変に受けた。芸はそういうものでしょう。簑助の千鳥も足に色気が付いたのは足に女の想いが出るようになったからですよ。

俊寛は家長としての務めを果たして、千鳥を助けるために瀬尾を殺して、自主的に島へ残る決心をするわけです。ここで女房の東屋がどうのこうのいっていますが、東屋はどうでもいい。「京の月花見たうもなし」といって、俺の代わりに千鳥を乗せてやるというと、瀬尾が許さない。そこで俊寛は瀬尾のスキをみて刀を奪って瀬尾を斬る。俊寛が斬られて死んでしまう可能性だってあったはずですよね。それをなんとか必死で瀬尾を殺して自分が残るわけだけど、たとえ自分が瀬尾に殺されたとしても、船切手にある「三人」という人数が合わなくなるから、千鳥を乗せることができるというところまで、俊寛は考えているんです。瀬尾を斬って俊寛が止めを刺そうとする。それを丹左衛門が止めます。止めを刺すと偶発的な事故ではなく計画による犯罪になるからです。ところが、俊寛は、千鳥を船に乗せるため自分は覚悟してここに残るという。そのために今、あらためて上使（瀬尾）を斬るという犯罪を犯したのだという。事故ではなく犯罪だというわけです。それは家長としての責任を果たすためです。

ここで俊寛が本音をいう。三悪道を体験すると、自分が地獄に落ちた時に体験しなくてすむわけですよ。

――「後生をたすけてくれぬか」ってそういう意味なんですか？

後生って来世ですからね。つまり、死後の運命をいま、ここで体験させてくれないかっていってる。でも、それはもちろん千鳥を助けるための口実です。自分を救ってくれ、と。自分が乗るのは現実の船ではなく、あの世に渡るための船なんだから、これでいいのだというんです。俊寛は千鳥を説得しているんですが、同時に自分も説得しているんですよ。

――でも、俊寛が家長になったのは、ついさっきですよね。半年でもそういう関係性があったのならともかく、一日もたっていなくて、ここまで責任を感じるものですか？

そこがドラマのおもしろいところです。たとえ半時間しかたっていなくとも契約は契約ですよ。大坂は商業都市でしょう。契約が第一でしょう。

この段切れは名曲です。船が出ていく。山城（↓３５０ページ）で聞いていると、本当にいい。これが山城と四代目清六（↓３６４ページ）が喧嘩になったところです。「三代目清六（↓３６３ページ）が弾いたら波がどーっとくるんだよ」と山城がいって、「私の波は小さいですか」と喧嘩になった。子供の喧嘩だよ。でもこれが大事なんです。実際にレコードの三代目清六と四代目清六を聞き比べてみればよくわかります。波の形容が違うんですね。四代目の波は現実の波です。現実の波を三味線が表現できただけでも大変なことですが、とにかく四代目はリアルな波です。ところが三代目の波は現実の波ではなくて運命の重さをもっているんですよ。あの世の波なんです。とにかく山城のこの「一人を捨てて沖津波」というのは感動的です。カメラで上から撮っているようです。広い海原、小さな島影、さらに小さく点のように一艘（いっそう）の船がひたすら本土へ向かって走って行く。そういう景色が見えますよ。

ところで島に残った俊寛は死ぬと思うんです。この孤独の中で。玉男（↓３７６ページ）の俊寛の人形が杖を捨てるでしょう。もう生きていても仕方がないということですね。極端なことをいえば、自殺するわけです。娘のために、家族のために自殺する父親ということだよね。この最後に舞台の大きな岩が廻ってくるのは、初代吉右衛門（きちえもん）が大正時代に考えた工夫で、文楽が歌舞伎を逆に真似をしたところです。

金殿

神話の裏側

『妹背山女庭訓』四段目は最初の場面が「杉酒屋の段」です。これは奈良の三輪の里にある造り酒屋の家です。お三輪という一人娘が母親と一緒に暮らしています。これからの芝居は、このお三輪が主人公になります。この杉酒屋の隣の長屋に烏帽子折、つまり烏帽子を作る職人の園原求女という男が住んでいます。そこに毎夜訪ねてくる得体のしれないお姫様がいるんですね。実は、蘇我入鹿の妹の橘姫なんですが、この二人はどちらが仕掛けたかは別にして恋仲です。お三輪も求女に恋しております。今日は寺子屋の同窓会がありまして、七夕のお祭りということで、紅白の苧環をもらってきました。棚に飾っておくと願い事がかなうといわれています。求女のもとにお姫様がまた今晩も訪ねてきたので、お三輪と園原求女、橘姫が三角関係になって恋を争うことになります。次の場面が「道行恋苧環（ゆきこいのおだまき）」といいまして、園原求女と橘姫が三笠山のそばまで来たところで、お三輪が追いかけてきて三人で恋争いになります。寺の鐘が聞こえて時刻になりましたので、橘姫は自分の館へ帰ろうとします。その橘姫の着物の裾（すそ）に赤い苧環を持った求女が、赤い糸を縫い付けます。その糸をたぐって橘姫の後を追っていきます。続いて、お三輪がその求女の裾に、今度は白い糸を付けて後を追っていくのですが、途中で糸が切れてしまいます。というところで、次の「三笠山御殿」になります。三輪の山に伝わる伝説を劇化した能の『三輪』を原作にしています。能では、女のもとへ男が通ってくるのですが、その正体を不審に思った女が男の裾に糸をつける。その糸をたぐっていくと、三輪山の杉の巨木についた。巨木はすなわち神だったという物語です。それを橘姫におきかえたのです。

蘇我入鹿が三笠山に新しく建てた御殿で酒宴をしているところが最初の場面です。豪華絢爛（けんらん）な御殿ができて、入鹿の腹心の宮越玄蕃（みやこしげんば）と荒巻弥藤次（あらまきやとうじ）の二人だけが出てきて、その宮殿の模様を語ります。さらに仕丁（じちょう）（公家（くげ）貴族のしもべ）二人が市民の代表じゃないけれど、下賤（げせん）な階級から宮殿の模様をあれこれ聞いているのがよくできている。この伏線があるから、あとでお三輪が出てきて、市民の小娘がこんな金殿玉楼（ぎょくろう）に迷い込んできても、それほど違和感がなくなるという効果がある。そういう工夫が非常にうまくできています。

——でも、お三輪は場違いなところに来ていじめられるという設定ですよね？

そうには違いないのですが、ただ場違いなだけでは抵抗感があるでしょう。これは、その場違いさをおもしろく際立たせるための工夫なのです。

――そんなに細やかに作られている話なんですか？

そうですよ。近松半二はそういうところはうまいんだよ。入鹿は贅沢の限りを尽くしているわけですよ。天智天皇を追い出して、皇位を僭称している。もう政敵はいない。酒池肉林の遊びをしているわけですね。官女が揃って楽を奏している。道楽とは、雅楽を道を行く伴奏に演奏することをいいます。歌舞伎では御簾が上がるだけですが、文楽では入鹿が御殿のなかを悠々と歩いて出てきます。いまや暴君の入鹿に敵対する者はだれもいないという景色です。この四段目の切は、文楽では「金殿」、歌舞伎では「御殿」といいますが、この「金殿」といういい方がいかにも帝位を僭称する入鹿の御殿らしくていいですね。さて、その「金殿」は四つに分かれています。第一が「鱶七上使」、第二が「姫戻り」、第三が「竹雀」、第四が「鱶七物語」です。

まず「鱶七上使」です。鱶七は天智天皇、藤原鎌足ら旧朝廷が亡命している難波（大坂）の浦の漁師です。下賤な漁師ですから、この御殿に似合わないなりをしている。その上、トンチンカンなことをいう。たとえば、鎌足のことをわざと間違えて〝鎌きり〟という。それを見た入鹿は、鎌足らが今日までどこに隠れていたか知らないが、元気で飢え死にもせずにいられたのは、元来俺が放っておいてやったからであって、それを思ったら恩を謝すべきなのに使者を立てるなんて生意気だといいます。それに対して鱶七は、そんなことは俺の知ったことか、といいます。鎌足も抵抗しようとしたけど、どうもだめそうなので、ひどく弱っているから、俺に挨拶に行ってくれというから俺は来たんだ。たいがいのことなら了見してやってくれ、というわけですね。こういう世話の味が御殿のなかで展開されるところがおもしろい。大坂の観客はこういうふうに貴族や侍をやっつける漁師を見て、溜飲（りゅういん）を下げたわけです。大坂の観客にとっては、御殿とか朝廷というのは雲の上だからね。そういうところを市民の代表が行って解剖して見せるというのがおもしろいというところもあるでしょう。そこで鎌足は天皇を僭称している入鹿に抵抗するのはやめる。天皇として認めるということをいっているわけです。むろん嘘ですよ。嘘ですけれど、ここは鎌足の計略なんですね。

入鹿が笑うところは笑いの芸ですね。この入鹿に限らないけれど、昔の文楽座の太夫たちの大笑いは劇場の表まで聞こえたといいます。御堂筋のところに御霊（ごりょう）神社というのがあって、その境内に淡路島出身の植村文楽軒（うえむらぶんらくけん）という人が人形浄瑠璃の劇場をつくった。これを「文楽軒の芝居」「文楽」といったところから、「文楽」が人形浄瑠璃の代名詞になったのです。その御霊の文楽でハラの強い太夫が笑うと、木造の小さな小屋とはいえ表まで聞こえたというのです。

——難波の浦ってそんなに田舎だったんですか？

いや、そうじゃないよ。難波の浦には昔、宮廷があったんだよ。朝廷が奈良に行く前に首都としていた。そういうゆかりのあるところに天智天皇が避難している。

鱶七は鎌足から預かってきた手紙を入鹿に渡します。それを読んだ入鹿は信じない。「西王母の桃を盗んだ東方朔に自分をたとえるとは、自分のことを泥棒扱いするのか」と文句をいうと、鱶七が肌脱ぎになって「三千年に一度実がなる桃を三度食べて九千年長生きした、東方朔の長命にあやかれというだけで泥棒にたとえたわけではない」と、いい返す。ここで怒った入鹿が投げた島台が、あとでお三輪のくだりで役に立つ。天皇にまでなった入鹿が漁師ごときにやりこめられるのがおもしろいところです。「鱶七と入鹿の対決」が終わります。ここを「鱶七上使」というのは、鱶七が天智天皇の使者として来るから「上使」というんです。

鱶七は槍が床下から出てきても、それを枕にして寝てしまう。豪胆です。ここからが一転、官女のもてなしになります。非常にエロティックな場面です。この「金殿」というのは、人間の出し入れのおもしろさ、次から次へとシーンが変わっていって、最後は悲劇に突入していくという構成が非常によくできている。それは近松半二が作者として優れていたからですね。官女はお茶やお菓子、煙草盆といいながら、それを口実に男を見に来ている。宮廷の後宮は男子禁制だから。男が来たら喜んで行くということですね。精力が余ってるからね、女たちは。この官女のせりふに出てくるいい男のたとえの文七は中山文七、八蔵は藤川八蔵、当時の歌舞伎の名優ですね。当時の大坂の人気役者の紋を書いてくれというわけです。そういうところも親近感がわくところですよね。官女たちはグロテスクな喜劇を見せるわけです。自分たちのそばに来るのはみんな冠装束のお公家さんばっかり。急な逢瀬でちょっとセックスしようとしてもできない。隙をみてなんかやろうと思っても、いろいろ衣裳を着こんでいるから大変。ところが、鱶七は逆に裸になっている、おもしろいじゃないかというわけです。歌舞伎の鱶七は衣裳を着たままですが、文楽は上半身裸だからね。そんなことといいながら、女たちは顔が真っ赤になっている。色事になれていないのはブスばっかりだからなんだよ、歌舞伎では立役のやる官女だからね。入鹿と鱶七の真剣な喧嘩のあとは、官女たちのグロテスクでコミカルな場面という、うまくできていますね。衣裳が邪魔になって色目が使えない。「その上悋気口論も、こっちからは檜扇で、叩けばあっちは笏で止め、つっぱりかへっていきったばかり、いらうても見ぬ逆ほこの雫情も受けて見ず」。喧嘩になったとしても、檜扇しか武器がない。叩くと、男のほうは笏で止める。「いきったばかり」っていうのは男性性器の興奮状態、精液を受け止めることができないということです。女たちが、この御所を脱出して駆け落ちしてくれと抱きつく。さすがの鱶七も閉口して追い払うと、女たちは悪態をつくんだね。せっかく玉の杯なのに底が抜けている。文楽はこういうところが楽しいんだよね。

――文言は歌舞伎と同じなんですよね。そんなことをいっていたんですねえ。

同じだけど、歌舞伎よりずっとリズミカルでしょう。

「姫戻り」になります。橘姫は道行を経て、館に帰ってきます。

「橘姫の出」です。仮にも天皇を僭称する男の妹ですから、お三輪と対照的になっている。お姫様と田舎娘。そういうのは「野崎村」にもありますよね、お染とお光。「十種香」でいえば、八重垣姫と濡衣。真逆なキャラクターの女性二人が対照的に描かれる。半二お得意のシンメトリーです。深夜というか、ほとんど朝方ですが、官女たちが迎えにきます。振袖に付けた赤い糸にひかれて求女が来る。官女たちは、これはお姫様の恋人だと思うから、御殿のなかに引張り込むんですね。橘姫は自分の素性、入鹿の妹といえば、知られた以上は恋仲になってもらえないだろう。あなたは藤原淡海だから、といいます。本性を知られてびっくりした求女は、舞台の下手から上手に行きます。謀叛人である入鹿の妹より、宮廷第一の廷臣鎌足の息子のほうが身分が上だからです。藤原淡海は一度は橘姫を殺そうとしますが、蘇我入鹿が持っている三種の神器の一つである十握の剣を返したら夫婦になってやろうというと、兄を裏切ってでもその剣をあなたに差し上げると姫がいいます。もともと藤原淡海は入鹿の妹だと推察して口説いていたわけだから、政略的には冷静な男なんだよね。十握の剣を奪い返さないと困るから、そのためにこの女を利用しようとしたわけだから、求女は一見のっぺりした二枚目なんだけど、一方で非常に冷酷な計算もしているわけ。

そこで兄と恋人の間にはさまれた橘姫のくどきになります。「（兄の）恩にも（淡海への）恋は代へられず、恋にも恩は捨てられぬ」。名文句ですね。ここの求女の玉男（→376ページ）はえらいですね。ただ聞いているだけではなくて、それとなく周囲に気を配っている。それが朝まだき金殿の闇を思わせますからね。橘姫がひとつ理屈を発明する。恋人のためではなく、天皇のためであれば、すべてを優先させなければいけない、と。本当は恋のためなんだけどね。今晩、御遊(ぎょゆう)の舞(まい)にことよせて笛や鼓の音をしるべに、私を訪ねてくだされば十握の宝剣を奪ってお渡ししましょう、と。この笛や鼓の音が奥殿の楽の音色になるんです。

次の「竹雀」は竹に雀と書いて「たけす」と読みます。この段で、お三輪が馬子唄(まごうた)という馬方が歌う唄を歌わされて、それが「竹に雀は品(しな)よくとまる」という文句であることから、この頭をとって「竹雀」というんですね。「竹雀」と「金輪五郎(かなわごろう)（鱶七）の物語」を合わせて「金殿の段」ということもあります。文楽では御殿全体を「金殿」というい方をするんですね。もっと小さくいうと「姫戻り」のあとが「金殿」。さらに小さくいうと、「竹雀」の終わったあとを「金殿」という、三つのいい方があります。歌舞伎では全部「御殿」。「金殿」といういい方はありません。

――歌舞伎は、ちょいちょい変えたいんですね、文楽とは。

変えたいんじゃなくて、御殿ていう大道具の総称が、この作品だけ「金殿」というわけにはいかない。「袖萩祭文(そではぎさいもん)」だって「十種香」だって、みんな「御殿」でしょう。大道具は一つだから。大道具が同じなのに「妹背山」だけ「金殿」というわけにはいかないというわけです。

――とすると、「金殿」ってなんなんですか？

「金殿」っていうのは「妹背山」だけについて、文楽で特別にいういい方。最初の館の段でいろいろゴージャスだっていっていた「金殿」です。

お三輪の衣裳が歌舞伎と違って段鹿の子でしょう。歌舞伎は萌黄色ですよね。萌黄色っていうのは田舎娘の野生を象徴しているんですが、歌舞伎も昔は段鹿の子でした。今日の萌黄色にしたのは九代目團十郎の工夫だそうです。お台所の婢が出ます。お三輪が婢に「ここのお姫様のところにいい男が訪ねてこなかったか」と聞きますと、「いい男が来てこれから婚礼がはじまるところだけど、お豆腐を買いに行かなければならないから」と、突き放して立ち去ります。この婢を「豆腐買い」といいます。ああいう木箱に入れて豆腐を買いに行ったんだよね。平安時代に豆腐なんてないと思うんだけどねえ。この風俗は全部蘇我入鹿の時代ではなくて江戸時代の風俗なんだよね。そういうところもおもしろいですね。

一人残されたお三輪が奥殿に入ろうとすると、官女たちが大勢出てきてお三輪をいじめます。お三輪が背中にさしていた苧環から、これはお姫様が連れてきた求女のあとを追いかけてきた女に違いないというわけですね。御殿の高尚な中に一人迷い込んだ田舎娘という対照のおもしろさがよく出ています。そこで、いじめの官女たちが花婿に会わせてやるからといって、お酌の稽古など、さんざんいじめたあとに、余興に唄を歌えという。これが「竹に雀」ですね。突き放されたお三輪はそのうちにだんだん嫉妬の相を表していきます。

最初は鱶七と入鹿の真剣な喧嘩があって、官女のいたずらがあって非常に喜劇的になって、「姫戻り」でシリアスになって、ここでまたいっぺんは喜劇的になる。このあとの「竹雀」のいじめが非常にシリアスなんです。桐竹紋壽（きりたけもんじゅ）（↓375ページ）のお三輪の人形は古風でいい。簑助（みのすけ）のお三輪のように派手ではないけれど、この人は堅実なんです。横向きのポーズにしても、美しいというより、イキイキとしているというのがこの人の特徴。同じ人形でも、この人は修行がしっかりしているから乱れない。紋壽のお三輪は色気を出そうなんて気はみじんもない。古風でいいです。

ここでお三輪が、豆腐買いの情報を聞いてやめればよかったんですよ。でもやめなかった。そこが疑着（ぎちゃく）の相の兆しなんだね。疑着の相とは、何万人に一人という嫉妬が病的に激しい人間の人相のことです。だから「登る階（きざはし）長廊下」というのが大事なんです。お三輪がおそるおそる階を一段上がる。その先に長い廊下が続いている。それが死への第一歩になるわけですから。これで御簾が上がるでしょう。小山内薫（おさないかおる）は「妹背山」の御殿というのは御簾ひとつで近松半二の技巧がわかるといっているんだけど、実際は、本文（ほんもん）でみると、御簾が上がるのは一回だけなんだよ。御簾が上がったり下りたりするのは歌舞伎の工夫で文楽にはない。たとえば同じ「妹背山」でも、「山の段」は障子が開いたり閉まったりする。パラレルなんだね。だけど「金殿」は、原作通りでいくと御簾が下がるのは一回っきり。

官女が出てきて、お三輪と出会う。この三味線の合い方だけのところは、人形の見せ場です。お三輪はお清殿（きよどの）とは寺子屋の友だちといっているけど、むろん出まかせの嘘です。お清殿なんているわけがない。御清所と間違えているんだから。これで官女のほうは嘘だとわかる。人形のお三輪を見ていると、そういう嘘を真剣になっていっていることが非常によく出ている。女形で見ていると、歌右衛門にしても玉三郎にしても、梅幸はそうでもなかったけど、何を嘘ついてるんだろうなーって感じがしちゃうんだよね。お三輪の誠実さが人形だとよけいに感じられて、かわいそうなんですよね。僕が学生の頃、文楽では「妹背山」の「金殿」はめったに出なかったんです。山城（→350ページ）や紋十郎（→370ページ）の「金殿」も見たことがない。

ここで長柄の銚子が出てくるのは、さっきの毒酒の長柄だから取扱い注意なんです。歌舞伎だと官女が「幸いここに御酒宴の銚子」みたいな思い入れをして使うでしょう。しかし文楽はテンポが早いし、なんでもありだから無造作にそのまま使う。それが素朴で、こういう作品の味なんです。その点、紋壽のお三輪は非常に正当な娘のやり方です。お三輪って歌舞伎の女形がやると、あどけなさを強調するせいかバカっぽく見えるんだけど、本当は杉酒屋という立派な商家の娘なのに自分のことを藪鶯だと、ちゃんと謙遜もしているわけ。

――最近の歌舞伎の官女ってやりすぎで、いやな感じだけで、お三輪がかわいそうに見えないし。

そうだよねえ。歌右衛門は最近は官女のワキ役者たちにたくさんダメを出さなければならないので、自分が官女をいじめてるような気がするといっていますね。それだけ細かいダメが出ると、芝居が複雑になりますね。それはそれでおもしろいんですが。文楽はもっと素朴でね。ことに紋壽って人はてらいのない人だからね。

「竹に雀」っていうのは、歌舞伎の竹本が役者に合わせるのと違って文楽は純粋に音楽優先ですからいいですね。それだから、これがひとつの劇中劇として独立性があっておもしろいんだよね。劇中歌として。お三輪の絶望が出るでしょう。かわいそうだよねえ。でも、そのかわいそうさは、求女が好きという、自分から招いたことなんだよね。それが疑着の相につながります。このいじめの抑圧があるから、いつもは隠されているお三輪の疑着の相が大爆発するんですね。今まで弱々しくいじめられていた少女が悪鬼のように急に変わるでしょう。急に変わっていくところに疑着の相というものがあると紋壽は考えているんですよね。これが正当なんです。文楽の人形がおもしろいのは、ここで飛び上がるんだよ。そうすると、人形だから、全身疑着の相そのものになっちゃうんだよね、火の玉みたいになっちゃう。

——人形のほうが人間より、っていうところ、わかるようでわからないです。

人形のほうが奇蹟を起こしやすいということです。飛び上がるということは人間にはできないですから。

お三輪が奥へかけ込もうとしたところへ鱶七があらわれます。鱶七がどてら姿に変わる歌舞伎と違って、弁慶格子の前の場と同じ衣裳で鱶七が出てくるのも正しい。この弁慶格子とお三輪の段鹿の子のとり合わせが一つの立派なデザインですね。

次は「金輪五郎の物語」です。鱶七は実は藤原家の家来で金輪五郎という勇士です。彼がお三輪を刺したのは、入鹿を征伐するためです。爪黒（つまぐろ）――蹄（ひづめ）が黒い鹿の生血と疑着の相のある女の血を混ぜて笛にかけて、その笛を吹くと入鹿が気を失う。なぜかといえば、入鹿の父親の蘇我蝦夷（えみし）がなかなか子供ができなかったので博士に占わせた結果、北の方（きたのかた）が白い牡鹿（おじか）の血を飲んだから生まれたのが入鹿なんです。気を失っている間に入鹿を殺そうという暗殺計画を藤原淡海が考えたわけです。「奥は豊かに音楽の」、これが橘姫がいっていた御遊の舞のはじまりです。いま死んでゆくお三輪と、これから盗みをして兄を裏切る橘姫が対照になっている。生々しいよね、文楽のほうがリアリティがある。

――怒っている最中の血でないと効果がないから、こんな残酷な殺し方なんですか？

いや疑着の相があれば静かにしているときの血でもいいのかもしれない。しかし、疑着の相そのものが怒ってボルテージが上がった時にしかあらわれない人相じゃないのかな。そうすると、やはり怒っている最中ということになるのかもしれません。いじめによって抑圧された結果、大爆発が起きる。そこが大事です。紋壽だと気持ち悪い女が出てくるよねえ。ここでお三輪ははじめて求女が淡海公だということがわかるんだけど、それをお三輪は拒否するんだよ。そこが大事なところですね。その拒否するのが、またかわいそうなんだよ。烏帽子折の求女だと思ったから付き合っていたけれど、淡海公とわかったら自分なんてとてもとても付き合えないということになる。物語は、吉右衛門（きちえもん）のを見ていたほうがおもしろい。人形の限界というものがありますね。

いかなる縁で賤（しず）の女が、さうしたお方と暫（しば）しでも、枕かはした身の果報、あなたのお為になる事なら、
死んでも嬉しい忝（かたじけな）い、とはいふものの今一度、どうぞお顔が拝みたい、たとへこの世は縁薄くと、
未来は添うて給はれとはい廻る手に苧環の

お前はあの世で立派に求女と結婚しなさいと金輪五郎がいう。でも、お三輪は求女さんのためになるならと納得して、もう一度あの人の顔が見たいといいながら、哀れにも死んでいきます。彼女は「求女さん」といって決して「淡海さま」とはいわない。自分の本当の恋人は「求女さん」であって「淡海さま」ではない。「淡海さま」なら恐れ多くて付き合えない。彼女がもっともかわいそうなところです。お三輪は最後まで「淡海さん」とはいわないんだよね。身分制度で仕方ないんだろうけど。

さあ、「段切れ」です。これも平舞台の歌舞伎の様式もいいけれど、鱶七がお三輪の死骸を抱いて切り込んでいくっていうのがいかにも情があっていいと私は思うんだよ。歌舞伎だとお三輪の死骸を黒幕で消すでしょう。こうして一段が終わりますが、江戸時代の田舎娘とお姫様、上流階級の生活と市民生活が対照になっているところがおもしろいと思うんです。そのなかで翻弄されたお三輪の死というのがかわいそうだし、文楽は歌舞伎とは違う表現方法をもって奇蹟を見せたという点で、文楽のほうがおもしろいと思います。

渡海屋 大物浦

「平家物語」の真実

『義経千本桜』は源平合戦に平家が負けて崩壊したあとの、平家残党狩りの物語です。討死を確認されていない平家の主な残党が三人います。一人目は平家軍の総大将であった清盛の四男平知盛。二人目は平家の後継者である平維盛。維盛は、清盛の長男の重盛、その重盛の長男という、平家直系の継承者です。三人目は能登守教経という平家の武将の一人ですから、この三人をなんとか探し出して討伐しないと、本当の意味で源平合戦が終わらないわけですね。源氏が平家方に壇ノ浦で勝ったとしても、この三人を逮捕なり死刑にすることによって、はじめて源平合戦に終止符を打つことができる。そのために義経が頼朝と合体して、残党狩りに乗り出すというのが、「千本桜」の大きな構想です。

史実でいえば壇ノ浦で、知盛、安徳天皇は海に飛び込んで死んだ、入水したということになっているわけですが、「千本桜」では実はそうではなくて、知盛は生きていて、渡海屋銀平という名前で、大物浦というところで渡海屋という船宿、廻船業を営んでいる。自分の娘として安徳天皇を育て、乳母の典侍の局を自分の女房にしている。という形で、このドラマは展開します。なんでこんなに手の込んだことをしたかといいますと、浄瑠璃のような人形芝居では、歌舞伎もそうですけど、現実の戦争の迫力を直接に描くことが非常にむずかしいわけですね。いまの3Dみたいな映像の世界なら戦争の迫力を描くことができるだろうけど、そういうことは演劇ではできない。どうしてもウソに見えてしまう。そこで戦争の後日談として、その戦争を別な形で再現することによって、リアリティを獲得しようとしたのが、この「千本桜」の浄瑠璃の大きな基本です。

――『平家物語』をざーっと頭に入れておきたいのですが。

『平家物語』は平家一門がどうやって政権を握るようになったかというプロセスと源氏方との抗争ですね。源平合戦は大きくいって四回の戦争がありました。一回目は富士川、二回目は一ノ谷、三回目が屋島、そして最後が壇ノ浦です。壇ノ浦の合戦は源平両軍の何百隻という船が激突して、結局、平家が壊滅しました。安徳天皇は清盛の未亡人、祖母である二位の尼に抱かれて海へ投身。母である皇后建礼門院徳子も投身したのを源氏方に助けられ、総大将知盛も入水したといわれています。こうして平家が滅びて、建礼門院だけが助けられて寂光院にいる。というところに、後白河法皇がやってきます。後白河法皇は源氏をけしかけて平家を滅ぼそうとしたわけですから、しかも自分の息子、高倉天皇の未亡人である建礼門院を窮地におとしいれたわけですから、本当は来られるわけもないのですが、地獄を体験した建礼門院にその体験を聞きたいといってやってくる。それが能の『大原御幸』の皮肉な設定なんですが、そのあと六代、維盛の息子が斬られたというところで『平家物語』はおしまいになります。これが史実通りかどうかは疑わしいんですが、一応、『平家物語』として伝えられた歴史ですから、これを史実と考えると、「渡海屋」はこの史実に能の『船弁慶』『碇潜』を付け加えて趣向を立てたものです。

——戦争を再現して見せるというのはどういう意味ですか？

壇ノ浦の平家一門の崩壊みたいなものはスケールが大きくて、舞台の上では、実際にやって見せることができないわけですよ。やって見せたところで、チャンバラばっかりで嘘ッぽくなるだけだから。そういう形ではなくて後日談として、実は同じようなことが繰り返し起こった。繰り返し起こった真実はこうですよ、というところでリアリティを獲得する。王朝の栄華とか崩壊とか、そういう非常に大がかりな歴史的瞬間というのは舞台から事件としてはみ出してしまう。事件はやっぱり集中して起きなければならないから、ある一人の個人の身の上に起きたことなら表現できるけど、軍勢が滅んでいくとか、王朝そのものが栄えて、あるいは滅んでいくという社会的な現象としてドラマを作ることは非常にむずかしいんです。スケールが違うでしょう。戦争で何万人が戦っているのを舞台で表現できますか？ チャンバラだけになってしまうでしょう。それはシェイクスピアだって、みんな同じです。そういうのはすべてリアリティを獲得できないから、後日談という形をとっている。たとえば、ギリシャ悲劇の『トロイアの女』もそうです。トロイ王朝は一晩のうちにギリシャ軍の木馬に兵隊をひそませて、城内へ入るという計略——いわゆるトロイの木馬によって一夜で城が落ちたわけです。その衝撃を直接に書くのはむずかしいから、作家は、王朝が滅亡したあとに女性たちがどういう酷い目にあったかということを書いて、間接的にトロイ戦争を描いたんですよ。そういう後日談という手法が演劇にとって有効なんですね。

したがって、「渡海屋」から「大物浦」にかけてのドラマというのも、壇ノ浦の平家滅亡をもう一度再現して見せるという構成になっています。「渡海屋」で、沖にうかんだ船の灯が全部消えれば、計画が失敗して自分も死んだと思ってくださいと、知盛がいいおいていったように、その沖にうかんだ船が一つずつ消えていくところへ、注進の使者が来る。計画が失敗して知盛の行方も見えなくなったという報告で、それを聞いた典侍の局と安徳帝は自殺をする決心をする。あわや入水しようとするところを義経に助けられる。そういう後日談としての形をとって戦争の悲惨さを組み立てたんですね。

これは壇ノ浦の平家滅亡の戦争を描くのではありません、それはもう、すでに終わったことです。これは平家滅亡後にもう一度クーデターが起きて、義経が襲われるという事件です。その生々しい事件を描いていています。そこで過去の現実の戦争と、今ここで起きている後日談との対比によって、後日談にリアリティを持たせる。そういう手法です。

『平家物語』によれば、頼朝と義経が仲違いをして、鎌倉討伐軍が京都に押し寄せてきたので、義経は一度九州に逃れようとするんですね。大物浦から瀬戸内海を横切って九州に渡ろうとしたときに台風が来て、船が引き返されてしまう。それで、義経の難破船はよんどころなく大物浦に引き上げられた。最初五百人いた兵士が五人になったっていうからね。みんな死んじゃったんですよ。大物浦に到着して、そこから吉野に行くんですね。吉野を経て、また鎌倉の追手が迫ってきたので北陸道を山形に抜ける、修験道の道を通って奥州平泉に行く。そこで、鎌倉勢の追手に義経は高舘(たかだち)というところで殺されるわけ。それで頼朝が出兵して今度は藤原氏を滅ぼすわけです。

――台風で大物浦に引き戻されるときに平家の亡霊を見たんですか？

そうです。それが『船弁慶』ですね。

――義経一行はこの船宿にわざと泊まったんですか？

渡海屋銀平というのは知盛ではないかという情報があって、わざとここに泊まるんです。

――弁慶は、なんで手ぬぐいで姉さんかぶりをしているんですか？

いがぐり坊主を隠すため。怪しい坊主だと思われないように。義経は鎌倉武士という触れ込みで泊まっているんですね。

いよいよ銀平、実は知盛が姿を現します。平知盛ともあろう、貴族でもあり武将でもある人間が、ただの町人に扮していたというところが見どころです。渡海屋銀平というのは、真綱の銀平と呼ばれるほど、侠客ッぽい性格の男ですから。

――ギャップを越えて、侠客に扮していることがおもしろいということですか？

そうです。

――知盛が碇をかついでくるのはびっくりしました。

歌舞伎でも古い型はそうなんです。その型を見たことがあります。

「天晴昔の義経ならば、武士に引上召しつかはんに、有にかひなき漂泊の身」というところは、義経の落魄の身が強調されるところです。歌舞伎でいうと銀平は先に引込んでここにはいない。だけど、文楽では銀平がいるので、義経がこの渡海屋銀平という男を信用していると感じさせるところなんですね。実は信用してないんだけど。と同時に、いまの流浪の身の上、頼朝に憎まれている義経の哀愁というものが出るところなんです。

銀平が引込んで義経の出発になります。雨の中を蓑笠をつけて落ちていく義経というのは哀れでしょう。流浪の落人の身のつらさですよね。そうしておいて、どんでん返しがくるわけです。落人は、実は知盛のほうであって義経ではないんだけど、ここではそういうふうに見せて、客を一杯だます。

浜辺は近いから、出立が歌舞伎だと花道に入るけれど、文楽だと舞台面にもう船がある。歌舞伎にはない景色ですよね。流浪の悲哀がよく出ますよね。元船と、そこへ艀で行くまでの距離感というのが、これでわかるでしょう。

——人形遣いが顔を見せるのは派手なシーンのときなんですか？

私が学生の頃はみんな黒衣でしたよ。人形遣いの顔が出るのは邪魔になるというのが戦後の強い考え方だったから。出遣いになるのは道行とか、そういう景事だけでしたね。いまは、人形遣いの表情がそこにあったほうがいい、だれが遣っているのかわからないと困るというので、みんな顔を出すようにしていますね。人形遣いの顔が見えていて、そこに人形の顔があるというほうが、異化作用という効果からいくと効果的なんだから黒衣でないほうがいいと思いますよ。

——典侍の局が「着替えるのが遅い」みたいなことをいいますよね。典侍の局はこれから義経を討ちに行くってわかってるんですよね？

いやいや、わかっていません。知盛はそれほど秘密裡に事を運んでいる。典侍の局は計画は知っていたけれど、「今夜と思し立給ふな」といっていますから、今夜実行されるということは知らなかった。

謡がかりになります。謡がかりというのは謡の謡い方を模倣した語り方という意味です。これに限らず、ナニナニがかりというのは——ナニナニ風な唄い方、語り方ということになります。幽霊になるのは、むろん『船弁慶』をとっているわけですが、もう一つは義経を殺したあとに頼朝も殺さなければならないから幽霊だと世間に思わせて再起を図ろうと考えているからです。この役はこういうところが立派でないと困る。さっきの銀平とは対照的でないと。

　歌舞伎では、この知盛の出発で一度幕を閉めて、海の見える奥座敷になりますが、文楽は変わりませんし、店先のそばにもう海辺が迫っていますね。このほうが素朴で手っ取り早く運んでテンポが出る。これまで廻船問屋だった、渡海屋の世話屋体（せわやたい）が、知盛、典侍の局、安徳天皇の芝居でそのまま金殿玉楼のように見えるでしょう。こういうところがおもしろいところなんだよねえ。空間が同じでいながら別なものに変わるのがおもしろいところなのに、歌舞伎のように二杯（にはい）道具（大道具を二種類）にすると、渡海屋ってどんな料亭かと思っちゃうよね。『平家物語』の二位の尼が安徳帝を抱いて知盛と入水したというのが伝説ですが、語りも、こういう伝説的なことを語るときは、世話にくだけていろいろなことをいうときとは次元が違わないとね。

——本当に典侍の局が計画を知らなかったとしたら、知盛の恰好（かっこう）で出てきたときに驚くべきなんじゃないですか？

　今晩だってことを知らなかっただけだから。「今夜（こんや）の難風（なんぷう）を日和（ひより）と偽り、船中にて討取（うっと）るてだてなれども」というところで、知盛が手の内を明かす。相模五郎と入江丹蔵のくだりも知らなかったんだから、典侍の局は。

「重ねて頼朝に怨も報はれず」。頼朝を殺すことができないから幽霊だってことにしようっていってるでしょう。玉男（↓376ページ）の知盛は本当に動きが大きいですよね。立派ですよ。こういうつまり、幽霊なんていわなくてもテロリストということでいいじゃないかというのは、我々現代人の猿知恵であってね、これだけの趣向を凝らして、なんとかテロリストの身分を隠して暗殺をするというところが人形劇のおもしろさなんです。人間がやるから、さっきいったような現代人の猿知恵が出てくるのであって、人形劇だとひとつの寓話的な意味を持ってくる。そこもつまり、文楽のおもしろいところですね。

——知盛が幽霊のふりをして義経を殺すなんてことをわざわざしなくてもいい、と……、

人間がやってたら思っちゃいそうなものでしょう。だけど、それは、こういう人形劇の世界だから成立しているわけですね。

——それを歌舞伎でやるときは、歌舞伎は何かを工夫しないといけないということですか？

それだけの芸の力がないといけない。

——三大歌舞伎は文楽が元だから歌舞伎役者にしてみたらハードルが高いんですね。

そうです。

——こんなカッコいいの、歌舞伎にないですよね。

「待ち合わせ」っていうんですよ。床（ゆか）が全部止まる。謡がかりになるところで、観客は『船弁慶』と『義経千本桜』を両方重ねて、二重映しで見ていることになります。

——初演の頃のお客は謡とか知っているんですか？

知ってますよ。大坂のブルジョアなんだから。教養が高いんだよ。

——いまの大阪の大衆演劇だと、芝居より舞踊のほうが圧倒的に人気です。

それは大阪が日本の第一の都市ではなくなったから。私が『明治演劇史』に書いたように、維新直後、大久保利通は首都を大坂にするように明治天皇にいったんだよ。明治天皇もその気になったから天保山（てんぽうざん）に行ったわけだ。でも、それをやめて東京にするっていったのは一部の反動勢力ですよ。大久保利通がいった通り、大坂が首都になっていれば、今のように文楽の助成金を減らしたり、芝居を見ないお客が増えたりといったことにはならなかった。大坂は天下の台所でもなくなり、日本で二番目の都市とはいえ、東京とものすごい差がついてしまった。それが大坂の船場を潰し、神戸の山手を潰したわけです。

知盛たちが出発して、典侍の局たちが残ります。この時、女たちが正装するのは死装束だということがわかりますね。歌舞伎だといきなり正装して座っているけれど、こうやって着替えたほうが無理がないよね。

——このシーンってどうしても寝てしまうんですが、何がおもしろいんですか？

ここのおもしろさは戦争のために追いつめられた人間——ここでは女性たちですが、そういう人間が死を目前にしてどうなるかということが再現されるところです。戦争は遠い海上で起きている。しかし、その海上の戦争が間もなく自分たちも襲ってくる。死ぬしかない。そういう恐怖にさらされるドラマであり、それこそ戦争そのものの残酷な表現です。それは日常とは異なる次元であり、人間は人が変わったようになるでしょう。我々は、着物を着替えようが、洋服になろうが普段着になろうが人格は変わらないと思っているでしょう。この人たちは、装束が変わると人格が変わる。さっきまでただの子供にしか見えなかったのが一天万乗の君になっているでしょう。「いと尊くも見へたもふ」ということになる。それが古典芸能のおもしろいところです。近代的に人間の個性とかそういうことを考えたら、絶対にそういうことにはならないからね。洋服を替えたくらいで個性は変わらないっていう話になるでしょう。

――女中をいっぱい出さないのは文楽の賢さですか？

集中しているからね。景色が問題だから。女中が何人も並ぶと一点に集中できなくなるでしょう。

――「時こそ来たれと水練(すいれん)得たる味方の勢(ぜい)、皆海中に飛込み〳〵」というのは、元船を襲うのに、小さい船から泳いで行こうとしているという意味ですか？

そうです。「西国(さいこく)にて亡びし平家の一門、義経に恨みをなさんと声々に呼ばはれば、敵に用意やしたりけん、提灯松明(ちょうちんたいまつ)ばら〳〵と、味方の船に乗り移り」というのは幽霊だから海の中からあらわれるということです。

――「敵に用意やしたりけん」というのは？

極端なことをいえば、元船のなかからピストルで銃撃した、みたいなことです。

――「提灯松明ばら〳〵と味方の船に乗り移り、ここをせんどと戦へば」というのは、義経の家来たちが助っ人に行くのに、ちゃんと灯りを持ってやってきたということですか？

そうではなくて、幽霊が海から出てきて元船に行こうとすると、向こうからサーチライトでバーッと照らされて、元船が平家の船のほうに近寄ってきて、ってことですよ。義経を送っていった艀（はしけ）、元船、知盛があとから追いかけていった小船。三種類の船があるわけです。

こうやって典侍の局と安徳帝の視点を通じて戦争を再現する。一方で、逆の方向から報告が入ってくる。最後に知盛という主役が海に飛び込むというところを見せるから、絵巻物を見るようにはならない。立体的なドラマになる。各々の人間の視点を通して戦争が描かれるというのは、よくできている。戦争のような大がかりな状況を総体的に描こうとしても、３Ｄでもない限り無理です。それよりも、ある一人の個人の視点を通して見るということが大事です。ここでいえば、知盛であり、義経であり、典侍の局であり、天皇である。そういう個人の個々の視点がつみかさねられた時に、はじめて戦争の多面的な局面が立体的になるでしょう。したがって出発点は個人の視点なのです。そしてその視点によって、その人間のとる行動です。歌舞伎と違って目の前で、海に飛び込むでしょう。これが戦争だよ。

> 朝夕の供御迄（ぐごまで）も、下々（しもじも）と同じ様にさもしい物、それさへ君の心では、殿上（てんじょう）にての栄花とも、思ふてお暮らしなされしに、知盛お果（はて）なされては賤（しず）が伏屋（ふせや）にお身（おんみ）一つ

宮中では食事のことを供御っていう。朝夕の食事も貧しかったけど、宮中のもののように思ってい

ただろうに、知盛が死んでしまっては生活費がないから、あなた一人を養っていくことができない、ということです。歌舞伎だと、典侍の局は勤王(きんのう)の志士みたいな烈女になるけど、典侍の局がこれだけ長いことくどきをやると乳母としての情が出るよね。その情があるからこそ、「八大龍王がうがの鱗(うろくず)、安徳帝の御幸(みゆき)なるぞや」っていう啖呵(たんか)が映えるんだよね。「うづまく波に飛入らんとする所に、いつの間にかは九郎義経、かけ寄って抱き留(と)めたまへば」というところは、歌舞伎と違うところ。文楽のほうがいい。

――義経がじきじきに捕まえにくるほうがいいのはなぜですか？

歌舞伎のように四天王だと緊密さが足りない。義経自身が助けにくるからこそ情がわくし、この天皇の玉体(ぎょくたい)を守るということは義経の使命でもあることがわかる。その直接的な行動を自分がちゃんととっているということが大事なんです、部下に任せないで。すぐに引き返して知盛が出てきて追いかけてくるっていうのは、渡海屋の裏庭で何かごそごそやってるんじゃないのっていうことにもなりかねないのが問題ですが。やり方によっては、もっとも緊密な空間ができる。戦争のリアルな生と死の戦いというものが、すぐそばに迫ってきているという感じが出る。

源平の戦いといっても戦国のならいだから、負けたり勝ったりするのは当たり前だっていってるけど、ここで問題になっているのはそういう問題じゃないんだよね。だって相手は安徳天皇なんだからね。だから、天皇が出てくる。天皇は自分の位置を確保するためには周りの奴は全部切っちゃうから。

だから、たちまち平家から源氏に乗り換えちゃう。みんな側近が悪いってことになるからね。それが天皇制という組織の構造なんです。

典侍の局の自害するところは文楽のほうがカットなしだからいいですし、わかりやすい。歌舞伎だと、ただ死んじゃうだけだから。ここで大事なのは、本文でいっている通りなんだけど、天皇制っていうのは乳母であろうと女房であろうと、次の世代に移るためには、周りを全部交替させるわけです。それが天皇制の正体なんだよね。そのことを典侍の局はよく知っているわけ。自分がいると邪魔でしょう、って。そうやって組織は生き延びるんだよね。それが天皇制っていうものの権力保持方法なんです。しかし知盛にはそれが耐えられない。私は吉右衛門のときの批評に書いたけれど、たとえ短い期間であっても、家族として暮らした知盛としては耐えられないでしょう。それから、あらためていま天皇の言葉、典侍の局の行動、そういう天皇制として組織として生き延びるための権力のあり方というのを見たから、もうこのうえは生きている理由がこの人にはないわけだよ。典侍の局だって当然、排斥されるに決まってるんだから。それが安徳天皇が生き延びる唯一の道なんだからね。だから、天皇の御座近く行くわけです。ここでも歌舞伎と違って二重屋体の上が天皇で、下が知盛でしょう。つまり、自分の位階が空間的にピシッと決まっているわけです。

安徳帝が「今ぞ知る、みもすそ川の流れには、波の底にも、都有りとは」という辞世を読むでしょう。ここから文楽のおもしろいところだよね。引き道具が出てきます。貴人傘をさしているのは雨じゃなくて貴人の行幸だから。歌舞伎と違って、絶対こっちのほうがおもしろいよ。

官位からいえば、知盛より典侍の局のほうが高いんですよ。とても人間的な対話だよね、乳母と安徳帝の。歌舞伎でやると天皇制の色彩が強いことになるけど。そういうところが様式の強みなんだろうなあ。

――昔の人も天皇というもののありようをわかったうえで見ていたんですか？

それはわかってますよ。江戸時代は朝廷に全く力がなく天皇は傀儡政権だったわけでしょう。それと同時に、徳川将軍が変わるとすべて周りも変わる。

こういうふうに本文通りやっていくと三悪道（仏教でいう修羅道、畜生道、餓鬼道という三つの残酷な世界のこと。修羅は目もあてられない残酷な世界。畜生道は人間が畜生と同等にまで堕ちてしまう世界。そして餓鬼道は飢えに苦しむ世界）というのが知盛自身の体験になるんだよ。そこが歌舞伎と違うところ。吉右衛門のやり方でいくと、知盛の唯一の抵抗は、三悪道をやっぱり天皇に見せてはいけないんじゃないか、って源氏の責任を追及する。天皇にそういう思いをさせてはいけないんじゃないか。それはやっぱり源氏の手落ちではないかって迫っていく。ところが、文楽でやると、この畜生道というのを天皇も体験すると同時に、知盛自身の体験になる。

――浄瑠璃の言葉は同じなんですよね？

同じです。歌舞伎の場合は、常に義経に対していっているわけでしょう、生身の人間だから。でも、文楽の場合は独り言なんだよ、知盛の。

――こんなに激しいのに独り言なんですか？

そこが人形だから許されている。独り言なんだよ。だから、この三悪道を聞いたところで、典侍の局と知盛の意見の対立が起こる。こういうことを歌舞伎役者は考えないんだよ。なぜかというと、局がくどきをカットしてすぐ死んじゃうからです。だけどいま、この三悪道がすむまで典侍の局は生きていたでしょう。つまり、安徳天皇のこの言葉で権力の構造がはっきりした時点で、知盛も典侍の局も、自分たちはいらないんだ、でも、こんな体験をしたんだって訴えている。そこが歌舞伎との違いです。

――文楽のほうがずっといいじゃないですか。

そりゃそうだよ。原作は文楽なんだから。「多くの官女（かんじょ）が泣き叫ぶ」というあとで死ぬわけです。典侍の局は「多くの官女」の一人なんだよ。そこで、知盛は安徳天皇は自分を切り捨てる。そこで知盛は臣下としてことをあらためて思い出すんだよ。天皇としての安徳天皇は自分の血を分けた姪（めい）だってこては切り捨てられても、姪は伯父を切れるのかと思うんです。肉親として、人間としての絆ですね。

それでも天皇は切る。切られる知盛は人間として絶叫するんです。こういうところが、物語を語る叙事詩としての文楽の強みだよね。歌舞伎はそうはいかない。こういうこと——つまり、観念的であり、制度的であることをここまで追いつめられた感情は人間だとバカバカしくてできないんだよ。それに対して玉男の知盛は本当にいいね。こういう形で戦争の残酷さを表現しているわけですよ。ここまでくると、戦争は決して3Dとかではなく、個人の体験として表現される。女性を男として天皇にしたという件(くだ)りは猿之助以外は歌舞伎ではやらないところです。ここがあると天皇制もしょせん人に利用され、つくられるものだとわかるのです。

熊谷陣屋

無常観

源義経は『一谷嫩軍記』の序段「堀川御所」で二人の武将を呼び出しました。一人は岡部六弥太、もう一人は熊谷直実。義経は、六弥太には平家一門の薩摩守忠度が勅撰集に入れてほしいという歌を短冊にして桜の枝につけて渡しました。熊谷次郎直実には、武蔵坊弁慶が書いた制札を与えました。「此花江南所無也――」と書いてあります。天永時代の紅葉についての故事にならった文句で、「この花は尊い花だから、一枝折ったらば、その一枝折った奴の指を一本切るぞ」。「一枝」を切らば「一指」を切るべしと掛詞になっているんですね。花を折るなという制札です。制札を与えられた熊谷にとっては、この義経の謎は非常に大きいわけですね。平家方の無官太夫敦盛を切るならば、お前の一子小次郎直家を身替わりに殺せという謎だからです。

――なぜ義経は敦盛を助けたいんですか？

敦盛には皇位継承権があるからです。いま、安徳天皇が平家一門と共に瀬戸内海に行っている以上は、平家を滅亡させて安徳天皇を殺してしまえば、源氏が今度は天皇を立てなければならない。安徳天皇は後白河天皇の子である高倉天皇の子ですから孫ですね。しかし敦盛は後白河天皇が寵姫藤の方に妊娠させた子ですから、妾腹とはいえ後白河天皇の息子にあたる。非常に有力な皇位継承権者です。だから万一、安徳天皇に何か起きた時は、源氏は敦盛を天皇にするつもりなんです。

――正妻の息子ではないというのは問題じゃないんですか？

藤の方は後白河院の寵姫で、妊娠しているときに平経盛と結婚したんだから、だれでも知っているからいいんです。したがって、あえて官位をもたない無官の太夫なんですよ。

――どうして妊娠しているのに藤の方は経盛と結婚したんですか？

後白河院が、清盛の権勢が強いから、お前は俺の愛人として子供を産んだら殺されちゃうかもしれないから、平家一門の経盛と一緒になったほうがいいと、妊娠している藤の方を経盛に預けた。平経盛は自分の子供として育てている。敦盛という青年は後白河院の愛人の子であるというのは嫌だから、あくまでも俺は平家の一門であって、平家の侍として戦うつもりだといって一ノ谷に出陣したんです。

——岩波の本に敦盛は討死する覚悟でいると書いてあるんですが。

別にはじめから死ぬつもりだったわけではない。そこが『絵本太功記（えほんたいこうき）』の十次郎とは違います。十次郎ははじめから討死する覚悟でいます。名目のない戦争だし、自分は正しいと思っていないから。戦争には参加するけれど、そうなれば討死するしかないと。しかし敦盛は経盛の子として源氏と闘いたいといっているだけで、別にはじめから討死しようと思っているわけではありません。

——無官の太夫って、プレ天皇っていう意味ですか？

というより、白紙でいたいわけです。官位を受けると皇族ではなく人間として天皇の臣下になってしまう。だからあえて無官なのです。もし彼が皇位を継ぐとすれば人間では継げない。天皇は神だし、皇位を継ぐというのは神になるということですからね。

——どうして、義経は敦盛の身替わりに小次郎を指名してしまうんですか？

それには深い事情があります。第一に熊谷の息子小次郎直家と敦盛とがちょうど同年生まれだからです。十六歳。第二に、昔、熊谷次郎直実が佐竹次郎といって京都の後白河天皇の御所に仕える武士だった時に、藤の方の侍女（じじょ）だった相模（さがみ）と不義密通したわけです。不義密通は、当然死刑なんです。上司の許可なくして結婚することは不義ですからね、死刑になる。それを、藤の方が運動して、二人は命を助かって関東に落ちていったのです。いわば駆け落ちさせてもらった。その時、藤の方も相模も妊娠していた。だから敦盛と小次郎は同年なんです。義経は熊谷に、後白河天皇と藤の方に助けられたのだから、敦盛を助けろというわけです。以上、二つの理由から義経は敦盛の身替わりに小次郎を殺せという謎を「一枝を切らば一指を切るべし」という文句で暗示した。すなわち「一子——敦盛を斬らば一子——つまり小次郎を斬るべし」。表向きにはいえませんからね。

——恩返しをしろ、ということですか？

そうです。この場合に限らず、かつての天皇制は必ず、国民に恩返しを請求するものなんですよ。戦前の国民は全員天皇の赤子(せきし)でしたからね。恩を施せば必ず税金と同じく取り立てられる。それが天皇制というものです。この芝居はよく見ると、この天皇制の本質を突いていています。日本臣民は全員天皇の赤子です。赤子は当然、親の恩に報いなければならない、天皇に命令されたらなんでもやらなきゃならない。そういう恐ろしい制度。この作品では十六年前の恩を返して小次郎を殺せというわけです。少なくともそういうふうに、熊谷次郎直実は謎を解いた。そういうことを口外すること自体が問題だし、直接いうほど義経は下品な人ではないから謎を掛けた。彼は情け深い大将ですが、その一方では冷酷な政治家だから、そういうことを制札によそえて、熊谷に渡したわけですね。源平の合戦というのは、最初は一ノ谷です。それで平家の軍は敗れて屋島(やしま)に行く。歴史上はその次が壇ノ浦なんです。三回戦争があって、壇ノ浦で平家は滅亡する。その最初の戦争つまり一ノ谷の戦争をテーマにしていて、そこでなんとか敦盛を助けてくれないかというのが義経の計画です。他の人にはこんなこと頼めないわけだよ。

――熊谷はその制札を渡されたときに、息子を犠牲にしなければと覚悟をしたんですね。

そうですね。だから女房には陣中に来るなといっている。一ノ谷に平家は陣を構えていて、総大将は敦盛です。いよいよ、一ノ谷の合戦になる。「熊谷桜の段」になる前ですけれど、二段目の一ノ谷の「陣門」から須磨の浦の「組討の段」で熊谷は敦盛を討つんですよ。でも、実は討たれたのは敦盛ではなく、戦争の混乱の中で小次郎を身替わりにして殺した。そういうことは観客にはすべて伏せてある。というところで、「熊谷桜の段」が開くわけですね。

最初に、なぜこの段を「熊谷桜の段」というかというと、この生田の森に熊谷が陣屋を構えているわけですね。敦盛は討たれて、平家は対岸の四国屋島に逃れました。とはいえ、まだ平家は滅亡していませんから、戦争は続いています。熊谷の陣屋の中に一本桜があって、その桜が咲いている。それを、熊谷の陣屋にある桜だから熊谷桜。歌舞伎でいえば「花ぼめ」の場です。ここは端場ですね。

行く空も、いつかはさへん須磨の月

――「雲っている須磨の月が澄みきるように、平家も再び全盛を取り戻すだろう」と、注釈に書いてありますけど……。

「行く空」のように時間がたてば今は戦争の悲劇に曇っている須磨の月も晴れるだろう、ということです。四国の側には平家がいるんだし。農民や町人が来て、熊谷桜のところの制札を読む。これは熊谷が義経から賜った制札なわけですね。桜の枝を一本折ったら指を一本折ると書いてある。市民は怖い怖いといってる。こういう市民の視点からまずドラマに入ることが大事なんです。これからはじまる武将の、上層階級の悲劇が、まず市民の視点から入ってくる。だから、『絵本太功記』でも、最初は近所の人たちが集まってきていたでしょう。観客と同等の視線からはじまるということですよ。次に熊谷の女房の相模が陣中に来てはいけないっていわれているのに来てしまう。初陣に出た息子の小次郎が心配でたまらないから、関東からついここまで来てしまったというわけです。戦場が関西地方に集中しているなか、女性が一人で危険な旅をしてきた。ここが熊谷の陣所だとわかって案内を乞うと、家来の堤軍次(つつみのぐんじ)が出てくる。ここではじめて、熊谷が、だれのだかわからないけれど、墓参りに行っているとわかる。あとでわかるのですが、敦盛の身替わりに討った自分の息子、小次郎の墓参りだったんですね。そんなことは相模は知りません。

そこへ藤の方が追われてきます。やっぱり、自分の子供の敦盛が戦場に出かけている。嫁の玉織姫(たまおりひめ)も敦盛を追いかけて行ってしまった。心配だから、戦場に来ている。母親二人は両方とも息子が心配で戦場に来ている。対面してみると、昔の女主人と侍女という関係。びっくりするわけですね。ここで、つまり、熊谷の女房の相模と十六年ぶりで主従が対面する。藤の方はとにかく天皇の寵姫ですから、それだけの位、品がなければならない。相模はその侍女としての情の濃い感じが必要です。上品な女と人情深そうな、しかしキリッとした武家女房という対照が出ないとだめです。ここに藤の方という貴族、堂上公家（どうじょうくげ）の、天皇と関係したほどの女と武家の女房という、二人の女の境遇の違いを見ないといけません。

――藤の方と相模の人となりの違いなんて、人形でそんなにわかりますか？

カシラ、拵（こしら）えでわかります。相模は世話ッぽいでしょう。

――相模はよく動いています。

そればかりでなくて、武家の品位も持っている。それに対して藤の方は全く動かないで、貴族の品位を持っている。藤の方は、人の噂で、熊谷次郎が自分の子供の敦盛を討ったと聞いているけれど、熊谷次郎が自分が助けてやった佐竹次郎だということは知らないわけです。そこで、相模が、夫は熊谷次郎といって関東の武士だということを明かすから、びっくりするわけですね。藤の方の夫経盛は屋島に行ってしまっている。だから、藤の方の家庭は崩壊しているわけですよ。息子は戦場、夫は四国。女二人は今は敵味方になっている。

――昔、逃がしてあげたんだから、敵討（かたきう）ちを手伝えっていうのは貴族っぽくないですよね？

当然のことなんですよ。なぜかというと、制度がそれを要求しているわけだから。昔、自分の使用人だったわけでしょう。藤の方が熊谷次郎直実というのが昔、自分が命を助けてやった佐竹次郎とわかった時点で、旧恩を返してくれというんだけれども、それは制度ですからね。おかしいといえば藤の方に息子の仇をとろうという考え方があることのほうがおかしいんですよ。復讐したいというのは、母親ならだれだって思うけれど、これは戦争だからね。あいつが私の子供を殺したから殺そうという、藤の方の考え方のほうがおかしいんです。しかしここで、相模に難題が降りかかるわけです。旧主人に従えば夫を討たなければならない。夫に従えば旧主に反抗することになる。だから、相模はまず事実を確かめたい。私は来たばかりだから、と一応、その場を逃れます。

そこに梶原平次景高が来たというので、源氏の大将に見つかったら大変だから、藤の方をかくまうわけです。そうすると、ここへ梶原景高が、御影の里の石屋の弥陀六というのが怪しいというので連れてくるわけですね。平家にゆかりがあるらしい、と。これがのちに重大なかせになるわけです。

——石塔って、お墓みたいなものですか？

石碑です。亡くなった場所のそばに建てるんです。弥陀六が敦盛の石塔を建てたっていってるわけでしょう。敦盛を討ったのは熊谷だから、熊谷の陣屋に連れてきて、熊谷と差し向かいでもって、この石屋にどういう理由で石塔を依頼したのか詮議しようと連れてきたわけです。頼み手はだれか。そりゃ死んだはずの敦盛ですが、まだここではわからないことになっている。とはいえ、熊谷は承知なはずです。

——え、そうなんですか？

そうだよ、熊谷が討った敦盛は実は自分の子供の小次郎ですから。石塔は助けた敦盛が自分の身替わりになった小次郎の菩提を弔うために建てたんですね。しかしここではそこまではわかっていない。第一、死んだ敦盛が実は小次郎だということも明らかではないからです。

——敦盛が頼んであげたんじゃないんですか？

直接はそうですが。熊谷は敦盛を戦場から連れ帰って陣屋の一隅にかくまっていた。しかし敦盛は深夜陣屋を抜け出して石屋の弥陀六に自分の石塔といいつつ実は自分の身替わりになった小次郎の石塔を作ることを頼んだ。そして自分はあたかも無名の者のようにふるまい、それが幽霊のようにさえ見えたんです。

——なんで石塔のお金を払うときに、いなくなっちゃったのかがわからなかったんですよ。

だって、ここでは観客をまだだまさなければならないわけだから、若者が来て、敦盛の石塔を建ててくれといったということになっているわけでしょう。それは小次郎だとみんな思っている。だけど、実は敦盛だっていうことが後でわかる。

ここからがいよいよ切場の「陣屋」です。まずマクラの「相模は障子、押し開き、日も早西に傾きしに夫の帰りの遅さよ」が大事です。この相模の気持ちが大事です。名人豊澤団平（↓362ページ）が竹本大隅太夫（↓355ページ）にこのマクラを教えた時のエピソードを鶴澤道八が伝えています（『道八芸談』）。団平がシャランと弾く。大隅が「相模」と語り出す。「相模は」の「は」までいかずに「相模」といっただけで団平がだめだという。何日やっても「は」へいかないというんです。それほどマクラの気持ち、曲の位が大事なんです。

――「熊谷桜の段」は端場だから、頭出しをマクラとはいわないんですよね？

マクラは五行本の一ページ目ということですから、端場でもマクラといいますが、端場のマクラと切場のマクラは重みが違います。

――端場、切場というのがどこのことかというのもよくわかりません。

端場は切場の前にある導入部です。それは作品ごとにきまっています。端場のなかでも重要な端場を立端場といいます。

――石塔のやり取り、あったほうがいいですよね。歌舞伎はどうしてやらないんですか？

いらないんですよ。歌舞伎は物語の筋で見るわけじゃなく、役者の芸を見るものだからです。それに対して、文楽は物語本位です。しかし今日では歌舞伎も芸よりも物語が主体になっていますから、あったほうがいいですね。

相模が出てきます。主要人物が登場する。前段と続けるために、前の端場の「奥へ行く」を最初にいうわけだね。だから、三味線はオクリを弾いているわけです、前とのつながりのために。

——「奥へ」を山城（↓350ページ）ものすごく長く語ってましたが、この段が大事だからですか？

曲の位が重いということです。相模は夫が敦盛を殺したと聞いたうえに、藤の方をかくまってしまった。とても重荷を背負っていて、一刻も早く夫が帰ってきてほしいと思っている。しかし陣中に来てはいけないといわれていたのに来てしまった。夫に会ったらどう言い訳しようか、これだけの事情を抱え込んでしまって……、「相模は障子、押し開き」。彼女は思い悩んでいるわけだ。ちょっと向こうを見るだけでその気持ちが出なければならない。そういう思案をしながら出てこなければならない。だから、この出が大事なんです。続いて、「熊谷の」になります。「物の哀（あわれ）を今ぞ知る」。つまり、熊谷は腹の中では出家しようと思っているんですよ。もう戦争は嫌だ、と。小次郎を殺してしまった今となっては戦争は嫌だ、というわけですよ。しかも一方、義経の謎はあれでよかったのかという不安も持っている。義経に直接、言葉で命令されたわけじゃないからね。自分の子供まで討ったのに、俺はそんなことはいってないぞ、といわれたら大変だから。その危機感もある。

——そんなにすごいことなのに、謎かけみたいな命令の仕方をするのは酷（ひど）いですよね。

表向きそんなことを命令できると思いますか。酷いかもしれないけれど、これ以外どんな命令の仕方もなかった。義経は情け深い大将であると同時に、非常に冷酷な政治家ですよ。

――「妻の相模を尻目にかけて」のところ、歌舞伎だとパンと袴をはらいますよね。人形だと、見てもいない感じなんですけど。

歌舞伎は袴をはらうという、ただそれだけのしぐさを一つの芸にして見せようとするけれども、文楽はそれよりも物語の進行が大事だからです。物語を主体に考えれば、今の熊谷にとって相模は眼中にない。それどころではない。人形の個々の動きは、全部歌舞伎の芝翫型に残っています。煙草盆を使うでしょう。あれも人形から出て芝翫型に残った。團十郎型から伝承された吉右衛門型は一切使わない。

熊谷は京都の堀川御所で制札を渡されているから、国許出発の時には息子が初陣だからといって、お前は余計なところに来るなよ、という程度だったんでしょう。だけど今は、制札のために息子を殺しちゃったんだから、極端なことをいえば、これからこの女房が邪魔になる。女房から秘密がばれるかもしれない。しかも、後ろには梶原がいる。陣中にいる梶原に、敦盛を討ったことを疑われているわけでしょう。それを疑われまいとすること、何も知らない相模にどうやって納得させるかということ、この二重三重のかせで、この夫婦のやり取りは大事なんですよ。腹の探り合いですから。「手疵少々負うたれども」で相模の顔色が変わる。熊谷はそれを見のがさないから「まだ手疵を悔む顔付」

となるわけだね。

――熊谷がここで不機嫌に怒っているのは？

秘密がばれたら困るからねえ。息子を殺されていちばん大騒ぎするのはこの母親に違いないわけだから。

――本当に困るから、こんなに不機嫌になっているということなんですか？

といって事情を打ち明けられないから、正面切って怒るわけにはいかない。そのあれやこれやで不機嫌になる。むろん小次郎を討った悲しみもあります。二重三重のハラになっているわけです。

――吉右衛門だと、相模のことをちょっとかわいそうに思っていそうな感じがするんですけれど、人形だとそれがわからない。

人形だとそういう微妙な感情を出すと底割り(そこわ)になりかねない。そこがむずかしいところです。

――「もし急所なら悲しいか」の「悲しいか」が驚くほど強いです。

どこまで相模が子供が死ぬことを覚悟しているかを探るためです。とにかく、スケールの大きな武将として語らなければならない。山城少掾(やましろのしょうじょう)の熊谷は立派だったからね、あんなに声量がないのに。

藤の方が出ます。藤の方が、本当に熊谷が敦盛を討ったならば敵討ちの手伝いをするといったじゃないかと相模を責めるんですが、これも大きな声でいえないわけです。梶原がいるから。男性は男性で主人に昔命を救われた恩義を感じるし、女性は女性でその恩義を強く感じるわけだよね。熊谷は北面の武士だったから、間接的には後白河院の家来には違いないけれど、相模が藤の方の侍女であったような密接な関係ではないからね。相模は窮地に立つわけです。「物語」は叙事詩です。過去に起こった出来ごとを言葉によって再現するものです。ここの熊谷の物語は、前日須磨の浦で敦盛卿を討ったる次第を藤の方と相模に物語って聞かせるものです。したがって相模に向かって言いながら、藤の方にも言っている。後ろの梶原にも聞かしている。その二重三重のハラがないとできない。しかもなおかつ、音楽的におもしろくないといけない。観客は、通しで見ていれば、どういう状況で熊谷が敦盛を討ったかをすでに前の幕で見ている。むろん討たれた敦盛が実は身替わりの小次郎ということはまだ知りませんが。それをもう一度なぞってやるというのは、浄瑠璃の物語性がよく出ているところなんですよ。『実盛物語』にしてもね。観客は現場を一度見ている。「忠臣蔵」の勘平にしてもね。一度見ているものを、もう一度再現して見せるというところに「物語」の語りのおもしろさがある。違った角度から観客がもう一度、前の幕で見た事件を反芻するわけです。それが「物語」のおもしろさです。

――違った角度とは？

違った視点。「組討」の時は、鎧を着ていたでしょう。海辺だったでしょう。でも、ここでは裃を着ているし、扇一本しか持っていない。つまり、あの時には非常に具体的だった事件がここではイメージとして立体化されなければならない。つまり、熊谷の動き、姿、それに物語のイメージをどこまでリアルに、しかも強く語れるかが、非常に大事な鑑賞のポイントになりますね。

――平山が逃げたくせに、熊谷のことをヤジるのが、だめすぎますよね。

平山武者所は源氏の武将で、熊谷のライバルです。弱いくせに功名手柄をねらっている。しかしそういう性格よりもここで大事なのは、熊谷が確かに敦盛を討ったという目撃者であり証人としての存在です。熊谷が討った首が敦盛の首だとする第一の証拠は平山の目撃による証言です。もしこの証人がいなかったらば、熊谷は大きく疑われますからね。

「年はいざよふ我子の年ばい」。こういうところが大事。小次郎を殺しているんだから、二重のハラがいります。玉男(↓376ページ)の目の遣い方で、小次郎を討った悲しみというのがよみがえってくるわけです。それで逃がす気になる。逃げたらどうなるかというのはさらに理屈があって、つまり目撃者がいないと、敦盛を殺したという実証、アリバイが成立しない。だから、平山が覗くまで時間稼ぎをしているっていうのが理屈なんだよ。そこに二重の意味を含ませている。うまくできているんです。いがみの権太(ごんた)のように、証拠がなければ、どこのだれだかわからない首を身替わりにするのとは違って、周到に計画されていて、それが『平家物語』の敦盛討死という歴史の枠にはまりながら、その歴史の裏側の真相をあばくわけです。敦盛が死んだということを世間が周知して公認しないと、討死したことにならない。

「健気なことを云ふたのふ」って、藤の方が芝居しているのに、熊谷は相模のほうを見ているでしょう。熊谷にすれば敦盛を討ったことを物語っているのですから、藤の方の反応は当たり前、見なくてもわかる。それにことよせて、あれが小次郎だと知ったらば女房はどう反応するだろうかということを試している。こういうところの、二重三重の人形の動きを見ないとだめなんです。語りもそういうふうになっていないとだめなんだね。

「あさましきは武士の、習と太刀も、抜きかねしに」。こういうところが人形だと膝で中腰に立ったでしょう。大きく見せるために立ったんだけど、歌舞伎で役者が立つと大げさになりすぎて物語のリアリティが失われる。人形のおもしろいところ、得なところだよね。「太刀も抜きかねしに」というところは、本当は拡大できない。身替わりがばれちゃうから。そこを立たずにやるのが人間の生理。人形は大きくやれる。歌舞伎とは違ったおもしろさを持っている。

――平山のせりふ、「熊谷こそ敦盛を～」をいきなりものすごく早く語るのはなぜですか？

早くいうのはノリ地になっているからです。緊迫感を盛り上げるために。

――音楽的なおもしろさ、みたいな？

そうです。

——「心にかゝるは母上の御事」というのは、小次郎が本当にいったと思って聞くべきなんですか？

形見を、亡骸を送ってくれと、敦盛がいっていた。それを藤の方にいっているんです。この場合の「母上」は当然藤の方です。しかしその敦盛が実は小次郎だと知っている熊谷にとっては、この詞は実は小次郎の詞ですから「母上」は相模です。熊谷はそれを聞いて、胸をつかれる思いだったでしょう。

——戦争で死ぬのは名誉といいながら、本当はこんなに悲しかったんですね。

昔の大坂の観客から見ても当たり前だったと思う。庶民の観客に同情されるように作られている。これで物語が終わって熊谷が「軍次はおらぬか、軍次軍次」になる。

熊谷が引込んで、藤の方と相模だけになります。ひとつだけ大事なことは、ここで青葉の笛を吹くと影法師が出てくる。それは生きている敦盛なんだよ。鎧櫃に隠れている。鎧は鎧櫃の上に飾ってあって、鎧櫃の中に敦盛を隠している。おっかさんが青葉の笛を吹くから、思わず出てきてしまった。というのが、武智鉄二の解釈でした。本文通り、鎧の影でもいいけれど、出てきちゃったっていうのが武智先生の解釈です。歌舞伎では上手の屋体に鎧とも人影とも見える影法師ですが、文楽は上手でなく真ん中へ障子屋体をもってきて堂々と——ということはどう見ても鎧ではなく人間の影法師を出しますね。武智説はこのやり方からきているんです。

——首実検の前に首を見せられないというのは、見せたくない方便ですか？

それもあるけれど、普通に、貴重なものを上の人に見せる前に関係者にやたら見せてはいけないというのが一般の習慣でしょう。内見はいけない。内覧会があるのは、資本主義だけです（笑）。歌舞伎と違って文楽は鎧櫃の影法師も正面、義経の出も正面です。正面のところで鎧櫃に敦盛を押し込めて、正面から義経が出る。この出方一つで義経が出ようとした敦盛をおさえたことがわかります。

——首実検延引（えんいん）というのは、首実検を遅らせたということですよね？

首実検がなかなか実現しない。首実検は本当は戦争が終わった直後に陣中でやるものですが。戦争が終わって、時間がたっているという意味です。

——なぜ、首実検が延びたんですか？

熊谷にとまどいがあったからでしょう。むろん心持ちからいえばとまどいはない、しかし「もののの哀れを今ぞ知る」という気持ちがあって、武士を辞めたいという願いを出してもいる。そういう気持ちを表す、いわば象徴的な「延引」だと思います。

制札の見得（みえ）は芝翫型そのままです。義経の制札だから逆さにつくのは本当はおかしい。そこで熊谷が制札を担ぐんですね。しかし逆さに突いた方が見得の形としてはただ担ぐのよりも安定するんです。「御賢慮（ごけんりょ）にかなひしか」。こういうところ、「待ち合わせ」っていうんです。人形の動きを見て、人形の動きが終わるまで太夫が語りを待つんです。

——「よくも討ったりな」の「な」に義経が感心する心を滲（にじ）ませるように、と山城がいっていたそうです。

つまり、計略通りってわけでしょう。相模のくどきは、音楽的なフシを楽しむところですね。劇的には悲しむところでもありますが。

——山城は、「アテ節でやるべきではない、気持ち本位でやるべき」といってますけど。

そりゃあ、当然ですよ。山城はいつもそう主張しています。むろん、それが正しい。しかしその一方で義太夫、文楽の楽しさは、音楽的な陶酔にあることも事実です。フシを振り廻して気持ちよくやるというのも、ひとつあるわけだよ。それに対してストイックな考え方はあるし、義太夫は近代的にはそうなるんだけど、それでもやっぱり、音楽的な要素もないと。

——「これよふ御覧遊ばして、お恨みはらしてよい首じゃと、誉（ほめ）ておやりなされて下さりませ」というところ、「お恨みはらして」の意味がわからなかったのですが。

藤の方が、熊谷が敦盛を討ったと思って恨んでいるわけでしょう。私の子供を討ったんだから、そのお恨みをはらしてください、という意味です。助太刀して、夫を討たせろという恨みはやめてください。私の子供が犠牲になって、敦盛さまは生きているのですから、ということです。

人形のおもしろいところは、この足拍子です。人間が足拍子踏んだらおかしいし、女形だったらとかく男になりかねないけれども、人形だったら自然で、悲しみを倍増する表現になる。文楽では歌舞伎と違って藤の方と相模が上手と下手（しもて）に分かれていないでしょう。舞台下手に藤の方、その上手にすぐ相模がいて、二人差し向かいにかたまっている。「熊谷桜」のときから差し向かいで、女主人と侍女という関係が持続する。歌舞伎は様式的だから、上下に分かれてしまいますが、こうすると、女二人の自然の対話になっているでしょう。

ここではじめて観客は前の段で死んだのは敦盛ではなく小次郎だったとわかるわけですよね。そのあとで、相模が、どうやって身替わりをやったのかと聞くでしょう。連れ出したのが敦盛で、そのあと白い馬に乗ってきたのが小次郎だといって、すべての謎が解けるわけです。それを聞いて、さてこそ偽首ということで梶原が出てきます。その梶原を討って「弥陀六の出」になりますね。

――弥陀六はどうして義経たちを助けたんですか？

それは、池の禅尼（ぜんに）という清盛の継母（ままはは）と、清盛の長男で穏健派の重盛が相談して、弥平兵衛宗清（やへいびょうえむねきよ）という家臣に三千両の小判を唐土（もろこし）の育王山（いくおうざん）に納めると偽って、その金をつけて石屋の弥陀六として民間に潜入させて重盛の形見の娘を預けた。その娘が小雪（こゆき）です。重盛はお父さんの清盛がこんなことをしていたら、平家は当然滅亡するだろうから、源氏の世の中になっても平家が生き延びるように、その娘と一緒に隠れ住むように預けた。その小雪が青葉の笛を敦盛から預かるわけですね。

ところで常盤御前の息子は三人いるんです。伏見の里で宗清に逮捕されたんだけど、ここでも池の禅尼と重盛と宗清が心を合わせて、そんな子供を殺したらかわいそうだから逃がしてやろうよって、逃がしてくれた。逃がすだけではなくて、義経は鞍馬に預けられる。その三人を逃がさなかったら、平家は滅亡しなかったのにと、こういうふうになるわけね。

弥陀六の眉間のほくろってどういうのかわかるでしょう? 額のまん中にほくろがあるっていうことは仏様に似ているということなんだよね。そのほくろが白毫。だから、白毫の弥陀六っていう。


――那智、高野、って富十郎はものすごい勢いでかっこよかったのに、文楽だと、そんなに勢いつけないですよね?


富十郎はああいうところで調子を聞かせる人だったから。

熊谷と女性の問題が絡んで、相模と藤の方という母親二人の間に熊谷がいるという前半に対して、後半は男三人の芝居です。義経、宗清、熊谷。後半もむろん主人公には違いない熊谷が、男三人のなかから出家する。そして、やっぱり宗清は心の還俗、時期がきたら、生きている敦盛をもり立てて、平家再興に力を尽くす。という構図が、この芝居の、この場のいいところですね。男同士の芝居です。宗清の物語が平家の運命を語っているわけです、敗戦の。それが熊谷の戦争否定につながっている。

熊谷は本文通り、自分で鎧櫃を持ってこないとだめです。これだけ大切にした敦盛が入っているんだから。歌舞伎のように堤軍次に鎧と阿弥陀笠を先に上手から持たせて出てくるなんて間違いです。ただ、そうすると二重から平舞台へ鎧櫃をおろすのに大変だとか、いろいろ舞台の不都合のために堤軍次が持ってきますが、まだ坊主になってないのに阿弥陀笠を持ってくるなんて、先を知ってるんじゃないかって思う。観客がわかってしまうのは困るという説が昔からある。文楽の熊谷は阿弥陀笠なんて持ってこないでしょう。熊谷が自分で鎧櫃を持ってきたわけです。

——義経にお暇乞いを頼んだのはいつですか？

頼んでないよ、そんなこと。

——「先達って願ひ上げし暇の一件」っていってますよね？

それは戦陣を離れたいっていうだけ。浪人したいってだけ。戦が終わったら、一ノ谷の戦が終わったら浪人したいといっているだけで、出家したいとはいってない。いま出家するから、びっくりするでしょう、義経も。

——暇乞いをした時点で、義経にしてみれば、敦盛を守ったんだな、と気付きますよね？

それはわからないね。義経がそう思ったかどうか。

――相模ってどうするんですか、このあと。

尼さんになるんじゃなかったかな。熊谷も歌舞伎と違って丸坊主ではなく、切り髪、有髪の僧です。芝翫型も切り髪。團十郎型だけが丸坊主。家がいかに大事かを義経がいっているわけですよ。跡継ぎを失った人間が生きる希望をなくしたのは当然だと。これがもうひとつのテーマなんですね。天皇制が大事なのもこの国民の家に支えられているわけだから。熊谷は着替えるところでいっぺん引込むんだよ、文楽は。

――でも、まあ、熊谷は勝手ですよね。相模が訴えたいのはわかる。

そう？　文楽では本文通り、「十六年も一昔」をここでやるんです。

十六年も一昔、夢であったなと、ほろりとこぼす涙の露、柊に置初雪の日かげに、とける風情なり

歌舞伎でも芝翫型は本文通り。玉男の熊谷と、簑助の相模、夫婦の情が非常に通い合っている。顔をのぞきこむだけだけれど。

段切れになります。男三人の生き方が明らかになります。これからも戦争を続けていって、軍人として生きていく義経。それから、町人として生きる石屋の弥陀六。そして、出家する熊谷。三人の、自分の運命を引き受けた生き方ですね。そこで未来が展開する。もし、いま市民になっている弥陀六が、

実は生きている敦盛をもり立てて平家を再興したら、あなたはどうしますかというと、義経は源平の戦いというのは宿命だから受けて立つと。熊谷は間にたって中立。宗教だけが救いだというわけですね。

歌舞伎の團十郎型のように花道に行って一人だけでやると、熊谷個人の無常観は明らかになりますが、文楽のようにひとつの舞台のなかで、登場人物全員がそういう無常観をいうと、舞台いっぱいに作品のテーマとして出てくるわけです。歌舞伎みたいに花道に行って、熊谷ひとりが「十六年も一昔」となると、熊谷だけが無常観をもっていて、他の人はなんだったんだってことになるでしょう。要するに、それは作品全体の世界観ではなくて主人公一人の個人的な思想ではないかということになる。でも、文楽だと、『御縁が有ば(あら)』と女同士(おなごどし)、『命が有ば』と男同士(おとこどし)」になって、この無常観が五人の登場人物全員にかかってくる。

——歌舞伎だと、これをいったあとに「十六年も一昔」ですよね?

そうすると、熊谷だけの無常観がクローズアップされちゃう。子供を失った二人の母親。平家をいつか再興しようとしながら、今は市民として生きようとする弥陀六。出家する熊谷。みんなが浮世の論理に流されていくという作品の大きなテーマがここで出るのが人形浄瑠璃の特徴です。ここでもう一度、須磨寺に残されている敦盛の『平家物語』の伝説にかえって須磨寺の由来を述べる、浄瑠璃本来の形をとっておしまいになる。この世界に生きている人たちが、個人を超えた世界観になる。だから、相模がどうして一人取り残されるのかという問題が起きないんです。

合邦

聖と汚辱の鎮魂

普通、時代浄瑠璃というのは五段形式なんですが、『摂州合邦辻』は時代浄瑠璃にもかかわらず上下二巻の短い構成になっています。能の『弱法師』が元です。『弱法師』は河内の国の大名の高安左衛門通俊が、後妻（さる人となっていますが）の讒言によって俊徳丸という息子を追放してしまうんですね。俊徳丸が大坂の四天王寺でホームレスになっているのを、父親が発見、再会します。これを土台にした『愛護若』という説教節があるんです。継母が義理の息子に恋をする、つまり近親相姦ですね。ギリシャ悲劇の『オイディプス』もラシーヌの『フェードル』もそうです。この『弱法師』に『愛護若』を入れ込んでできたのが『摂州合邦辻』なんですね。

河内の国の大名、高安左衛門通俊に、正妻と側室と女性が二人いました。正妻の子供が俊徳丸で、蔭山長者という人の娘の浅香姫と婚約をしています。一方、側室に次郎丸という子供がいて、俊徳丸より年上なんですが、大名の跡継ぎは正妻に子供ができた以上、正妻の子供に継がせるのが約束ですから、俊徳丸に高安家を継がせることになっているわけですね。次郎丸は、自分のほうが年上なのになんであいつがと思っていて、壺井平馬という悪臣と俊徳丸を殺そうとしているわけです。今は正妻も側室も故人ですが、俊徳丸の母親である正妻が死んだときに、その腰元だった辻という女性が殿様に愛されて、後妻になおった。これが、今日の女主人公である玉手御前ですね。

玉手御前は、次郎丸が俊徳丸を殺そうとしている陰謀を立ち聞きして、これは大変だと思って、上の巻のいちばん最初の「松原の場面」で俊徳丸に毒酒を飲ませるんです。酒の銚子の真ん中に仕切りがあって、銚子の半分は普通のお酒で、半分は毒酒が入っている。自分が飲んだほうは普通のお酒だけど、俊徳丸に飲ませたほうは毒酒なんですね。それを飲むと、命には別条はないんですが、毒によって病気になるわけです。目が見えなくなる。という状況になって、俊徳丸は家出をする。玉手御前は俊徳丸を好きだからといって、あとを追いかけていって、忠臣やその女房に止められるんだけど、それを蹴散らしていくんですね。

一方、浅香姫と手に手をとって逃げた俊徳丸にも、暗殺の危機が迫っている。そこを四天王寺で合邦が救うわけです。辻という女の父親の合邦は信心深くて、四天王寺のそばで閻魔堂をつくろうと思って、一生懸命寄付を集めています。だから、入口のところに閻魔が置いてあるでしょう。この合邦という人は青砥左衛門藤綱という鎌倉の大名の息子です。藤綱には、滑川に落とした銭を三倍ものお金を使って探させたという有名な伝説があるでしょう。たとえわずかなお金であっても天下のお宝だから探さなければいけないといった名将の息子なんです。

――鎌倉の人がどうして大坂に来てるんですか？

合邦は朋輩(ほうばい)に讒言されて鎌倉を出て、武士を捨て剃髪(ていはつ)して、今は大坂の四天王寺に住んでいる。四天王寺というのは、仏教が最初に日本に渡ってきた時に、聖徳太子がつくった寺です。その四天王寺に来ているというのが『弱法師』を下敷きにしているというところです。この寺の西門から夕陽を眺めると天国が見える。日想観(じっそうかん)といって、天国への一番の近道といわれているんです。

――四天王寺って新世界のそばですよね。昔はわりと危なげな……、

合邦だってホームレスの仲間なんだから。俊徳丸を救うのだって、そういうところで救うんだから。常に、聖域は盛り場の繁栄と隣り合わせになっているわけですよ。

――どうして、聖域と盛り場は隣り合わせになるんですか？

人が集まるから。聖なるところへ俗が来る。聖と俗は背中合わせ。信心のために聖なるところにお参りに来て、「聖」なるものを求めて集まった人はそこで「俗」とも出会うんですね。そして、あらためてその「俗」なるもののなかから「聖」なるものを発見するんです。そういう聖と俗――聖と汚濁がからみ合っている構造が文化のなかにはあるんですね。だから、「合邦内の段」の前の場面は、俊徳丸と浅香姫が暴徒に乱暴されて捕まりそうになるところを合邦が救うんです。

――合邦が救ったのは、あくまでも偶然なんですよね？

偶然です。それで、合邦は自分の家にかくまっている。娘の玉手御前はなんとなくそれを知って、合邦の家を訪ねてくる。

――どうして玉手は俊徳丸が合邦の家にいるとわかるんですか？

なんとなくね。人の噂を聞きこんで、さっきあの坊主があれを助けてこうなってとわかるでしょう。見当はつく。

――「合邦内の段」で「大名の奥様と、云(ゆ)はしたは親の科(とが)」と母親がいうのはなぜですか？

腰元の辻に殿様のお手がついて、「奥さんが死んだから、奥さんのあとに引き上げたい」と、高安通俊がいったときに、断ろうと思えば断ることもできた。でも、「親の生活費は私が面倒みます」と、殿様がいったから、結局それに負けて、「娘の出世になることならば、奥様として認めましょう」といって嫁に出したのは親の責任だったというわけです。

幕が開くと合邦の内で百万遍(ひゃくまんべん)をしていた近所の人が帰っていく。四天王寺という土地柄を表しているわけだから、そういうところをちゃんと聞かないと。ここで大事なのは、合邦がだれの仏様の供養をしているのかわからないけれど、百万遍をやっているということ。合邦夫婦にしてみれば、娘は息子に恋をしたから殿様に斬られて当然死んだものと思っているから、娘を供養しているんです。この作品で大事なのは百万遍の人たちも含めて、全員がカップルだということなんです。玉手だけがシングル。高安通俊の奥さんだから、玉手だってカップルだけど、このドラマの中に登場するときは、玉手はシングルなんです。俊徳丸は浅香姫、合邦は夫婦でしょう。歌舞伎ではカットするけれど、入平も実は夫婦連れです。そうすると、全員カップルなのに、玉手だけがシングル。そのことが玉手の、カップルになれない人間の人生の形が鮮明になるところです。

百姓たちがみんなカップルというわけではないけれど、そのなかでひとりだけカップルじゃないのは僧侶。みんなが帰って、だれの霊かわからないけど、霊を呼び寄せるというんだから、あの高灯籠が必要になるんです。あの高灯籠に照らされて、「いとしんしんたる夜の道、恋の道には暗からねども、気は烏羽玉の玉手御前」というところになる。「気は烏羽玉の」の「気」はむろん玉手の気持ちですね。「烏羽玉」というのは「黒」「夜」「暗い」にかかる枕詞ですから、「暗い闇夜のような気持ち」ということになります。おっかさんが高灯籠の灯をつけて夜の道を照らし出している。その灯を目指して玉手が寄ってくる。あれは、魂の案内のための高灯籠だから。お盆のときに提灯を出すとか、そういうのと同じで、亡き魂を呼び寄せるための高灯籠なわけです。

切場になります。この最初の三味線のオクリの音を聞いているだけで、この人はうまいかどうかがわかる。誘い出すように弾いているでしょう。最初の出だしが大事ですから。なぜ大事かというと、ひとつは夜の闇が恋の闇にかかっているわけですが、その夜の闇の中を女が一人歩いてくるという情景をつかまえなければならないからです。そこがよければ、玉手御前の周辺には華やかな雰囲気があふれてくるわけですよ。彼女は「十九や二十」、つまり十九歳か二十歳前後なわけだから。二十歳くらいの若い女性の色気というものが出ているわけですね。文五郎（↓369ページ）とか、紋十郎（↓370ページ）が玉手御前を遣うと、玉男（↓376ページ）でもそうなんだけど、揚幕を出てきただけで、そういう雰囲気があるわけです。同じ情感は歌舞伎の歌右衛門とか梅幸の花道の出にもあります。

寛治（↓366ページ）は名人です。「気は烏羽玉」の「烏羽玉」っていうのはすでにふれたように「闇」の枕詞、烏の濡れ羽色っていうでしょう。黒い光のなかに色気があるんだよね。玉男の玉手御前はハラがある。いろいろなことを考えながら歩いてきているわけですよ。あとでわかるけど、俊徳丸に恋をしているというのは計略なんです。その計略を考えながら来てるわけでしょう。紋十郎とか文五郎の玉手御前だとハラよりも、しどけない。ことに文五郎はそうです。ハラはないんだけど色ッぽいんだよ。

――玉男の玉手は色ッぽくはないですよね？

そうでしょう。さっぱりしてるでしょう。それに浄瑠璃も山城（↓350ページ）だともっと濃厚ですよ。「かゝ様(さん)」っていうだけで艶ッぽい。前半は合邦の芝居ですから、詞が大事なんです。この老人の性格がよくわからないと困る。この夫婦の対話が前半の第一のポイントです。太夫も三味線も人形も大変です。玉五郎（↓374ページ）の母親がうまいですね。

――この玉五郎の母親がうまいということがわからなかったことがショックです。

このおっかさんで観客が泣くんです。これは後半になりますが、多賀之丞(たがのじょう)のおっかさんなんかも観客を泣かせる。たとえば玉手御前は寅の年、寅の月、寅の日、寅の刻生まれで、その肝(かん)の臓の生血を飲まなければ俊徳丸の病気は治らない。そういうめぐり合わせで娘をつくったのは合邦と女房のセックスがもとですからね。

――別に、その日を狙ったわけじゃないですよね？

それはそうだけど、運命の偶然だけど。そういう子供をつくっちゃったわけでしょう。自分たちの欲望のままにセックスした結果、こういう子供が生まれてしまったということを、母親が嘆くんだよ。運命ですね。自分たちは知っててしたわけではないけれど、あの一時の欲望が娘の人生を、ひいては私たちの人生を定めてしまった。運命というほかありませんね。多賀之丞の母親はここで八代目三津(み)五郎(つごろう)の合邦と顔を見合わせて泣く。夫婦が思わず顔を見合わせる。それで観客は泣くんです。

——そういう意味で泣いてるんですか？

そうだよ。それは後半ですが、この前半の会話がおもしろいんだよ、山城だと。何十年も連れ添ってきた夫婦だってわかる。合邦はただガミガミ怒っているだけではなくて、怒っていても愛情というものがあるわけでしょう。「もとより娘は斬られて死んだ」。これが大事なんです。これは表にいる玉手に向かっていっているように聞こえて、実は障子の内にいる俊徳丸に聞かせている。ひょっとすると生きているかもしれないけれど、ここは死んだことにしておかないと、殿様への義理で自分が殺さなければならなくなる。

——だから、百万遍をしていたんですね？

そうです。「いとしかわいい子を先立て、生きて業（ごう）をさらそふより、一目見たい」。ここは母親の愛情というものがよく出るところ。玉五郎って本当に不運な人なんです。紋十郎とか文五郎の陰に隠れて、小柄でしょう、この人。だから、こんな役ばっかり若いときからやっているわけ。

——小柄だと派手な役を遣えないんですか？

やっぱり体力の問題があるから。そこで玉手は殺さなきゃならないから、死んだことにしておきたい。この対話のおもしろさは、やっぱり山城少掾だよね。歌舞伎では十三代目仁左衛門（にざえもん）。仁左衛門は義太夫をよく知っているから。「顔と顔とは隔たれど」のところは大事です。いいフシが付いていて、家の中と外で動きがある。歌右衛門はここで頭巾をとるんだよ。寛治の三味線を聞いていると、おっかさんと娘、二人の気持ちがよく出ている。

――「真身(しんみ)の誠ぞ哀れなり」というのはどういう意味ですか？

親だからこそ持つ愛情、それが哀れだということです。これだけ拒絶されたら他に行ったっていいわけだけど、玉手はここに俊徳丸がいると思っているから粘っているわけ。しかし合邦も大名の身分や侍を捨ててきただけに屈折しているから、なかなか玉手を家へ入れるわけにいかない。

――武士をやめて数十年たっていても、娘を殺さなければいけないんですか？

そりゃそうだよ。だって娘が犯したスキャンダルを思ったら、同じ大名として高安家に義理があるでしょう。やっぱり玉五郎は名人だよ。娘をかわいがっている情が動きに出ているじゃない。たった一人の娘だから、というところ。

ようやく家の中へ入れてもらった玉手の「おもはゆげなる玉手御前」から玉手のくどきですが、歌舞伎は玉手のくどきを前半と後半の二度に分けてやりますが、文楽はここ一ヶ所だけです。玉男の玉手は行儀のいい女ですね。慎み深い。もっと派手に動く人もいるから。仕方話(しかたばなし)なんだけど、歌舞伎みたいに派手にならない。ハラで抑えているから。歌右衛門だと、俊徳丸になったり玉手になったり変わるでしょう。そういうことを人形はしない。人間らしくすることに重点があるから。「跡を慕ふて徒歩(かち)はだし」というところが聞きどころです。「徒歩はだし」というのは形容です。詞章通りにとれば「徒歩」は徒歩で歩いてきた。しかも「はだし」ということになりますが、彼女はむろん裸足で歩いてきたわけではない。足袋もはいているし、草履もはいている。しかし、それを「徒歩はだし」といったのは、気持ちは素足で、なんの用意もなく追っかけてきたという意味です。後ろ振りという人形の見せ場でもありますけど、私は後ろ振りというのはそんなに見せ場だと思わないんだよね。人形は前を向いているほうがきれいでしょう。

「身をつくしたる心根(こころね)を」というところ、底を割らないで二重の意味を含ませているところが大事なんです。後半を知っている人は、玉手がここのところで苦しんでいるとわかる。つまり、計略で恋をしているんであって、本当に恋してるわけではないでしょう。恋を演じているという意識がある。それがそれとなくわかるところが、玉男のうまいところです。

——自分が青砥左衛門の息子だと「おのれにはまだ話さねど」と合邦のせりふにありますけど……、

武士まで捨てて、自分の志を立てようと思った男だから、娘がこんなことになってることが腹が立つんだね。その筋目(すじめ)を論理的に説明しようとする。ただ怒鳴っているようだとだめなんです。

——合邦が元武士だということにこだわるのは男としてのプライドなんですよね?

武士がいやになって、自分から進んで武士を捨てた人だから。

たとえば熊谷のように、ある状況におちいって武士を捨てた人間とは違う。だからプライドが高い。捨てたくて捨てたわけではなくて、自分の正義を貫こうと思って武士を捨てたわけだから、正義に反することは認められないっていう態度になるわけですよ。会社を辞めた人のほうがいま会社にいる人間より愛社精神が強いというのは、辞めているからこそということもあるでしょう。

――「たって辞退しおったを、心の正直懇望でむりやりに奥方なり」の「心の正直」ってどういう意味ですか？

自分は潔白であろうとして、生活費とか送ってもらったりなんかすると心苦しいじゃないですか。いったん自分が捨てた大名の奥方に娘をやるということは、つまり自分の人生方針に反するわけでしょう。正直に生きたいから断った。断ったけど、高安通俊もその正直さを認めたうえで、再三いわれたから奥さんにした。

――「心の正直」というのは、だれの心ですか？

合邦の心であり高安通俊の心です。そこに「懇望」がきたというわけです。

このスキャンダルで合邦は娘を斬ろうとするけれども、尼さんにして助けようと思っているのは、おっかさんの精一杯の救済策ですね。だから玉五郎の、この顔、この角度、この表情、こんないいおっかさんはないです。これはあとの段切れですが、玉手にさわるおっかさんの手ひとつで、こういう時の、親子の関係というのがはっきりする。たださわっているのではなく、スッと手がいくでしょう。玉五郎は名人なんだよ。

——前半の終わり、玉手が最後、振り向きながら入っていきますよね。

納戸に行きたくないから。おっかさんに玉手が座ったまま引きずられていくのは、人形だからこそのおもしろさです。人間ではできない。女形がこんなふうに引きずられるわけにはいかない。人形ならではの美しさです。歌右衛門だと竹本の糸について引込む。梅幸だといっぺん引込んで、もういっぺん出てきて障子屋体（しょうじやたい）に行く。そこに俊徳丸がいると思っているから。今の菊五郎は柱につかまっている。それをおっかさんが出てきて引張るから、身体をくねらせていく。坂田藤十郎は人形のように座ったまま引きずられていくんだけど、大変なんだよ。第一、恰好（かっこう）が悪い。人形は人間と違って下半身がないから非常に美しく見せることができる。振り向いて、その美しさを強調して入っていく。文五郎や紋十郎は、障子屋体に思い入れをしたりとかはあまりしないんだよね。底割り（そこわ）になるから。もう一度出てきたりは、むろんしない。行きたくないという形を見せている。人形だけのおもしろさです。

ここまでが前半で、ここからが後半になります。

俊徳丸が難病に苦しんでいて、それを浅香姫が介抱しているという設定です。俊徳丸としては、自分と同年配で父親の後妻である玉手に恋を仕掛けられて困惑しているし、武士の家を捨てて、家出をして、助けられてここに来ているという苦しみです。そういう二人の恋物語。むずかしいことはありません。

――俊徳丸が持っている赤い手ぬぐいはなんですか?

手ぬぐいではなくて、赤絹(もみ)の布です。眼病に効くといわれている。病鉢巻(やまいはちまき)は紫縮緬(ちりめん)でしょう。あれをしていると頭痛が治る。頭痛鉢巻というのがあるでしょう。熱気を冷ますためにしている。これも、目の病いに効く。よくお聞きになると、目の不自由な人が語っている言葉になっている。「愛着心(あいじゃくしん)は」というところを甲高(かんだか)い声でいってるのは、目が見えない人の声だから。里人の噂になっているといっているでしょう。だから、玉手は合邦の家に俊徳丸がいると察しがついたわけです。そこへ玉手が出てきます。おとっつぁんに刺されるまでが、ひとつの見せ場です。

――ここでの玉手はどういうハラなんですか?

苦しいんだよ。もう死が迫っているわけでしょう。しかしそれには心にもない不義の恋に狂わなければならない。そして、自分の肝臓の生血を飲ませないと俊徳丸の病気は治らないわけだし。もう家出した以上、初期の目的は達しているわけだからね。館にいたら俊徳丸は暗殺される。彼が暗殺されないために、館から引張り出したわけでしょう。目的を半ば達成しているけれども、これからいよいよ自分が死ななければならないし、そのためには恋に狂わなければならない。

——肝臓の血を飲ませればいいんだったら、お父さんに刺されなくてもいいわけですよね？

そうだよ。自分で人の知らない所に行って、自分で刺して、飲まして治して、「こういうわけだから、あなた家に帰っちゃだめだよ」っていって死ねばいい。ところが玉手が事情をいってるうちに、おとっつぁんがカーッとなって殺しちゃった。

——でも、玉手もごちゃごちゃいってあおってますよね？

玉手は俊徳丸だけを連れて立ち退こうとしているわけ。二人だけになって、自分が死んで治せばいいと思っていたけれど、俊徳丸には浅香姫がいるし、表には入平夫婦がいるし邪魔がいっぱいでしょう。「君がかたみと此盃（このさかずき）、肌身放さず抱きしめて」。こういう、じっとしたところで本性が出る。目をとじて下を向いてね。見ようによっては、母親の恋、近親相姦という憂いにも見えるし、命を捨てて子供を救おうとしている母親の顔にも見える。そんなふうにいろいろに見える、二重三重に映るというところが人形のおもしろいところです。恋に見せかけて俊徳丸の命を助けようと思っているわけだからね。

――もう、でも、見せかけなくたっていいじゃないですか。全部明かせばいい。そうすれば父親に娘を殺すなんてことをさせなくてもすむじゃないですか。

真相を明かしてここで自分の肝臓を突いて血を飲ませることはできないでしょう。みんなが止めるに決まってるから。それじゃ、十分に血を飲ますことができないから、連れ出したいけれど入平が表にいるからね。隙を見てやろうとしている。理想をいえば、浅香姫と入平夫婦がいなければ、俊徳丸だけ連れて家を出ればいい。荒野の果へでも行って、自殺して治して命を救ってあげればいい。でもいま、そんなことをすべていうわけにいかないからね。そうしたら、俊徳丸が止めるでしょう。「私は難病のままでいい。お母さん、そんなことしなくていい」って。

――ああ、それはそうですね。そっかー。

だから、玉手は非常にむずかしい状況に立ってるわけ。それが次から次に壊れていって、「玉手はすっくと立ち上がり」で、髪をさばいてから性格が変わるわけですね。「邪魔しやったら蹴殺す」っていっているでしょう。周りと俊徳丸を切り離そうとしているわけです。

――「妹背山」のお三輪のように嫉妬している、怒っている必要はなくて、ただ寅年の生まれであればいいのなら、こんなに暴れなくてもいいんですよね？

いやいや、今ここで俊徳丸を連れ出すために、邪魔な浅香姫を嫉妬のふりをして遠ざけようとしているわけです。浅香姫がいたら絶対、成功しないから。ここの寛治の三味線、こんなに早いテンポで弾いているのに一手一手が正確の極みです。急いで弾いているっていう感覚はないんだよ。普通、こういうとき、間が詰まっているように聞こえるんだけど、どんなに早く弾いても寛治だとそうは感じない。間がいいんだね。

——三味線はテンションが上がると早くなるものなんですよね？

他の芝居、映画と同じです。盛り上げていきたいところが早くなる。文楽に限ったことではないです。ノリ地(じ)っていうのはそのための演奏法ですから、三味線にのって音楽的に語っていくんですが、ノリ地になったところがテンポアップされることは多いけれど、必ずしもノリ地＝アップテンポというわけではない。

この後半の玉手の述懐で計略を明かすのは人工的すぎてくだらないと谷崎潤一郎(たにざきじゅんいちろう)はいって、たとえば山城少掾のレコードも前半しか聴かないっていうんだけど、私は間違いだと思う。この後半こそ大事なとこだし、山城が大事にしたところだと思うんだよね。なぜかというと、はじめて真相が明らかになることで、この白い襦袢(じゅばん)のように、玉手の立場が汚辱にまみれた近親相姦の犠牲者ではなくて聖女になるわけだから。聖女になる瞬間を、泥の中の蓮(はす)の花ではないけれど、その中から聖女になっていくというところを、人工的だからといって切り捨てるのはこの段の主題を理解しないことになる。

歌舞伎と違って浄瑠璃は全体が大事だから。この汚辱から聖なるものが生まれてくる、罪を犯したものが聖性をもつというのはギリシャ悲劇でも同じです。たとえば『王女メディア』、二人の子供を嫉妬のあまり殺したメディアが最後は子育ての神様になるんだよね。そういうふうに、つまり、玉手の母が月江寺(げっこうじ)というお寺の初代の住職になるんだけど、玉手という女の死が月江寺のお寺の由来のもととなっている。そこに神聖なものが生まれてくるわけだから。娘であり、妻であり、母であり、その母が最後に残って聖女になるというところが、この曲のいちばん大事なところだから、そこを切り捨てて、なんで合邦を聞くんだって、俺なんか思う。それは、谷崎といえども反対だね。

――山城も前半のほうが大変といってますよね。

それは山城がいってるのは全然違う意味で、山城が前半が大事だといっているのは、それなりの描写なり、それだけの曲の位を作らなければならないから大変といっているだけです。

「さぞや我が夫(つま)通俊さま」。これは通俊様を愛している。それは、女房としての、妻としての玉手というのが表に出てきている。合邦が刺したときは、娘としての玉手でしょう。そして、いま、妻としての玉手。さっきの嫉妬のときは恋人としての玉手。計略を明かして俊徳丸に接する時は母親としての玉手。つまり、娘、妻、母、恋人と女のいろんな面が出てきてるわけですよ。そして、最後に聖女になるというところが大事なんです。正義感が強い夫が治郎丸様の悪事を知ったらば、おそらく治郎丸様を殺すだろう。そうしたら、治郎丸様の母にも、俊徳丸の母にも、後妻になおった人間としては申し訳ない。そんなこと、聖女じゃないといえないよね。そこが谷崎は嫌なんでしょう。でも、それはやっぱり一種の近代主義ですよ。

「私がためには同じ継子(ままこ)。隔てた中(なか)ゆえ訴人(そにん)して、殺させたかと思はれては」というところは、後妻に入った人間の苦しみです。「継子二人の命をば」というところでは、完全に母の顔です。作者の菅専助(すがせんすけ)って人はそんなにたいした作者ではないんだけど、「合邦」だけは傑作だよね。

――寅年生まれってよくないんですか。丙午(ひのえうま)的なことがあるんですか?

寅は千里を走るからね。今日、寅の日だよね。昨日、丑の日だから鰻食べたから(笑)。山城のこは痛切だからね。前に触れたように八代目三津五郎と多賀之丞が合邦夫婦をやったときにも、運命の過酷さが痛烈だった。今まで娘の問題だと思っていたのが、実は自分たちの問題だったんだよ。偶然なんだけど、私たちが無作為にセックスした結果がその日の娘の誕生になってしまったということに運命を感じている。山城もだよ。運命の悲劇だよ。

――そんな酷(ひど)い日を設定しなければいいのに、って思ってしまうんですけど。

それは違う。未来はだれにもわからないのだから。本能のままにしたことが、後から思うと決定的な運命になってしまう悲劇です。それに現代の我々には自由はあるけど、中世の人には自由はないんだよ。

——それだけの運命を背負った子を大名家に就職させなくても……。

ただの腰元奉公、行儀見習いだからね。そうしたら、お手が付いちゃったわけでしょう。「なんと疑ひは晴れましてござんすかへ」で玉手は娘になる。「ヲイヤイ、〳〵」は、みんな泣くところです。

——死ななくてもよかったのに、と思っちゃうんですよね。

おっかさんが生まれた日のことを嘆いて、「逢坂増井(おうさかますい)の名水に、龍骨車(りゅうごしゃ)かけし、ごとくなり」というところ。龍骨車というのは水を汲み上げる機器で、人々がそれぐらい泣いたということですね。肝臓から血をとって、死なないなんて無理だろう。

「とり〳〵(どり)、広げる数珠の輪の」というところから二上がり、三味線の調子が変わります。

——そもそも、こんな大きな数珠って本当にあるんですか？

幕開きをちゃんと見なきゃ。百万遍は輪になって、その数珠をくることによって供養する。この百万遍の大きな輪の中に入って、近所の人たちが数珠をひとつずつ送って、それが供養になる。この輪のなかにいると成仏できる。三味線はバンバンって強く弾いているところから、ころっと柔らかくなったり、あるいは、柔らかいところから急に強くなったりする、その変化がおもしろい。

これだけのことをしなければ、玉手は母親になれなかったんだよ。命と引き換えにしなければ、俊徳丸の母にはなれなかった。それが後妻の苦しみでしょう。本当の産みの母親より母親を演じないと、ちゃんとした母親になれないというところが大事なところだよね。浄瑠璃っていうのはどんな時代のものでも家族のドラマなんだよね。それがやっぱり大坂の、大坂っていう都会は家族が単位だから。大名の家と町人の家は違うわけだから。

月江寺は尼寺なんだよ。その尼寺の初代の住職には玉手のお母さんなってくださいねって、俊徳丸がいっていて、それが供養することになっている。つまり、それが玉手を弔うことであって、月江寺というのはこういう犠牲の上に成り立っていますよ、ということを説明している。

――お寺の由来を浄瑠璃の最後に語ることが多いのはどうしてなんですか?

神社仏閣の由来を語るのが、神に捧げられた物語の最初の役割だからです。その物語が浄瑠璃と結びつき、能と結びついている。

――この寺はこういうことで建てたんですよ、というのが物語のはじめということなんですね?

そうです。紀州の道成寺(どうじょうじ)の最初の伝説の安珍清姫(あんちんきよひめ)なんて、道成寺ってお寺の説明のために作られてるでしょう。紀州の道成寺には、蛇が追いかけてきて焼かれた伝説があるということが大事なんじゃなくて、そのあと二人が住職の夢に出てきて、その夢のなかで法華経をあげてくれれば我々は成仏できるといわれたから、法華経をあげてあげたら成仏できたという、仏教の宣伝なんだよ。それで、道成寺の伝説っていうのができるんでしょう。

——成仏したんですよーっていうのは、お坊さんが勝手にいってるんですよね？

そうです。仏法最初のお寺の天王寺には『弱法師』という伝説があって、しかも脇にある月江寺というお寺にはこういう伝説があるんですよ、というのが浄瑠璃の本義なんだよ。

——「逆様事（さかさまごと）も善知識」ってどういう意味ですか？

逆様事というのは逆縁（ぎゃくえん）ですね。それが迷えるものを導くきっかけになった、ということです。

——玉男の玉手は賢そうでカッコよかったですね。

賢い女だよね。少しは色恋にボケてるほうがおもしろいんだけどね。

——玉手が俊徳丸に恋をしていたかが問題になりますけど、どっちでもいいと思いました。

梅幸は本当に俊徳丸を愛してるっていってたけど、梅幸を見ていると、とてもそう思ってるようには見えなかったから、二重三重になってるわけでしょう。

——このＤＶＤを見ながら結構感動できて、文楽が少しはわかってきたのかなあ、と喜んでいたんですけど、自分がいいと思ったところは全部間違っていてショックでした。

それは、君は意識していなかったかもしれないけど、感動できたとしたら、それは一にも二も寛治の三味線のおかげだよ。だって、舞台を統率しているのは寛治だから。舞台のすべてを支配するのが三味線だとはいわないけれど、いまこの瞬間に舞台を作っているのは寛治だから。

——でも、私、だいぶん歌舞伎を見てきてるのに、この寛治の三味線の音はいいなあ、とは思わなかったんですよね。

それは、あなたの耳が発達してないってことじゃないの。これ、同じのを山城と清六（↓364ページ）ので聞いてごらんなさい。最後のところ、「西門通り一すじに」というところが非常に冷たく聞こえるから。冷静に演奏されているということがよくわかる。寛治だと、喜んで弾いている。だから寛治でみんな泣くんだよ。

卒業編

道明寺
山の段

道明寺（どうみょうじ）

人が神になる刻（とき）

もうあなたは卒業です。「卒業編」としてありますが、この二本は大学でいえば大学院の博士課程です。もう「上級編」で十分浄瑠璃を理解されたことを、ここにあげた大曲二番、「道明寺」と「山の段」で確かめてください。この二曲が「上級編」五曲と違うのは、五曲が人間のいわば精神世界、個人の行動のモチーフを扱っているのに対して、この二曲はもはや人間は問題ではありません。ここで問題なのは人間をこえる神の世界の成立であり、人間をつつみこむ世界——自然そのものです。ここであなたの学力を十分に発揮してください。「道明寺」は、文楽の演目中でも屈指の大曲です。大曲である理由は三点あります。第一に、この曲の中央政権（京都朝廷）と地方政権（河内郡（かわち））の両方にわたるスケールの大きさです。京都は当時——平安時代の日本の首都であり、社会的文化的な「中心」です。一方河内郡はその「周縁」の一地方であり、ここに「中心」と「周縁」という大きなテーマがあります。第二に、「中心」の政治は地方の「周縁」の一家族に及んで、暗く奥深い田舎の城館に血みどろの、汚濁にみちた家庭悲劇をうみます。これはいくつかの殺人事件を含むサスペンス劇です。第三に、これがもっとも大事なことですが、私たちのよく知っている菅原道真、のちに天神として祀られる人の、奇蹟的な神話劇だという点です。この三点がこの曲を大曲にしている理由ですが、それには物語について知らねばなりません。

天皇につぐ朝廷の要職、左大臣には藤原時平、右大臣には菅原道真がいました。病気の天皇を追い落として皇位を奪おうとする時平は道真が邪魔になる。そこで皇弟斎世親王と道真の姪であり、養女でもある苅屋姫が密通していることを理由に、道真を九州へ左遷します。

――苅屋姫が天皇の弟と付き合うことが、なぜ謀叛なんですか。桜丸夫婦もそうは思わなかったから仲立ちをしたんですよね？

現在の天皇に子供がいないために皇弟斎世親王は皇位継承権第一位です。したがってもし斎世親王が次期天皇になれば、苅屋姫は皇后になり、菅原道真は天皇の外戚になります。そのこと自体は謀叛でも犯罪でもありませんが、藤原氏と菅原氏の政治的な勢力のバランスは崩れるでしょう。それを警戒した藤原時平は道真が外戚になって皇位を横領しようとしているといって「謀叛」の罪に落とそうとしたのです。もっとも斎世親王と苅屋姫の恋は公式に認められていませんから「不義」であり、武家社会では「不義」は犯罪ですから、そのことは追及される可能性は十分にあります。当人たちも桜丸夫婦もそのことは承知しています。しかしそれが菅原道真謀叛の原因になるとまでは考えなかった。それでも「不義」の罪を承知で桜丸夫婦が仲立ちをしたのは、恋をテーマにする浄瑠璃の主人公らしい考えです。なお付け加えれば斎世親王と菅原道真の娘が結婚しているのは歴史的な事実です。

瀬戸内海を横断して九州大宰府（だざいふ）へ送られる道真は、京都から安井（やすい）の浜まで来ましたが、風がなくて当時の帆船は出発できない。そこで風待ちの間、道真の伯母覚寿（かくじゅ）の館へ逗留（とうりゅう）します。安井の浜から近い河内郡土師（はじ）の里です。

――昔は天皇家も豪族のひとつにすぎなかったとか。土師の里が舞台になっているのは、土師氏がいろいろな豪族のなかで特殊だったからですか？

天皇家が豪族の一つだったのは奈良の都に成立した大和朝廷以前の話でしょう。この作品はすでに奈良から首都が京都に移動した平安時代ですから、天皇家はもはや日本全国の頂点に立つ存在で一豪族ではありません。それに対して土師氏は河内の一豪族にすぎず、しかもその始原はおそらく古代に渡来した外来民族が河内に土着した部族でしょう。そこに外来部族で田舎の豪族という二重の差別があったのでしょう。

――ところで、道真が飛ばされたのは大宰府なのに、島というのはなぜですか？

本州からいえば九州は「島」です。しかも道真は、表向きは左遷——転勤でも実質は島流しです。だからその「島流し」から「島」といい、「島守り」といっているのです。

もともと土師の里は土着の豪族土師氏の支配する地方でした。しかし中央政権はこの土地を支配するために、郡領（県知事）をおきました。河内郡領。覚寿の亡夫です。覚寿は河内郡領の未亡人です。そこで土着の土師氏の代表土師兵衛は、覚寿の長女立田の前を長男宿祢太郎の嫁として迎えました。郡領にかなわない土豪は、一応融和策をとったわけですが、むろん不満です。そこへ道真流罪という大事件が起きました。藤原時平は道真を流罪にしただけでは不安なので、この土師氏に道真を誘拐して暗殺することをひそかに命じました。土師氏にすれば体勢挽回のいいチャンスです。

こうして「中心」と「周縁」は複雑に絡み合っている。その事情は今日と少しも変わらないでしょう。「中心」は「周縁」に及んで、決定的な悲劇をうむ。それが第二点です。

覚寿には二人の娘がいた。すでに触れた通り長女の立田の前は、土師兵衛の長男宿祢太郎と結婚している。問題は次女の苅屋姫です。覚寿は苅屋姫をその頃まだ菅秀才という子供が生まれていなかった甥の菅原道真の養女にしました。ところがこの苅屋姫が、天皇の弟斎世親王とひそかに通じ合い、そのことが露見した結果、菅原道真が九州へ流されるという大事件の原因になってしまった。

——苅屋姫の母にしては覚寿が老けすぎではありませんか？

覚寿は道真の伯母です。道真は四十歳前後でしょうから、それよりも年を取っていなければなりません。しかし同時に覚寿は立田の前と苅屋姫姉妹の母ですから、五十歳前後でしょう。江戸時代は人生五十年ですから、そのくらいの人は老女です。なにしろ二十歳を過ぎれば女は年増といわれた時代です。

郡領家と土師家と菅原家の三つの家族はこういう顔ぶれですが、この三家の間で殺し合いが起きる。覚寿は娘婿を殺し、その婿は女房を殺し、父は道真の警護にあたっていた判官代輝国（はんがんだいてるくに）に首を討たれる。一見仲良さそうに見えた三家の家族六人のうち、三人が死ぬ。血で血を洗う惨劇です。しかもこの家族が実に豊かな個性をもっている。菅原道真は別格として、まず伯母覚寿は、郡領未亡人として気位が高く、かつ後に屈強の娘婿を殺すほどの腕力と武芸を身につけている。しかも右大臣を甥に持つほどの気品がなければならない。単なる武家の老女ではない。その上、慈愛にあふれているのです。立田の前は貞淑な妻であり、母の気位、育ちを受けついでいます。苅屋姫は、姉娘とは対照的に少女の恋にふけるお姫様です。土師兵衛は、時平の陰謀に与（くみ）する悪人ですが、それも土豪の勢力挽回を思い、息子の将来を思うところから出た欲心であり、子ゆえの親心によるでしょう。その息子宿祢太郎がまたおもしろい。屈強な若者でいながら、実は少しアタマが弱い。愛嬌者（あいきょうもの）。これだけの個性豊かな人間の間で争いが起きるところが異色でありながら、どこの家でも起きそうな家庭劇です。

その家族の中心には菅原道真がいます。すなわち第三点の神話劇としての側面は、この人を中心に起きます。道真はこの館に逗留中に、伯母への遺品として荒木（あらき）（彩色されていない白木）の自画像を彫った。三度目にようやく気に入った木像は入魂のもので、のちにこの館が道明寺というお寺に改築された時に、その御神体「白木の天神」として今日まで伝えられているものです。

道真がその死後天神として祀られていることは、すでに触れた通り歴史的な事実です。しかしこのドラマではまだ道真は人間です。ただこの段の段切れに至って人間から神になることが暗示されます。その理由の一つは、木像が道真の身替わりになってその危機を救ったことです。白木の木像が動くはずがないのに動いて、だれが見ても道真その人に見えた。だから誘拐犯たちは、それを連れて行ったらば、途中で木像になってしまった。奇蹟です。この奇蹟が前提になって、段切れになると道真と木像が一体化する。「生けるが如(ごと)き御姿(おんすがた)」というのは木像そのものの形容ですが、そのウラには木像イコール道真という隠喩が隠されていますから、「生けるが如き御姿」は、たちまち道真が、天神信仰の本体である神そのものだということを暗示しているのです。

たとえ人形であれ、それを人間が遣う以上、あるいは太夫が語る以上、人間が神になるという瞬間を演じたり語ったりすることは大変むずかしいでしょう。そのむずかしさが成立した時に、この一段は神話劇として成立するのです。

以上三点、「中心」と「周縁」の政治劇、一族あい争う家庭劇、道真が奇蹟になる神話劇。この三点において「道明寺」一段は、他に類例を見ない大曲なのです。

――自分の見る目のなさを棚に上げてなんですが、今後、このような大曲で心の底から感動できることがあるのか正直いって不安です。

ここで扱っている卒業編の「道明寺」や「山の段」を語り、弾き、人形を遣うためには、登場人物のみならず世界の大きさを描く必要があります。世界の大きさ、それを表現するためには各演者の芸のスケールの大きさが必要です。芸の大きさは直接にはその人の人格そのものの大きさではありません。その人の人格ではなく、その人のもつ芸のスケール、つまり芸格の大きさによるのです。その芸格はどうしてできるのか。それは第一に研究です。丸本を読んで読んで読み抜いていく修行です。テキストのもっとも奥に達することでしょう。しかしそれは当然のことです。名人はみんなそうしました。そこで第二に大事なことは作品の要求している芸格の大きさを得るには原点へ返る必要があります。山城少掾（→350ページ）が偉いのはその初演の「風」（→317ページ参照）に少しでも近づこうとしたことです。この先人の工夫に無心で近づくことが大事です。歌舞伎の十代目三津五郎があの若さで名人だったのは、曽祖父七代目三津五郎はむろん、その向こうに多くの先祖という目標を持っていたからであり、今日の吉右衛門は祖父初代吉右衛門を、仁左衛門は父十三代目仁左衛門を、その目標にしているからです。そういう人だけが古典劇を演じる資格を持っているのです。目標は遠ければ遠いほどいい。そうすると時代の差が芸の容量を大きくして豊かにしてくれるからです。

今日の文楽には確かに名人が少ない。しかしいつの世でも名人は少なく、文楽は衰微していたのです。そのなかで私たち観客もまた残された条件のなかでなにが本当かを一生懸命求めるしかありません。そういう努力をすることだけが文楽を支えていくのです。文楽があまり理解されない世の中で、私たちはひたすらなにが正しいかを考え続ける最後の観客の一人になろうではありませんか。

この一段は、三つの部分に分かれています。すなわち「杖折檻（つえせっかん）」、「東天紅（とうてんこう）」、「丞相名残（しょうじょうなごり）」です。まず、「杖折檻」から。ここは草深い河内国土師の里の、広大な郡領の屋敷。すでに河内郡領は亡く、未亡人覚寿と娘であり太郎の嫁である立田の前と、立田の夫宿祢太郎が大勢の召使いと住んでいます。前段安井の浜で九州へ出発する菅原道真は風待ちを理由に土師の里の伯母覚寿のもとへと向かいます。それからすでに三日。館は道真馳走のためにごった返しています。そのスキに立田の前は一間の小部屋に内密にかくまっていた妹の苅屋姫をつれ出します。道真流罪の原因となった道真の養女苅屋姫をなんとか父道真と対面させたい。しかしそんなことを母覚寿が許すはずもありません。

そこへ立田の夫宿祢太郎がやってきて、苅屋姫を見つけます。宿祢太郎はすでに触れた通り、剽軽（ひょうきん）な少し変わった性格の男です。その男の父兵衛とのやり取り、言葉づかい、あるいは状況への反応の仕方といった日常の現実の細かさをリアルに描写するところが義太夫の語り物としてのおもしろさで、それがないと舞台の奥行も人情の機微もうかんできません。翌早朝出立の決まった道真の、その打ち合わせのため宿祢太郎は、警護の責任者判官代輝国の宿へ出かけて行きます。

もう時間がない。立田が今夜にも苅屋姫を道真に会わせようとするところへ、覚寿があらわれます。「不孝者どっちへ往（ゆ）く」。この登場のたった一句で、この六十に余る有髪（うはつ）の尼の老女の激しい、しかも筋の通った性格が出ます。覚寿は手に持った杖で苅屋姫を打とうとします。ここからこの段の「杖折檻」という名称があります。立田は、覚寿に常々あなたは一度菅原道真の養女にしたからには苅屋姫はもはや自分の娘ではないといっている。それを打つ権利はないはずといいます。それに対して、覚寿は道真は自分の甥、さすれば姫は甥の娘。だから折檻する権利があるといいます。いつ、どこでも女のケンカはおもしろい。ことにこの言葉争いは聞きものです。浄瑠璃はもともとは能と同じく中世の語り物ですが、その浄瑠璃が近世に至って、せりふ劇になります。そのせりふのケンカがおもしろい。こういうところが義太夫のおもしろさです。

そこへ障子の内から道真の声が聞こえます。姫はわが娘ながら皇弟斎世親王の恋人、その皇族に列する娘に傷をつけてはならない。それを聞いた覚寿が杖を捨てます。「産みの親の打擲(ちょうちゃく)は養ひ親へ立つる義理。養ひ親の慈悲心は産みの親へ立つる義理」。苅屋姫は結構な親を持ったと泣きます。「持ったく〳〵と目に持った」では、わずかにこの一句に覚寿の気品と慈愛を表現するのが聞きどころです。ところが障子を開けてみると道真の姿はなく、木像がある。この木像は覚寿が遺品に欲しいといったので道真が自分で彫った。ようやく三回目に彫り直してはじめて魂が入ったといって覚寿に与えたものです。木像が声を出した。すなわち最初の奇蹟が起きるのですが、この木像こそ、この覚寿の館を道明寺という寺院にして今日まで伝えられている神像だということになります。したがって奇蹟は今日に伝わる生きたドラマなのです。

――苅屋姫を叩かないように伯母を止めるのに人間のままではだめなんですか?

もしこれが人間の言葉だったらば、人間の愛情――単なる親子関係による言葉ととられかねない。

しかし、神像がいったらば、それは神の言葉――天下の道理という重みをもつのです。さらにその一方、木像は道真の身替わりですから、これは道真自身の言葉と考えてもいいでしょう。こうして最初の奇蹟は「人間＝神」という後段の布石になるのです。

――そもそも、道真が苅屋姫に会えない理由がわからないです。そんなにシークレットにしなければならないなら、田舎とはいえ野原で牛車はまずすぎるのでは？

苅屋姫が直接養父の道真に会えない理由は、彼女が「不義」をした。しかもその相手が親王だからです。道真は自分はどうなってもいい。しかし、わが娘の不始末によって皇位継承権第一位の斎世親王を「不義者」にしてしまった。おそらく斎世親王は皇位継承権を失うでしょう。それが天皇に対して言い訳のできないことなのです。なお、加茂堤(かもづつみ)で親王と姫が東の間の逢引(あいびき)をした牛車は、加茂神社の公用駐車場に停まっていたので野原ではありません。

そこへ宿祢太郎が輝国の旅宿(りょしゅく)にいた父の土師兵衛とともに帰ってくる。夜明けには道真出発。兵衛はここへ泊まらせてくれといい、覚寿は快く承知します。立田、宿祢太郎、兵衛、苅屋姫、一家親族五人、一見幸せな家族を見せて、「杖折檻」は終わります。

ここで文楽では、杖折檻で使った座敷を舞台の上手(かみて)に引いて庭の池の場になります。「東天紅」とは鶏の種類であり、この名称は「コケコッコー」という鶏の鳴き声を「トウテンコー」と聞いたところからきた名前です。この段では鶏が重要な役割を果たします。ここには時計がありません。一番鶏の声が夜明けを知らせるのです。藤原時平から依頼された土師兵衛の道真暗殺計画は、まず実際の刻限よりも先に一番鶏を鳴かせ、判官代輝国が迎えに来る前に偽の迎えによって道真を誘拐しようというものでした。そこで兵衛は鶏を熱い湯を入れた竹筒にとまらせて庭の池に差し出し、鬨(とき)を作らせよう（鶏を鳴かせて時刻を知らせよう）とします。兵衛がこの家に泊まったのはこの計画のためでした。しかし少し賢さの足りない宿祢太郎は、この父親の計画をまるで子供だましだと笑います。

　この二人の密談を、夫を探しに来た立田が聞いてしまった。舅(しゅうと)兵衛と夫太郎を諫(いさ)める立田。計画がもれることを恐れた兵衛は、太郎に目くばせして立田をだまし討ちに殺してしまう。しかし根っからの極悪人ではない太郎は父のいうことを聞きながら、妻も愛している。その複雑な感情をユーモラスに見せるところが太郎の特異なおもしろさです。父にとどめを刺せといわれて太郎が「只今(ただいま)」というところが見せ場です。とどめを刺すのに躊躇(ちゅうちょ)するのがおかしいのは、これほどの悪党がさすがに女房には惚れているからです。立田を殺した父子は池に死骸を沈め、その上に鶏を置きます。鶏が死体の上で鳴くという習性を利用するのです。案の定、鶏が鳴く。一羽の鳴き声が村中の鶏に伝染して、たちまち一村全体に夜明けを知らせます。父子は狂喜します。

　これでこの段は終わってもとの館に戻りますが、この段の特徴は「杖折檻」と対照的なことです。対照的である点は第一に「杖折檻」が奇蹟による神話であるのに対して、「東天紅」は卑俗な悪の姿をもっていること。第二は、同じように深刻な場面でありながら「杖折檻」は涙、「東天紅」は笑いにつつまれていること。そして第三に「杖折檻」がロマンティックなのに対して「東天紅」は現実の血みどろの殺人を描いている点です。以上三点。池のほとりには暗闇が広がっているのです。

――このDVDでは偽迎いの役人のほうがずっとウケてます。「杖折檻」と対照的に「笑いにつつまれている」というほどには見えませんでしたが……。

ここには偽迎いの役はまだ登場しません。それに偽迎いはただの三枚目役で宿祢太郎とは役柄が違います。目先だけで見ないでください。もっとも山城（↓350ページ）でないと宿祢太郎のおかし味はよく出ませんが。鶏の声を聞いて館はいっせいにざわめき立ちます。いよいよ道真出発の刻限だからです。「丞相名残」がはじまります。

そこへ迎いが到着します。むろん兵衛の計画した偽の迎いです。このまだ暗いうちに出発する光景は、人々の走り廻るさま、人々のゆれ動く感情、まことに印象的で、こういう光景を描き出すところに義太夫の語り物としてのおもしろさがあります。

――「行末祝ふ熨斗(のし)昆布」という、罪人として流されるのになぜ祝うのですか？

これは旅立ちを祝うための儀式だからです。たとえそれが流罪であっても、九州という僻地(へきち)への長旅ですからその旅立ちは水杯(みずさかずき)で出発するほどの別れの覚悟が必要です。その別れの悲哀を縁起よくするために祝わなければならないのです。

——木像なのになめらかにお辞儀をしています。役者はカクカクと人形っぽく動きますよね。

作者はここで観客に一杯食わせたんです。だから歌舞伎では木像であることを強調しますが、逆に人形はそれなりに人間臭くやるのです。歌舞伎のやり方はある意味で底割り（そこわ）です。正しくありません。道真が出発します。それを見送った覚寿が立田がいないのを不審に思って、使用人たちに館を探させます。そして池の中から遺体が発見されます。だれが殺したのか。サスペンスに富んだ展開です。むろん観客は兵衛父子が殺したことを知っている。しかし覚寿は知らない。知らないけれども、覚寿は素知らぬ顔で犯人を詮議する太郎の着物の裾（すそ）が切れていること、遺体がその裾を口にくわえていることから、夫太郎こそ真犯人であることを知ります。そしてスキを狙って太郎を殺します。立田につづく親族殺人。館の騒動は血みどろになります。ここが覚寿の見せ場です。

大の男（おのこ）を仕留める老女、さすがに河内郡領の、武芸のかたみ残されし、後室（こうしつ）とこそ知られけれ

ただの老女ではない覚寿の、この男まさりの行動は驚くほかありません。神話は、この野生の残酷さのなかから生まれるのです。判官代輝国が迎えに来ます。覚寿はすでに道真は出発したと告げます。そこへさっきの偽迎いがあたふたと戻ってきます。途中で見たらば道真は木像だった。本ものの道真を渡せとわめきます。そんなはずはない。さっき渡したではないか。押し問答の末に戸を開けると本ものの道真が姿をあらわす。驚いた偽迎いが戸を閉めるが、不審に思った偽迎いがあたりを探させると一味の太郎が倒れている。あわてた偽迎いの叫びで、行列のなかから兵衛が姿をあらわします。瀕(ひん)死(し)の息子に驚く父親。またしても館のなかは大騒動になります。が、これで兵衛の陰謀が明らかになります。しかしそれでも人々にわからぬのは、木像の奇蹟です。

ここまでの道真はすべて身替わりの木像です。兵衛の陰謀が明らかになって、偽迎いが閉じ込めた輿(こし)の戸をあけると、さっき中へ入ったのは木像。そこで障子屋体(しょうじやたい)から丞相の声が聞こえてきます。この声がはじめて登場する人間の——つまり本ものの菅丞相です。この身替わり劇は、古く浄瑠璃の世界に流れている伝統によっています。信仰心の厚い人間の災難を、神仏が身替わりになって救うというドラマです。したがって戦国時代に流行した「影武者」の身替わりとは違います。この『菅原伝(すがわらでん)授手習鑑(じゅてならいかがみ)』では、のちの四段目「寺子屋」で、菅丞相の一子菅秀才の災難を救うために松王丸(まつおうまる)の一子小太郎が身替わりになりますが、それは「影武者」のほうで、この場の木像の場合とは違います。その木像が身替わりになって菅丞相の災難を救う奇蹟は、ここで本ものの丞相が姿をあらわすことによってはじめて、その真相が明らかになります。丞相が三日にわたって三度作り直した木像。今も道明寺に残る「白木の天神」としての木像が、魂が入って丞相の危機を救ったというわけです。

ところでこの木像と人間との関係はどうなるのでしょうか。それには姿をあらわした丞相の長い述懐に注目する必要があります。この述懐の間に人間道真が神格を得ていくからです。注目すべき点は三つあります。第一に、丞相はしばらくまどろむうちに気が付いたらば立田を殺す兵衛父子の行動を見ていたということです。もし丞相が気が付いていたらば、その時なぜ止めなかったのか。現実には無力だということを丞相自身よく知っていたからです。精神的に偉大な宗教者は現実には無力です。仏陀もキリストも現実には無力な存在なのです。これで丞相も神格をもっていたことが明らかになります。第二に、この奇蹟を証明するために丞相自身が二つの例を引いています。一つは日本の画家巨勢金岡の描いた絵の馬が夜になると絵から抜け出して庭の萩を食べた。もう一つは中国の画家呉道子が描いた龍が絵から抜け出て雨を降らせた。この二つの例は、奇蹟を起こした木像のいわばアリバイです。この引用によって木像が人間に近づきます。木像でもそこに魂が入れば人間になる。丞相自身の無力、芸術による奇蹟の引用。この二つによって木像と人間の距離が並びます。距離はありますがグッと近くなったといえるでしょう。

そこで第三の点があらわれます。すなわち丞相の決定的な告白です。「身は（現実の私の身体は）荒磯の島守りと、朽ち果つる後の世まで、形見と思し召されよ」。身体はなくなっても魂はこの木像に残る。それはいま見た奇蹟が証明しているだろうというわけです。ここには重要な事実が含まれています。現実に菅原道真は九州へ流されて再び都へ帰ることはなかった。そして都へ帰ったのは恨みをのんだ雷神としてであって、この幻想を恐れた朝廷は、道真を天神として、つまり神として祀った。都へ帰った時、道真は神だったのです。これはだれでも知っている。それをふまえて、この告白を聞けば、「白木の天神」と、そこに並んでいる人間丞相がもはや一心同体であり、ということは人間が生きながら神格を得たということにほかなりません。

ここにこの奇蹟劇の本質があります。文楽の人形遣いは、この役をつとめる時には、「式三番叟」の翁と同じく斎戒沐浴をしました。不浄のもの、魚肉は食べない。セックスもしない。身体を清浄に保って、いつでも神格を受け入れるためです。ことに木像の時は足を動かさない。ただ動かさないばかりではありません。無機物、つまり木像になり切るためです。同時に菅丞相も手を動かしたりしない、泣くといっても手で目頭をおさえたりしない。ハラのなかで泣くのです。人形遣いだけではありません。太夫も三味線弾きも同じです。たとえば三味線弾きは木像の時は糸の余韻を消します。余韻を消すには左手の糸をおさえる三本の指、ことに薬指が大事です。そのために三味線弾きは風呂へ入っても湯に指を入れないのです。長い間湯に浸しているとふやけるからです。

――「残る、威徳ぞ、ありがたき」といった事件からの後日談、現在の我々からの視点が、こういうところにスパンと入ってくるのはなぜなんですか？

こういうところが浄瑠璃のおもしろいところです。さんざん血みどろの大時代のことをやっておいてパッと時間が飛んで、これは昔のお話、でも今はあの神様の木像なんですよというふうに現代の日常、現実の視点が入ってくる。それが事件を相対化する。ここがおもしろいところです。これでドラマに夢中になっていた観客を現実に引き戻すんです。そうすると今までのドラマが一度虚構になり、さらに虚構から逆に現実味を帯びて見えてくるのです。

神格を得た丞相は、「生けるが如き御姿」の木像とともに神の姿になります。しかし人間が生きながら神になることを表現するのは、並大抵のことではありません。これこそ演劇の奇蹟ですから工夫がいります。その工夫こそ、実は人間的な感情を強調することであり、その音楽的な陶酔でした。

いよいよ出発。またあらためての暇乞い。ここで三味線が一オクターブ高音になります。

覚寿が餞別に小袖を出します。伏籠という大きな籠――衣服に香を焚き込めるための籠ですが、その籠にかけた小袖。籠の中には苅屋姫が隠されています。つまり覚寿は苅屋姫をつれて行けといっている。それも丞相は拒否します。この小袖は身寄りのないあなたのそばに置いていく。

――和歌を詠じることも神格化につながるというのは、どういう意味ですか？

折口信夫によれば日本文学の発生は、神の言葉にあるといいます。その神の言葉を写すことによって文学が生まれた。和歌はそのなかでもっとも古い形の文学形式です。もし菅原道真が神になった人間だとすれば、その口から出る和歌こそは神の言葉なはずです。ここでは道真はまだ人間ですが、白木の木像と並んで神になりかかっている。だから和歌を詠むことによってその神性を示したといえるのです。この和歌が詠まれるまでの丞相と覚寿の対話は伏籠に苅屋姫が隠されているという前提ですすみます。その隠されているというところが大事。秘すれば花。秘するからこそ花。無限の味わいが出るのは、そこに人間の感情が隠されているからこそかえって強く出る。神格を強調するにはもっとも強くこの隠されている激情を強調するという矛盾した逆説が一番いい。神格と人間性。この二つがウラオモテになって交錯するところに、別離の悲しさの、声にならない絶叫がうかび上がってくる。

「前後左右を囲まれ」た丞相の行列が動き出します。ここは山城少掾と四代目清六（せいろく）（→３６４ページ）の名演奏が残っていますから、だれでも聞くことができます。ここは実に名曲ですが、ことに三味線が大事で、複雑な手がついています。しかも露骨に感情を表現することができない。有名な腕自慢の三味線弾きが、ここぞとばかり弾きまくったらば、お前の弾く菅丞相は豆しぼりの手拭をかむっているといわれた話は、この三味線が腕だけではすまないことを物語っています。四代目清六も名人でしたが、それでも人形遣いの名人で菅丞相を遣っていた二代目吉田栄三（よしだえいざ）（→３７１ページ）が「涙の、玉（たま）の、木槵樹（もくげんじゅ）」で、そう弾かれたらば、丞相は後ろ髪を引かれるように後ろに戻れない。スーッと九州へ行ってしまうといったという話も、いかにここがむずかしいかを語っています。行きたいけれど行けない。行けないけれど行かなければならない。ことには反逆罪に問われている丞相は、苅屋姫の顔を公然と見ることもできない。という苦しみが、この怒涛（どとう）のような音楽にこめられているのです。

　こうして血みどろの惨劇から生まれた神話は完結します。なぜこの神話が私たちにとっても必要かといえば、人間は自分の運命を知ることができない——たとえばこの段最後の文句にある通り「これぞこの世の別れとは、知らで、別るゝ別れなり」。自分の死の時さえ知ることができない、その残酷な運命にさらされた人間を救う唯一の道は神話にあるからにほかなりません。

山の段

風とはなにか

『妹背山婦女庭訓』は江戸時代後半の時代浄瑠璃の代表的な傑作で、その三段目がこの「山の段」です。「上級編」で扱った「金殿」は四段目です。三段目の最初が「定高館」、それからこの「山の段」になります。蘇我入鹿がクーデターを起こして天智天皇を追放。大和の国の太宰少弐の未亡人定高の館に来て、紀の国の大判事清澄を呼び寄せて、二人に命令します。大判事清澄の一人息子、久我之助清船が天智天皇の愛人采女をかくまっている疑いがある。俺がそばで使うから降参させて連れて来いと。

——降参させてってどういうことですか？

つまり服従してないから。俺に仕えるようにと。久我之助はもともと天皇の側近で入鹿の家臣ではないからです。

――天皇の愛人、采女の付き人ですよね？

そうそう、だから天智天皇の家来で、いまは亡命している。入鹿とは敵対しているから降参して自分に仕えるように出仕させろということです。定高に対しては、娘の雛鳥（ひなどり）を参内（さんだい）させて俺の愛人にしろということをいうわけです。この段を「花渡しの段」というのは間違いです。「花渡しの段」というのは「山の段」に出てくる定高と大判事が桜の枝を一枝ずつ持っている、それをその前の定高館でもらうというところからだというんですが、ちゃんと義太夫をお聞きになればよくわかりますが、蘇我入鹿はそこに生けてあった桜の花を欄干（らんかん）にぶつけて散り散りにしてしまうわけです。「花を渡さずの段」なんだから「花渡しの段」っていうのは間違い。ですから、「定高館の段」というのが正しい。

――でも、ＤＶＤを見ていると、二人とも花を持ってきますよ。

それは歌舞伎のやり方で、二人は手ぶらで来て妹背山に着いてから、そこに咲いている桜の枝を折るのが本当です。

定高と大判事は息子と娘を説得するということになりまして、吉野川を間に挟んだ背山（せやま）と妹山（いもやま）へ行くことになります。場面が変わって「妹背山」。能には、一曲のある部分をとりだして「何々の段」というい方があります。たとえば『海士（あま）』のシテの珠取（たまと）りのところを「玉の段」というのです。「山の段」もそういういい方です。文楽には『由良湊千軒長者』に「山の段」というのがありますが、「妹背山」のほうが有名です。これは大和にある妹山と背山という二つの山が古代から男女にたとえられた山で有名だからです。この曲が重い曲なのはこれが第一。

第二に、一幕二時間以上かかるということもあるんですけども、それ以上にスケールの大きい世界全体を見渡した叙事詩だからですね。たとえば、大判事は「天地から見る時は（人間は）同じ世界に湧いた虫」といいますが、そういうふうに人間よりも世界そのものが主役になっている。最後の段切れのところで「桜の林の大島台」と大判事がいいますが、これも二つの山全体が二人の若者の死の婚礼の島台になって、桜がその島台の飾りになるという、そこがこの曲の非常に大事なところですね。スケールが大きい叙事詩。山城（→３５０ページ）のＣＤのマクラを聞いてください。

古への、神代の昔山跡の、国は都の始めにて、妹背の始め山々の

山城のマクラの壮大さでもわかるように、これは古代からの神話をいいます。

第三に、この曲が重いのは「掛け合い」という演出のためです。昔から、掛け合いで演じる演目というのは非常に限られているんですね。いちばん有名なのは「忠臣蔵七段目」、それから「阿古屋」の琴責、道行の景事がたいてい掛け合いです。「妹背山」でいうと「道行恋苧環」です。『義経千本桜』でいうと「吉野山」です。景事というのは、浄瑠璃に合わせて人形が踊る舞踊をいいます。しかし、普通のドラマで掛け合いになるのは非常に珍しい。珍しいのですが、「妹背山」は初演から掛け合いなんです。初演は、背山が染太夫（そめたゆう）、妹山が春太夫（はるたゆう）という二人の名人が語ったのですが、今日では大判事清澄と定高と久我之助と雛鳥を四人の太夫が語ります。舞台に向かって右手、男ばかりの背山を本山（ほんやま）。下手（しもて）、向かって左手のほうの女ばかりの太宰の後室（こうしつ）の住まいが脇山（わきやま）。本山と脇山というんです。それほど、山っていうものは大事なんだね。初演の染太夫という人はしっとりと人情の機微を語る名人で、一方、春太夫は華やかで色気のある名人だったんですね。男の背山を染太夫、女の妹山を春太夫としたところがこの曲の大事なところです。

この本でも、この演目が最後になっていますが、これはここで浄瑠璃の「風（ふう）」というものに触れたいからです。風とは初演の舞台の太夫のことで、それがその作品の内容を反映しているのです。風には二つありまして、一つは竹本座系を西風（にしふう）、豊竹座系を東風（ひがしふう）といいます。「妹背山」は竹本座の作品ですから、当然西風です。その上で初演の太夫の芸風を、たとえば染太夫風、春太夫風というようにいうのです。素人の観客にはわかりにくいことですが、それが多少ともわかるのがこの段です。

——「七段目」のときも本山、脇山という言い方をするんですか？

いわない。「山の段」の時だけ。その三点をもって「山の段」は非常に特殊な曲なんです。

——これは近松半二（ちかまつはんじ）が偉くなってから書いたんですか？

晩年の作品です。

——晩年だからいい作品に違いないと思って、みんながそこまで仕込んだんですか？

いや、竹本座は潰れかかっていたから必死だったんですよ。「妹背山」は潰れるのを食い止めたほど大当たりをとったんだけど、結局、竹本座はこれが当たったあと潰れちゃうんだけどね。潰れかかっていた竹本座を一時的にもせよ再興させた作品なんです。再興させるために気合いも入っていたからこそ、本山、脇山というのも最初から設定したわけで。それだけ重い曲なんです。私が文楽を見はじめた戦後にはめったに見られないものだったんです。だから山城少掾のは録音しか知らない。「山の段」をはじめて見たのは、因会と三和会が合同した時、戦後十年たってやっとでした。昭和三十一年十月二十八日新橋演舞場です。本山が若太夫（↓３５１ページ）綱造（↓３６１ページ）の大判事と越路大夫（↓３５７ページ）喜左衛門（↓３６５ページ）の久我之助。脇山が綱大夫（↓３５３ページ）弥七（↓３６７ページ）の定高と伊達太夫（のちの土佐大夫　↓３５６ページ）藤蔵（↓３６５ページ）の雛鳥。人形は大判事が玉助（↓３７２ページ）で久我之助が玉男（↓３７６ページ）。定高が紋十郎（↓３７０ページ）、雛鳥が紋之助（のちの豊松清十郎）。それは気迫のこもった名舞台でした。たった一日だけでしたが忘れることができません。

——赤と白の幕って文楽だからですよね？

紅白の段幕は歌舞伎じゃ使いませんけれども。文楽でも昔はなかったんじゃないですか。ところで舞台に流れる吉野川は国境線になっている。真ん中で動いているのが滝車（たきぐるま）ですね。妹山と背山の屋体（やたい）は文楽はほとんど同じですが歌舞伎のほうには微妙な工夫があって、同じようなつくりで両側から屋体が出ているのですが、上手（かみて）の背山のほうがちょっと高い。妹山のほうがちょっと低い。壁の模様も妹山が扇面散（せんめんち）らしで派手、背山が遠山（とおやま）で地味です。文楽は一緒です。腰元は小菊（こぎく）と桔梗（ききょう）の二人、雛鳥についていています。三月三日弥生の節句というわけです。あくまで対照的に背山と妹山ができている。妹山は女性ばかりで華やかな色彩、背山は男ばかりで家来はいなくて久我之助一人。

――「谷川を見晴らし桜の見飽（みあき）」ってなんで見飽なんですか？

いっぱい咲いてて見て飽きるほどだという意味です。

奈良に都があって蘇我入鹿の反乱だから、この話の世界は古代の神話時代です。でも、実際は初演当時の江戸時代の感覚になっています。江戸時代には大名同士の領分の境目の争いがいろんなところで起きている。有名な伊達騒動もそこからはじまるわけだしね。この場合には、大和国と紀の国の国境には吉野川が流れている。川が国境だからはっきりしているじゃないかっていうんだけど、吉野川以外のところの国境の争いで両家の仲が悪い。要するに、ロミオとジュリエットですよね。シェイクスピアは両家が喧嘩している原因を書いてないわけですが、この場合には国境線の問題だとはっきり書いてある。それにこの国境がもう一つ大きな意味をもっているのは、大名たちが手を組んで反乱を起こさないように入鹿が各国の交流を遮断している。独裁者としては当然ですね。したがってどこの国も国境を封鎖している。大判事も定高も例外ではありません。表面は仲が悪いように見せながら、久我之助と雛鳥の交際をきっかけに両国は同盟を結ぶのではないか。そのために入鹿は部下の弥藤次（やとうじ）に命じて遠眼鏡（とおめがね）（望遠鏡）をもって背山と妹山へ向かった大判事と定高を天の香具山（あまのかぐやま）の絶頂から監視しろと命じています。この大きな世界はすべて監視下にあるのです。そのことを大判事も定高も知っていますから、滅多なことはできない。二人ともそれを前提に、ある意味で自分の役割を演じている。そこにもこの作品の特殊性があります。

――先代からずっと喧嘩しているんですか？

先代からではなく、大判事と太宰少弐、今は亡くなった定高の夫が喧嘩している。しかし久我之助と雛鳥二人は恋仲なんだよ。それが引き裂かれて、交際することもままならない。久我之助が背山に庵（いおり）を構えて潜んでると聞いたので、ちょうどここに定高の別荘があるから、そこに来て雛鳥は少しでも会いたいと思っている。雛鳥の「妹背の山の、中を隔つ吉野の川に鵲（かささぎ）の、橋はないか」っていうところ。そういう閉ざされた雛鳥の恋の思いをここは語るところです。

――「ほんにひょんな色事で」っていうのは二人が付き合ったということですか？

そう、偶然に巡り会ってね。ところでこの川、激流なんだよ。吉野川は下流へいくと結構穏やかな大河になるんですが、妹山背山の間は激流なんですよ。流されたら紀州の浦へ出て、鮫の餌食になっちゃうんですよ。だからこの川は渡れない。激流にへだてられた恋はまた激しく燃え上がる。

――後室様のお裁きを腰元が粋といっているのは？

別に定高は久我之助と二人の恋を成就させようと思ってるわけではない。でも、年頃の娘が恋しい男のことであんまり気鬱にしてるのも具合が悪いから、ちらっと姿を見て気がすむなら、ということです。定高の態度は常に曖昧なんだよ。その曖昧なところが重要なんです。母親だし、女領主だから、いろいろなことに対応しなければならない。多面性を持っているということですね。ここが定高の懐の深いところでもあり、逆にいうと悲劇を招くところでもある。

これでそれまで閉まっていた背山の障子が開きますね。この障子の開くところは久我之助を遣っている人形遣いはいい気持ちらしいですよ。初代の吉田栄三（↓３７１ページ）も告白していますが。女が今まで大騒ぎしていたところに、すっと一人だけ出てきて、桜の中で恋を想いながらお経を読んでいるっていうのがなんともいえないいい気持ちなんだそうです。初代鴈治郎が頬杖をついている写真があったでしょう。鴈治郎も、やはり同じようなことをいってます。

――女の人のことをバカっぽく書きますよね、古典って。

そうだけど、それはある意味でいえば野性的で開放的でかつ純粋なんだよ。作者は客席にいる女性の日常が抑圧されているから舞台で解放してやろうと思っているんだよ。

――いやでも、この女性チームのやり取りは歌舞伎より文楽のほうがさらにアホっぽい。

そんなことない、かわいらしい。つまり、雛鳥の簑助がうまいから、雛鳥の思いが奔放に出るのでそう見えるのでしょう。アホっぽいのとは違う。昔の文五郎（↓369ページ）の雛鳥は派手に動いたけれどこんな細密なハラ芸ではなかった。

――えっ、いまのハラ芸なんですか？

腰元が話している間、うつむいているでしょう。女たちが何をいっているかなんて聞いてない。その恋の想いにひたっているのが、この役のハラなんですよ。

――「どうしよう」みたいなことですか？

聞いてはいるんだよ、顔が反射的に動いているから。だけど恋一筋、心の中は久我之助一本槍だから、耳へ入っているようで入っていない。ここ、久我之助のことばかり思ってるでしょう。反射的に顔は腰元のおしゃべりのほうに向くけど、腹の中では聞いてない。

久我之助のほうは、最初から女性陣と違って死ぬ覚悟をしている。表に出さないだけ。天皇の愛人を救って、自殺を偽装して逃がしたせいで、独裁者がどんどん追い詰めてきている。いずれは自分の身にも、そして、その愛人にも危険が迫ってくるだろう。そうなったら、自分は天皇のために死のうと思っている。だから、そのためにお経を読んでいるわけ。お経を読んでいるというところが、この男の精神なんだよ。自殺するつもりは毛頭ないけれど、そういう危機が迫っていると予想している。

――そういうようなことを父親がいわれて帰ってくると覚悟しているんですか？

いやいや、いま、親が呼ばれているということは知らない。でも、いずれは独裁者が攻めてくるだろうということは感じている。

――いま親が呼び出されていることは子供たちは知らないんですね？

息子と娘は知らないんだよ。

――それでお経を読んでいるというのはグッときますね。

そうなんだよ。大事なんだよ。「経読む鳥の音も澄みて」というのがこの青年の心境です。「経読む鳥」とは「法法華経」と鳴く鶯ですね。その声も「澄」んでいるけれども、その声を聞く人間の心も澄んでいるというわけです。鳥が「法華経」と鳴いて、その「法華経」を読んでいるのがミソですね。吉田栄三が気持ちいいっていうのはそれだからでしょう。すべてを達観して気持ちよくなっている。「机にもたれて久我様の、物思はしいお顔持ち」という感じなわけ。それを、気持ちいいと表現したわけでしょう。女たちの声は激流の音にさえぎられて聞こえないわけだよ。だから、石つぶてを打つ。よくできてますね。こういう趣向が、舞台の空間を神話的にするために効果的なんです。手紙を石にくくりつけて、その石を打つ。だけど当然、川に落っこちてしまう。でも、何かが流れているということに久我之助が気付く。

――紙だけでは届かないから、紙飛行機の頭を重くするみたいな気分で石をくくったんですよね。これ、届いているんですよね？

届かない。「流れゆく」っていってるじゃない。しかし、その水に落ちた様子でフッと気が付く。

――「女力の届かねば思ふたばかり片便り」の「女力」って怖いんですけど。

か弱い女の力という意味です。しかしか弱いけれども女の思い、恋の思いは強い。たとえば松浦佐用姫の伝説は、男を恋しいと思って男の乗ってた船を追ってずっと叫び続け、ついに岬の先で石になっちゃった。このあとに出てくる雛鳥の「松浦佐用姫の石になりともなりたい」というのは、その佐用姫ほど激しい恋に生きているということです。自分も石になりたい。「ひれ伏す山のかひもなき」というところが大事ですね。

手紙は届かないけれど、くっつけた石の音で久我之助が気が付くんですよ。久我之助はさっきいったような精神状態だから、打った石が渦に流されていくのを見て、自分の運命を見る。時代の流れに沈んでいくんだな、と。そこではじめて、父親はどうなるのだろう。天皇の行く末はどうなるだろうか、と思う。それを占うために願いを柏の葉に書いて流して、沈むか沈まないかで占う。だから、この葉をとるために庭先の柏の木が大事なんです。

――大判事が入鹿に降参しているのは、長い物に巻かれているのですか？

入鹿が父親の蝦夷を殺してクーデターを起こしたときに、大判事はその場にいたんだよ。しかも、天皇の忠臣という立場だったから、入鹿は「こいつを味方につけなければ」ということで脅迫したんですね。大判事は、とっさに、俺が降参しないと天皇が危ないと思ったから降参して入鹿側に付いた。それを息子は疑っている。久我之助は父親が降参して入鹿についていても、自分は天皇側だから清廉潔白に通そうと思う。でも、大判事の心が疑わしいから、それを占うというわけです。そのために庭におりると、雛鳥のほうの視線が来るから、そこで二人が会うことになる。

――大判事と久我之助の間にそんなことがあるなんて知らなかったです。

よく読めば書いてある。「敵に従ふ父大判事殿の心、善か悪かを三つ柏」。善か悪かというのは、本当に本心から入鹿についているのか、それとももっと別な思案があってのことなのか、ということです。どっちが本当か、それを見ると「三つ柏」が掛かっている。

――親がどう思っているのか、息子なのに訊けないんですか？

だって、息子は天皇の愛人を父親にいわずにかくまっているくらいだから。父親は敵方だし、そんなことといえる状況ではない。

「顔と顔、見合わすばかり」というところが両床の合唱になる。久我之助の太夫が「心ばかりが抱き合い」の「い〜」と語ると、雛鳥の太夫が「だ〜」、向こうが「き」、「あ」、「い」と、こうなる。「妹背山」のなかには何ヶ所か掛け合いがあるのですが、いずれも大事なところです。楽譜がないから合いようがないところを合わせるのが見せ場。「だ〜」といって、シャンと三味線が弾く。男のときは強く、女の時はシャンの音が柔らかい。それがおもしろい。「詮方涙先立てり」で最後に一緒に語る。絶唱です。山城と綱大夫のCDを聞いてください。現実には二人は抱き合えない。「心だけが」抱き合っている。その想いがこの掛け合いに出ます。この師弟のイキがピタリと合って絶妙です。一字一字がそれで盛り上がってきて、最後に怒涛がくだけるように一緒になります。太夫二人、三味線二人が一体になるんです。

次に雛鳥のくどきですが、「七夕の鵲の渡せる橋はないかいな」。つまり、一年に一度、牽牛と織女が会う七夕のときは鵲が橋になるという伝説があるから、鵲の渡せる橋はないかいなというのが、雛鳥の想いであり、見せ場。上品な大名のお姫様が激しい恋に燃える気持ち、色気が出ればいい。私がはじめて見た歌舞伎の「山の段」は雛鳥が歌右衛門（当時芝翫）でしたが、その後に彼が演じた定高より数等いい。歌右衛門はこういう役柄の人ですが、先代芝翫は逆で、雛鳥よりも定高向きです。

雛鳥が川に飛び込もうとするのを久我之助がそんな親不孝なことをしてはいけないと止めます。吉野川は激流だから死ぬでしょう。しかし、だから止めるだけではない。吉野川は国境線だから、無断で渡ってはいけない。ビザ無し通行はだめだと。「命だにあるならば又逢う事もあるべきぞ」。いいせりふです。近松半二が書いている文章は、この「山の段」なんて、本当に一言一言が珠玉の文章といってもいい。

――ここは大判事、親の別荘ですよね。隠れてることにならなくないですか？

事情はいえないけど、自分としては、天皇が亡命しちゃった以上、どうしようもないから親の別荘に住んでいる。それだけのこと。こういうところ、玉男のうまいところですよ。思いがすごく出てくる。たいして動いているわけでもないのに。

――どういう思いが出ているんですか？

この状況のなかに閉じ込められていて、どんな行動も起こすこともできない。父親の本心もわからない。桜の花のなかで未来をかけた柏の葉の占いに思い入れがある。「声は聞けども籠鳥の雲井を慕ふ身の上を」。彼は八方ふさがりの状況にいるわけだ。その思いがよく出ている。人形っていうのはやたら動くものではない。ハラで受けて心を表現するものです。

川に飛び込んで死にたいと雛鳥がいうので、それを久我之助が止めるところが仕どころです。「心ばかりが抱きあい」という最初の見せ場があって、雛鳥のくどきがあって、若者たちの非常に切ない恋が切々と迫るところです。そして、雛鳥が命を捨てても川に飛び込みたいといっているのを久我之助が止める。かろうじて、久我之助に理性が残っていたということだよね。久我之助が雛鳥を止めて、いよいよ大判事と定高が出てくるところまでが前半です。

――雛鳥が身を乗り出してジタバタ暴れるのにびっくりしたんですが。

歌舞伎は人間だからそうはいかない。ことに女形がやっているわけだから。そういう制約のためにできないことが、人形ならできる。人形は自由、そこが人形の特徴。人間ではとてもできない動作を、「妹背山」のお三輪もそうですが、「飛び上がるとかそういうことができる。だから、ここも見せ場なんです。

後半は、歌舞伎でいけば両花道を使うわけですが、やっぱり義太夫のうまい太夫が両側に並ぶと、文楽も両花道とはまた違った迫力が出ますね。大判事と定高の出と屋体に入るまでの二人のやり取りが後半最初の見どころです。定高の第一声「大判事様、お役目ご苦労に存じます」というのは、川を隔ててお互いに喋っているわけだから、その川を隔てている距離感が出なければいけないのと、ここで二人の親が何を考えているかという、二人の性根が大事です。大判事は、もう久我之助を殺さなければならないと思っているけれども、それは表には出さない。定高のほうは、「せめて一人は助けたさ」。何か救える方法がないかと思っている。これが二人のハラです。それぞれの家が一人息子、一人娘だから、このまま子供が死ねば両家とも断絶する危機感があるわけです。絶家になると大変だから、なんとか一方だけでも助かれば、この政治的な不安定な状況のなかであっても独裁者の前でなんとか危機を回避できるんじゃないかというところで、考えながら歩いてくるんですね。

花を歩めど武士の心の険阻刀して、削るがごとき物思ひ

険阻というのは山の危ないところ、険しい道。心の険しい道を、なお刀で削るくらい険しい。自分の身体、命を削るくらいの思案に暮れている。そこには「刀」がある。侍の進退を追求して心を削っている。大判事はそうなんだけど、定高のほうはそうではない。何か助かる方法があるんじゃないかと思っている。表面では強いことをいっていても、腹のなかとは別。嘘をついているわけだね。

――「声襠をかい取りの夫の魂」というのは？

声を打ちかけると着物の打掛がかかっている。かい取というのは打掛のこと。裾をからげて着ることをかい取というし、打掛そのもののこともかい取という。打掛の裾を引き上げて、かい取ったなかに刀を差している。夫の遺品である刀に夫の魂がこもっているから、それを片時も離さないでこの国を守っている女国主ということです。

清澄も一礼して、この役目をどう始末するかによって、蘇我入鹿の勅命、勅命というのは入鹿が勝手に天皇だといっているから勅命なだけなんだけど、降伏か死か、二つの選択肢のうちどちらかをとらなければならない。

――久我之助が拒否したらどうするのか、定高が大判事にストレートに訊くのが不思議です。

本当のことをいえるわけがない。本当のことをいうわけはないけれど、本心がちらっと出るかもしれないから顔色を見ているわけです。

――子供たちの声はあんなに届きにくかったのに、親同士はちゃんと声が届いています。

久我之助と雛鳥だってちゃんと喋ってるじゃないか。それに声は川風にのって聞こえてくるおもしろさがあります。「心ばかりが抱き合い」でわかっているように、声よりも心が届くことが大事で、それには言葉が身体化される必要があります。そこが芸のおもしろさでもあります。

出来の悪い息子なら殺したほうがいい。「畢竟親の子のと名を付けるは人間の私」と、親だの子だのといって私情を挟むのはよくない。「天地から見る時は同じ世界に湧いた虫」にすぎないという宇宙観が、この芝居の根底ですからね。このスケールが大事なんです。そういうところでこの論理を発展させると、同じ世界に湧いた虫というならば、独裁者だって虫じゃないかということになる。天皇だってそうじゃないかと。しかし、いま、さしあたって、そういう思いで事に対処しなければならないと自分は思っている、とこうくるわけですね。

――「何悴の一人など、葎に生る草一本引抜くよりも些細な事と」とあとでいいますよね。大判事、かっこいいですね。

そうそう、そういう男がクーデターが起きた時にどういう判断をしたかというところが問題なんですよ。こういう男だからこそ、降参したんでしょう。

――「同じ世界に湧いた虫」は息子にしかかかっていないと思ってました。

第一は息子だけど、息子だけじゃなくて、俺たちもそうなんだっていう。だから、親と子っていうことをいったってしょうがない。と、そこまでかっこよくいわれたから、定高は私はそうじゃない、って反対するわけ。反対のことをいって、またハラを探ろうとするわけね。あなたの息子のことは知らない、と。こういうところが、隣国同士の、隣の芝生は青く見えて喧嘩になるところだね。つまり、定高がここで何を考えているかというと、いっていることは嘘に決まっているんだけど、でも、そこにはほんの少しの真実も含まれていて、もし雛鳥が入鹿のことを気に入って嫁入りすれば、その口添えで久我之助を助けることができるかもしれないと思っているわけだよ。

――え、この人、そんないい人なんですか。そんなこといってます？

そういう方法もあるじゃないかって思ってるわけ。お妃さまと多くの人に敬いかしずかそう、と思ってるわけでしょう。そんなこと娘が「うん」というはずがないと片方では思っているんだよ。だけど片方では、もしそうなれば、妃は権力者でしょう。入鹿を色香で迷わせて（笑）。

――えー、そんなこと思ってくれてるんですか、定高は。

だから、このおっかさん、「助けふと殺さふと今の返事のたった一つ、貞女の立様、サア〱サヽヽヽ見たい」っていうわけ。その次のシーンにつながるから、ここが大事なところなんです。

――ガチで喧嘩している親同士が、なぜ相手の子供を助けようと思うのか……。

入鹿が嫌いだからだよ。独裁者が嫌いだから。

――入鹿が嫌いだと、どうしてそうなるんですか？

二人とも天皇の味方でしょう。天皇を救うためには、つまり、これは追い詰められた親子二組が天皇を助けるために死んでいく話なんだよ。入鹿のことが嫌いだから、この乱世をなんとか生き延びて、天皇を助けようということなんだよ。

――だから、どっちの家も断絶しても仕方がない？

仕方がないけど、あわよくば国も残ればいい、家も残ればいい。そこが大人の判断。久我之助と雛鳥は家はどうなってもいい、自分たちの恋が大事なだけ。他にあるとすれば、久我之助は天皇が大事と思っている。でも、大判事と定高は大人の判断だから、あわよくば家も助かる方法はないかということを模索しているわけです。

――相手の家だけでも、息子だけでもという美しい話なわけですよね？

それが自分を捨てても人を助けようという普遍的な愛情につながる。この一段は、家を捨て、武士を捨て、国を捨てても、その普遍的な人間愛に生きよう、そこに価値を発見しようというドラマなんですよ。

ところで、「栄花を咲かすこの一枝（ひとえだ）、川へ流すがしらせの返答」といっているわけだから、大判事が桜の枝を持って出てくるのはおかしい。「この一枝」といったときにそばの桜の「この一枝」を折るんだよ。

――定高の「お捌（さば）きを待っております」というのは、大判事の判断を待つという意味ですか？

違う。大判事は、入鹿に久我之助を降参させ、雛鳥を連れて入鹿の御殿に参内するようにいわれているわけだよ。大判事はもし久我之助と雛鳥の二人が入鹿の命令に従わなかった時は二人の首を斬る検死役なんだよ。最後に首を抱えるでしょう。入鹿に報告しなければならないのは定高ではなくて大判事なんだよ。だから、お裁きを待っている、と。

ここで再び掛け合いになります。「親と親、山と、大和路分かれても」というところで、「親」と「親」、「山」と「大和」と一語ずつ掛け合いになる。こういうところが大事なんですよ。極端にいえば、掛け合いになるところだけちゃんと聞けばいいわけ（笑）。山城と綱大夫のを聞いたら、こういうところ、ずーんとくるから。この掛け合いは大判事と定高の二人の「親と親」から、いわばカメラがズームアウトして世界全体に自然にカメラが広がっていくところが大事で、聞いている私たちももう一度人間をのみこむ自然風景――あのマクラの古代からの時空の流れへと入っていくのです。というところで後半第一の関門は終わりですね。

今度は、雛鳥のほうの妹山の屋体の障子が開きます。定高と雛鳥の対話になります。

「献上のこの花」ということは、ひな壇に飾る花という意味です。「備へてたも」だから。定高はここで庭先で桜を折っているわけだから。そのあとの「そなたによい殿御をもたす」っていうのも嘘だからね。縁談なんか持ってこないんだから。入鹿に命令されただけなんだからね。「ヲヽ太宰の少弐が娘雛鳥、美人の聞こへ叡聞に達し、入内させよと、モ有難い勅諚」というところの「太宰の少弐の娘雛鳥」が立詞です。立詞というのはゴシック体みたいなもの、大時代にキチッというところです。

——母親が「日本国（にっぽんごく）にこの上のない嫁入りの随一」といっている時点で、雛鳥は何かウラがあるなと思うわけですよね？

そんなことはないんだよ。天皇の皇后になるわけだから。ただそれを自分はよしとできないだけです。

——入鹿であってもですか？

入鹿だって即位してるんだからね。歴史上はただ政権を握っただけにすぎないんだけど、この浄瑠璃のなかでは一天万乗（いってんばんじょう）の君（きみ）になっている。天皇のことを一天万乗の君というんですよ。それを略して「一天の君を婿に取る家の面目」といっている。「日本国にこの上のない嫁入り」なわけですよ。

——これ本気でいってるんですか？

本気じゃないけれども、悲しいかな、それが事実でもある。天皇の命令の前では母親の本音がどうかなんてことはどうでもいいわけでしょう。入鹿が皇位を勝手に僭称（せんしょう）しているとしても、天皇は天皇、絶対的なんですよ。

——入鹿がどうこうではなく、天皇にいわれてしまっている時点で動かしようがない？

そうです。定高が咲き分けの桜を差し出す。これが八重と一重になっている。ここが肝心なところ。

気持ちには八重の気持ちと一重の気持ちと両方あるということなんです。心が二重構造になっている。嘘もつくし、表もあれば裏もある。その多面性はこの桜の枝にあるわけ。それを娘に差しつけるということは、つまり、お前も単純に考えちゃだめだよ、恋人のことだけ考えてもいいけど、そんなふうに単純に対応したんじゃだめだよ。いずれはこの家を、つまり大名の家を継ぐんだから、それには八重一重を持てという意味なんです。

此花は八重一重、互ひに不和なる親々の、心揃はぬ二つの花、一つ枝に取結び、切放すにはなされぬ悪縁の仇花、今そなたの心次第で、当時入鹿大臣の深山颪に吹散され、久我之助は腹を切らねばならぬぞや、雛鳥と縁を切って入鹿様へ降参すれば、清船も命を助かる

「此花は八重一重、互ひに不和なる親々の、心揃はぬ二つの花」といってるでしょう。「八重一重」には二重三重の意味があって、自分の心もそうだし、向こうの家とこちらの家の心が揃わない二つの花も意味してる。それを一本の枝に合わせて、「切放すにはなされぬ悪縁の仇花」というところは娘の気持ちがそのまま伝わっている。「いまそなたの心次第」お前の考え次第で、「当時入鹿大臣の深山颪に吹散され」。ここですよ。お前がオッケーすれば久我之助を救う方法があるかもしれない。皇后になって、采女の局をかくまっている久我之助の罪を赦してもらう。なぜかといえば、入鹿が知りたいのは采女の行方だけなわけだから、それを久我之助にいわせるか、あるいは久我之助の窮地を救うために自分が皇后になって勢力を使うか、「そなたの心次第」。もしお前がノーといえば、「深山颪に吹散され」て久我之助は腹を切らねばならないというところをよくわかっているだろうね？　その上で、お前と縁を切って入鹿様に降参すれば、清船も命は助かる。つまり、お前が本当に久我之助を愛しているのなら、自分が犠牲になって久我之助の命を助けろ、と母親はいっているわけ。そうすれば、この母親は利害にさといから、娘が助かれば太宰家も立ち行くと考えている。しかも、天皇の外戚になるわけだから、万々歳。この母親は狸なんですよ（笑）。

――娘の幸せを第一と思うより、ってことですよね？

恋さえ成就すればというのは若い人間としては当然かもしれないけど、そういうことではなく、自分が犠牲になって恋人を助けるってことも女の道だよっていってるわけ。

女のほうは結論が出ましたね。今度は男のほうの結論。定高が事情を話して障子が閉まったあと、大判事のほうは事情を話し終わったところで障子が開く。これが非常にうまくできている。親が子に入鹿の御前であった事情を話す芝居を二度やらない。つまり、その事情説明は妹山だけですまして、背山の障子は話を終わったところで開く。妹山の芝居が進行している間に背山のほうではカゲで同じ芝居が進行しているというわけです。采女は偽装自殺だろう、実はお前が隠しているんだろう、と。

ここで大判事が変心しないとだめなんです。定高は最初から二重三重の心を持っているけど、大判事は剛直に一筋に思っている。そこで息子の天智天皇を大事にする気持ちに触れて、はじめて人格が変わる。今まで入鹿に降参していたのは方便とはいえ間違っていた。息子は自分と違って勇敢に入鹿に抵抗している。父親が息子の行動に感動して変心するのです。女のほうとは全く逆になる。

――息子が采女を隠したということを、ここではじめて知るんですか？

そう、はじめて知る。よくよく考えればっていってるでしょう。その事実を聞いてよくよく考えれば、お前がやったに違いない。でかした、と。今まで自分は入鹿に降参しているわけだからね。だから、この人は転向しているわけだよ。息子がこれだけの事をしたと知って、人格が変わるわけです。そこが仕どころです。

――転向したと、はっきりとわかるところがあるんですか？

そこがカゲになっている。妹山で母と娘の芝居が進行している間に背山でもドラマが進行していたというわけです。拷問にかけられても、息子は白状するわけがないと信じている。采女の行方を隠すためには、お前は死ぬしかない。だから願いの通り切腹していい。切腹を決心したときに、「倅が首を切る刀とは五十年来しらざりし」と、あそこで変心するんです。自分が知らず知らず息子に引きずられていた。つまり、女のほうは、母親が娘を説得するのに対して、男のほうは、息子は黙っているけれど、息子が父親を説得する、父親の心を変えるんだよ。そのあたりも対照的なんです。

――「あまり健気な子に恥ぢて、親が介錯してくれる」というのは何を恥じているんですか？

自分が転向したことを恥じている。お前のけなげな心に比べたら、俺はなんて汚い奴なんだ、ということを恥じて、いつも差している刀が、倅の首を斬るために差していたかと思うと、この人生のなかではじめて、その刀を差している意味がわかった。ここではじめて、息子と心が解け合う。今まで降参した父親を疑っていた息子が、父親の覚悟を聞いて、息子も安心して死ねると思った。最初から死ぬ気でいるっていっているのはそういうことなんだよ。深いんだよ。だから、男のほうが直情径行で死ぬっていう結論が先に出ちゃう。

今度は背山の障子が閉まって妹山にいきます。

桜が咲いていて雛祭りというと、今の暦でいうと三月末くらいですね。ここで雛鳥がさわったはずみで人形の首が落ちますね。それを見て、母親は、はじめて雛鳥を殺さなければならないという本心を打ち明ける。このまま無事にいけば久我之助を助けることはできるけど、入内なんかしたくない。娘のほうが先にここで選択しちゃうんだよ。そういう現実的な道はとりたくないという決心が、雛人形を思わず袂で打つところに出てしまう。娘の気持ちを考えたら助けるわけにいかない。殺してやりたいと思うわけです。でも、それは表ざたにはしたくない。少なくとも、オッケーしたといえば、久我之助は助かるだろう。「せめて一人は助けたさ」です。

――入鹿憎しの思いが同じとはいえ、それだけ仲の良くない大判事の息子をどうしてそこまでして助けたいと思えるんでしょう？

入鹿が嫌いということは、むろん潜在的にあるわけね。それよりも、いま疑いが両家にかかっているのは、両家が共謀して采女を逃がしているという疑いでしょう。なんで采女を探しているかといえば、天智天皇の愛人だからでしょう？　つまり、この両家が喧嘩しているふりをしているだけで、実は同盟を結んでいて、采女を助けて天皇方を応援する気だな、と入鹿に疑われている。だから、両家とも潰されるんだよ、どっちにしろ。両家とも入鹿は潰そうと思っているのは前の段でわかっている。ここの危機的状況を逃れるためには、お互いに自分の家が犠牲になって相手の家だけでも助かるかどうかということを考えながら死を選ぶしかない、と本当に思いはじめるというところが大事。男のほうは、こうこうこういう動機でもってこうなったっていかないで、いきなり、これはこうだって判断しちゃうんだけど、女のほうは右や左へ動きながら、なんとか助けたいと思いながら、あげくのはてに「せめて一人は助けたさ」っていうところまでいきながら、しかし結局、死を選ばなければならないっていうプロセスを情で見せるわけ。それだから、入鹿が嫌いだっていうのは基本的にありますよ。独裁者だから。しかも天皇の位を奪って、天智天皇を亡命させちゃったわけだからね。やっぱり、二人とも、両家とも天皇に対して忠誠心をもっているんです。でも疑いがかかってきて両家が潰れるかもしれないということになると、しかも、同盟しているだろうという疑いがかかっているわけだからね。

ここで妹山の芝居を中断して、背山の障子が開きます。もう久我之助は死装束で腹切り刀を手にしている。妹山と背山で実にうまく同時進行していくんですね。交互に進行しながらクライマックスになる。久我之助が腹を切る。そのまま大判事が——。

——「一生の名残女が頬、一目見てなぜ死なぬ」というときの大判事の気持ちは？

恋のために死ぬんだからね。好きな女の顔を見たらいいんじゃないか、ってことですよ。久我之助もお互いにお互いを思えば、自分の死を隠して降参したとしてください、と。そうすれば雛鳥は助かる。お互いに思っている。思っている愛情というものが大事だと。隣の奴は憎たらしいと喧嘩ばっかりしているんじゃなくて、お互いに助け合うということが共同体としていかほど大事かということがわかった、ということをいっているわけです。「不和な仲ほど義理深し」といっているのは、喧嘩してもいいけれど、そのなかでも義理を立てなければだめだよということを町人の倫理としていってるんです。そういうことが生活の知恵なんだよっていうことをいっている。

花は三吉野侍の、手本になれと潔く、いへど心の乱れ咲、あたら桜の若者を、ちらす惜さと不便さと
小枝にそゝぐ血の涙落ちて、波間に流れ行

「いへど心の乱れ咲」というところは、人形遣いの仕どころなんです。花を見て、その視線をすぐ久我之助にもっていく。息子の死を直視できないでしょう。桜が川に流れます。久我之助降参の知らせですね。桜を流した大判事はよろめいて柱にもたれかかる。侍がいかにショックを受けても柱にもたれかかるポーズってあまりないんだよ。形としても決して安定してはいない。その不安定な形の中で衝撃の動揺を表現するのがむずかしいんですね。非日常的な切迫した芝居のなかで、そういうところが極めてリアルに出てくるのが、この芝居の特徴です。

ここで妹山へ移って、定高が雛鳥の首を討とうとする。しかも「胸を定めて取上れど刀は鞘に錆びつく如く」。ここが定高のクライマックスです。雛鳥は入内を承諾したしらせの桜を流しますね。「刀持つ手も大盤石、思ひは同じ大判事、子よりも親の四苦八苦、命もちり〴〵、日もちり〴〵」というところで、今まで別々に進行していた背山と妹山が一緒の時間、空間になる。そこで「刀からりと落ちたる障子」になる。真相が明らかになる。全く打ち合わせをしなかったにもかかわらず、結果がピタリと一致した。その一致が悲劇の頂点。山城と綱大夫だとここの盛り上がり、ふり絞る断腸の思いが胸を打つところですね。ここがこの芝居のクライマックスですね。

母親の泣き声がこだまする。仕方話になるところです。

「雛渡し」になります。雛の道具が吉野川を渡っていく。弥藤次が後ろの山から望遠鏡で見ているんですから、この「雛渡し」も当然入鹿に報告されるでしょう。「雛渡し」は鎮魂歌ですよね。雛鳥、久我之助に対する鎮魂です。そこに、「桜の林の大島台」というスケールが出てくる。琴が入って、音楽的な鎮魂歌です。

――近松半二、かっこいいですね。

そりゃそうだよ。浄瑠璃が洗練の極(きわみ)に達したときの作家だからね。このあとロクな作家がいないんだよ。

――近松半二ってどういう人なんです?

穂積以貫(ほづみいかん)っていう国学者の息子なんですよ。穂積以貫っていう人は近松門左衛門(もんざえもん)の親友だったんです。それで浄瑠璃作者に息子がなるときに、近松という苗字をもらって、近松半二になった。

この「雛渡し」で、紋十郎の定高はひとりで、腰元が雛流ししていく間、じーっと雛鳥の首を抱いて見ているわけです。非常にハラの深い定高で、その姿を忘れることができません。段切れが合唱でしょう。太夫というのはもともと一人芸だから、普通は合唱はしないものです。楽譜がないんだし合いようがない。アンサンブルというのは日本にはないんですから。ところがここでは特に合唱になる。むずかしいんですね、そのためには息がぴったり合ってないとだめだし、盛り上がらない。

私はいつも思うんだけど、この段切れになると音楽的要素が非常に強くなってくるでしょう。歌舞伎と違って、こういうところで浄瑠璃が宇宙を語る音楽だということが非常によくわかるんだね。そういう意味でいうと、ここで、つまり最初にいったこの曲のスケールの大きさ、世界のあり方というものが非常によく出る。浄瑠璃本体がそういうものなんだけど、だんだんカメラが引いていくようなね、世界の全体が写ってくるような……。

「いつかたへまの、大和路や、ア、、ア、、跡に妹山、先立背山、恩愛義理をせきくだす、涙の川瀬、三吉野の花を、見捨て、出でて行」というところ、山城と綱大夫とか聞いてたら本当に感動するからね。人間も若いのは死んじゃって、あとはジジイとババアしか残っていない。それなのに世界そのものは生きているという感じがするわけ。そういうところが、この曲のいいところなんだよね。役者だとそうはいかない。役者が中心になるから、世界は背景へ後退する。だけど、文楽だと世界が前へ出るから、世界が呼吸しているという感じがする。そういうところがおもしろいところなんです。だから、最後の「雛渡し」のあとの、定高と大判事の和解があって、「せがれ清船うけたまわれ」というところがノリになるところは大事なところですけど、清船が殺されて、「南無成仏得脱と、唱ふる声の聞へてや物得云ねど合わす手を」って、ここからがいいんだよ。「跡に妹山、先立背山」っていうのは能の『三山』をふまえている。能の『三山』というのは、山が男と女の象徴になるんです。山が人間にたとえられている。それを引いているんだと思う。

――近松半二は能にも詳しかったんですね。

それは知りませんけど、大坂の町人でおとっつぁんが国文学者でしょう。知らないはずない。

名人列伝

名人が教えてくれたこと

渡辺保

私は大学で文楽を教わったわけではありません。全くの独学です。私にとっての教室は文楽を上演している劇場であり、先生は太夫や三味線弾きや人形遣いの名人たちでした。教科書はまず丸本であり、三宅周太郎の『文楽の研究』、杉山其日庵の『浄瑠璃素人講釈』、あるいは『山城少掾聞書』や『文楽聞書』、『吉田栄三自伝』や『道八芸談』や『文五郎芸談』でした。それらの教科書を頼りに私は一つ一つ文楽の芸を勉強して行ったといっていいでしょう。

私がはじめて文楽を見たのは、昭和二十四年五月の東京有楽座でしたが、それ以後は、名人の揃った黄金期でした。そこで私が出会った名人たちの芸から多くのことを学んだのです。

そこで学んだ一番大きなことは、目に見えないものを見、耳に聞こえない音を聞くことでした。

目に見えないもの——たとえば人間の心の内をどうやって知るのか。あるいは耳に聞こえない音をどうやって聞くのか。

あの三味線のテンとかチンとかいう音一つ一つのなかに、なにを聞くことができるのか。そういう事を教えてくれたのは、意外にも名人たちの他愛(たわい)ないエピソードでした。ある三味線の人がこういうことをいっています。あのテンとかチンとかいう音を聞いただけで、弾き手の状況が分かるというのです。昨夜女房と喧嘩したのか、浮気をしたか、恋人に振られたか、金をいくらくらい持っているか、そこまで分かるというのです。

嘘でしょう。だれでもそう思います。私もそう思いました。バカバカしい、そんな話があるわけがない。ところがそう思っているうちに、段々音が語りかけて来るなにか、そこによく分からないが、意味の重さがあるような気がして来ました。

ちょうどそういう時に、もう一つの話を読みました。それはたしか「酒屋」のお園(その)のくどきだったかと思います。ある三味線弾きがそのカカリのチンという音を師匠に教わっている。チンと弾くと師匠が「違う」という。何日かかっても、何百回弾いても「違う」、「違う」というだけで、どこが違うのか、どう違うのかはいわない。ただそれでは女の寂しい気持ちが出ていないというばかり。チン、「違う」、チン、「違う」の繰り返しです。

そのうち、その若い三味線弾きは師匠と一緒に巡業に出た。旅先でも暇があると師匠に稽古してもらっている。しかし出来ない。ある旅先の宿屋で、夜寝ようと思ったらば、どこからともなくチーンというかすかな音が聞こえて来た。どこから聞こえてくるのか分からない。なんの音だろうと思ってつい気になって廊下に出て、寝静まった宿屋の奥へ奥へと行くと、中庭があってそこに手水鉢（ちょうずばち）がある。そこへ掛樋（かけひ）から水が滴り落ちている。それがチーン、チーンと実に寂しい音を立てている。

若い三味線弾きはこれだと思って、翌日師匠の前であの音のつもりで弾いたらば、師匠が「どこで覚えて来た」というんです。

これもよくある話であって、このチンという音がどういう音か、なにを表現しているのかよく分からない話です。これもバカバカしい話だといえるでしょう。

ところが、ある日、前の話と後の話が私の心の中でフッと結びついて、三味線の音がなんか生きているような、言葉で表すことの出来ないものを語りかけてくるような気がしたんです。

それが私の心に音が聞こえるようになったキッカケでした。音にならない音が聞こえる、音がモノをいうようになったんです。

むろんチンという音一つで女の気持ちを表現するなんていうことは不可能です。しかしその不可能なことに一生を賭けているのが、文楽の三味線弾きのいいところであり、文楽に取り付かれてしまった我々、観客の運命であり、そういう人だけが文楽を見る資格があるのだと私は思います。前の話も後ろの話もくだらないといえばそれまでです。しかし実はそのくだらなさの向こうに大事なものがあり、それが文楽という世界の魅力を作っているのではないでしょうか。

だから私は文楽の人たちの芸談やエピソードを愛読していますし、愛読しながらその人たちの舞台を見ると、そこにはまたそれなりの現場の真剣勝負があって、さまざまなことを教えられるのです。

たとえば私は山城少掾の「忠臣蔵七段目」を聞いて、はじめはよく分からなかったのですが、だんだん大星由良助という男が分かってきました。普通に由良助を解釈すれば、寺岡平右衛門がいう通り「忠義一途に凝り固まってござる」人でしょう。それが祇園で遊び惚けているのは、敵を欺く戦略です。本心は敵討ち、うわべは遊興。そういう二重人格が由良助という事になります。しかし山城少掾の語る由良助を聞いているとそう単純ではない。敵討ちで死ぬのも自分、いま、ここでの、今夜限りの歓楽に耽るのもまた自分。そういう人生をどちらも真剣に生きている男——それが人間だという事が分かってきます。

私は山城少掾によって「忠臣蔵七段目」を教わりました。由良助を教わりました。義太夫を教わりました。いえそれだけではなく人間の生き方を教えられたんです。それは江戸時代の武士の生き方であると同時に現代にも通じる人間の生き方だったのです。

山城少掾は一例です。ここに私の恩師たちの横顔を描いておきたい。それが私にとって掛けがえのない、どんな幸せな時間であったのかを書いておきたいと思います。

太夫

豊竹山城少掾

明治十一年～昭和四十二年

山城少掾は、坊主頭の恰幅のいい上品で立派な太夫でした。本来あまり声量がなく小音で、ハラの薄い人でしたが、声の使い方がうまかった。義太夫の世界では、声を喉で転がすように使うのを「音遣い」といいますが、山城はこの「音遣い」が抜群にうまかった。そのために低音も高音も十分広く届いて、その語り口は知的であると同時に聞く者を陶酔させたのです。

山城はまたリアルで近代的なドラマのつかまえ方をする人でした。それまでの若太夫が代表するような前近代的な義太夫に対して、文楽を近代化した人といってもいいでしょう。家庭的には子や妻に先立たれて不幸な人生を送った人ですが、そのかわり綱大夫はじめ多くの弟子に恵まれて、山城以後の文楽はほとんど山城風一色でした。

山城は研究熱心で膨大な床本のコレクションを収集し、その初演の太夫の「風」をよく守り、同時に語り崩されていたテキストの誤りを訂正しました。「てにをは」一つの違いでまるで意味が違ってくる箇所を発見したのも少なくありません。その努力は文楽のルネッサンスを作ったといってもいいでしょう。ことに詞のうまい人で「合邦」の父親や「道明寺」の覚寿や「堀川」や「引窓」の老母のような老人の人生を浮き彫りにすると同時に、「陣屋」の熊谷、「太功記」の光秀、「寺子屋」の松王丸のようなスケールの大きい人間像を描くのも得意でした。

そこには現代の私たちから見てもイキイキとした人間がいて、その悲劇、目前に今見る如くでした。そのために私たちはしばしばそこに語られるドラマのために泣かされたのです。この人の前にどんな名人がいたのかは知らず、以後にこれほどの名人がいなかったのは事実です。

十代目豊竹若太夫

明治二十一年～昭和四十二年

山城の近代的な浄瑠璃に対して、前代の反近代的な昔ながらの浄瑠璃を語ったのは若太夫でした。その古風で、豪快で、線の太い芸風は、繊細な山城とは対照的でした。たとえば『源平布引滝』の「松波琵琶の段」。松波検校に化けた多田の蔵人を見顕そうと、蔵人の一子を庭の松に宙づりにして責める残酷な場面。若太夫が語ると劇場全体が赤く血で染まるような異様な狂気の瞬間が現れました。あの異様さはとても言葉ではいい尽くせません。あるいは「志渡寺」で乳母お辻が田宮坊太郎の病気を治そうとするシーン。狂ったようになったお辻が少年坊太郎に迫る物凄い場面では、若太夫の熱演で三越劇場の空間が激しい熱気に包まれたのです。それも理性を超えて突進する若太夫の芸の激しいエネルギーの迫力のせいでした。

そういうといかにも荒っぽいように聞こえるかもしれませんが、それだけではありません。「合邦」の玉手御前は滅法色っぽかったし、「鮓屋」のお里も初々しかった。しかも玉手もお里も分厚いこってりした色っぽさでした。山城のリアルさに対して、これが古めかしい浄瑠璃の世界に生きる女なのだなという実感があったのです。

六代目竹本住太夫

明治十九年〜昭和三十四年

戦後の占領軍の政策によって文楽は因会（会社側）と三和会（組合側）の二派に別れました。因会の総帥は山城少掾、三和会の総帥は若太夫と住太夫でした。これは基本的には会社と組合の対立でしたが、実は芸風の近代派と前近代派との対立でもありました。若太夫、住太夫はともに前近代の芸風を代表していたのです。

三和会のなかでも若太夫が時代物が得意なのに対して、住太夫は世話物の名手でした。その語り口の軽さ、ユーモア、世話のリアルさが独特でした。

この人一代の傑作は『双蝶々』の「橋本」で、ここには武士の橋本治部右衛門、商人の山崎浄閑、駕籠舁きの甚兵衛という三人の身分も境遇も人生も性格も違う老人が登場します。その違いを語り分けていく住太夫の語りの面白さは筆舌に尽くしがたいものでした。

「伊勢音頭」の油屋の、藍玉屋北六、徳島岩次もうまいものでした。綱大夫の仲居の万野の憎々しさは住太夫以上でしたが、北六岩次と来れば綱大夫はおろか余人の及ぶ所

八代目竹本綱大夫

明治三十七年～昭和四十四年

ではありませんでした。敵役でいて可笑し味があって下品でえげつなくてたまらない面白さだったのです。歌舞伎でも吉之丞、鯉三郎、照蔵、團之助、荒次郎という名品を見ましたが、住太夫が一段上でした。

「大文字屋」の番頭助六、「帯屋」の儀兵衛と丁稚長吉のやり取りも抱腹絶倒でした。文楽であんなに笑ったことはありません。住太夫没後、その後を継いだ七代目住大夫も「帯屋」は得意でしたが、その笑いの深さ、阿保らしさの野放図さは段違いでした。親子二代に渡っての引退狂言は同じく「恋女房」の「慶政殺し」でしたが、六代目の慶政はその甲高い目の不自由な人独特の声の甲高さが違いました。六代目はこの時実際に目をつぶって語っていました。そういう律義さがこの人の身上です。

綱大夫は山城少掾の一番弟子でした。山城のもとには大勢山城を慕う弟子がいましたが、それを纏めたのは高弟だった綱大夫だったのです。

山城写しのうまい語り口の人で、それだけ山城の忠実な後継者でもあったからみんなが一目置いていたのでしょう。山城や若太夫住太夫亡きあとはこの人の天下でした。

私がはじめて「山の段」を聞いたのはラジオの放送で、山城が本山の大判事と久我之助、綱大夫が脇山の定高と雛鳥でした。普通各役四人の掛け合いですが、この時は師弟水入らず二人の掛け合いで、本山の三味線は藤蔵、脇山は弥七でした。この録音は今でもCDで聞くことが出来ますが、綱大夫の定高は師匠に一歩も譲らず、端然としてしかも柔らかく立派なものでした。

舞台で「山の段」を見たのは、両派合同の新橋演舞場のたった一日だけの公演で、この時は若太夫の大判事、越路大夫の久我之助、伊達太夫の雛鳥に綱大夫の定高でした。綱大夫は山城の相手をし、山城とは全く芸風の違う若太夫の相手をしてビクともしませんでした。こういうところが綱大夫の知的な芸風の強みだったのです。

綱大夫は研究熱心でもあり、かつ革新的な精神の人でもありました。文楽は歌舞伎に出てはいけないというタブーがありました。もし出る時は役者にせりふを喋らせてはいけない、そうすれば歌舞伎の竹本と同じになってしまうからです。歌舞伎の竹本は役者の芸に従属しています。同じ義太夫でも語り方が違うのです。そこで先ほどのタブーは文楽の太夫がその語り物としての芸術性を保つための自衛手段だったのです。綱大夫はこのタブーを破って松本白鸚がせりふを喋って自分は詞以外を語るという方式で「日向嶋」を上演したのです。これは文楽にとっても歌舞伎にとっても歴史的な出来事でした。この伝統を守りながら新しい仕事にも進んで取り組むという精神が、綱大夫の芸風そのものでした。

竹本摂津大掾

天保七年～大正六年

明治の三名人の一人、太夫の代表的存在です。

天性上品な美声で、そのため大変な人気でしたが、単に美声だけではありません。有名な話があります。ある時「金殿」を語りました。大隅太夫がそれを聞いて兄さんの金輪五郎も大分刃が錆びて来たなと批判しました。それを聞いた摂津大掾が大隅を呼んで、お前は私の金輪五郎がお三輪を刺す瞬間の間があいているというのだろう、しかしあそこはかわいそうな娘を天下のために刺殺しなければならないという気持ちで心のなかで「南無阿弥陀仏」と唱えているのだといったそうです。その「金殿」を聞いた人はお三輪がかわいそうで、彼女が死ぬ瞬間には満場水を打った如くただ哀れで泣き倒れるばかりであったといっています。ただ美声だけの人ではなかったのです。

この人には唯一「十種香」のレコードが残っています。それを聞くと、今日の義太夫とは全く違ってのんびりとゆったりした美声が流れてきます。これが有名な摂津大掾かという思いがして、明治が遠くなったのを思わずにはいられません。

三代目竹本大隅太夫

安政元年～大正二年

摂津大掾の弟弟子であった大隅太夫は大掾とは対照的に希代の悪声でした。その人が努力に努力を重ねてついに大掾と天下を二分する程の名人になったのは驚くほかありません。それも大掾と別れた三味線の名人団平がこの人を厳しく教育した結果でした。ある時後藤新平伯爵が自邸に大隅を呼んで「先代萩」の「御殿」を語らせました。例の名代の悪声です。鶴喜代と千松のやり取りなどまるで犬がじゃれ合っているようで、みんな冷笑していました。

ところがそこへ腰元が栄御前の来訪を告げに来ます。当日の聴衆は有名な歌舞伎役者はじめ義太夫通ばかり。「先代萩」の筋など知らない者はいません。にもかかわらず腰元の一言でこれからなにが起こるのだろうと思って会場は固唾をのんだというのです。おそろしい芸の力です。

この人を主人公にした『芸阿呆』という舞踊劇を安藤鶴夫が書き、歌舞伎座で十七代目勘三郎が大隅太夫を演じました。たまたま勘三郎が大隅太夫を聞いたことがないというので、私の持っていた「壺坂」のレコードを持って行って聞かせました。例の悪声です。聞き終わった勘三郎の「これが大隅かい」といった憮然とした表情を忘れることができません。当時の録音技術のせいもありますがそれほどの悪声でした。しかしさすがに勘三郎も名優です。あのレコードは聞かなかったような顔をして、立派な大隅太夫を演じていました。

七代目竹本土佐大夫

明治二十七年～昭和四十三年

戦後の文楽のいちばんの美音は、伊達太夫後の土佐大夫でした。なめらかで、やや鼻にかかった美しい声の人でした。もっとも文楽の美声は世の中の流行歌手やオペラ歌手の美しい声とは少し違います。文楽には悪声の人が多い。そればかりか文楽の太夫は一人で登場人物すべてを語らなければならないから、高音部も低音部も出なければならない。それにはおのずから世間とは違う声の質が必要になる、世間から見れば醜い声が美しく聞こえる。その「醜」が「美」に転化するのが芸とさえいえるかもしれません。そういう前提の文楽の「音」のなかで土佐大夫は美音でした。土佐大夫は「阿古屋琴責」が得意でした。この人の阿古屋に、越路大夫の畠山重忠、喜左衛門の三味線、紋十郎の人形といえば当時の三和会のドル箱であり、度々繰り返された当たり芸でした。

私は後に綱大夫の阿古屋を聞いて、その女の人生が浮き彫りになるリアルさに驚きましたが、土佐大夫の阿古屋は人生など考えさせないほど、ゆったりと色気溢れる阿古屋で聴く者をうっとりさせたのです。

四代目竹本越路大夫

大正二年～平成十四年

越路大夫は、綱大夫に次いで師匠山城の近代的な芸風の人でした。戦争で召集され、九死に一生を得て帰還、師匠に対面した時の感激を泣きながら告白するほど山城に傾倒していましたが、皮肉なことに組合騒動では論理信条を貫いたために、師匠と別れて組合派の三和会に行くことになりました。そこらへんの行動葛藤にも実はこの人が理知的な人であり、どちらかというと理に詰んだ芸風であることが分かると思います。

この人一代の傑作は、「加賀見山」の長局です。その時の三味線は喜左衛門、人形は尾上が紋十郎、お初が先代勘十郎でした。その前に私は同じ長局を、松大夫、清六、栄三の尾上、文五郎のお初で見ていましたが、それよりもよかったのは越路大夫の努力によるところが大きかったのです。

　この人の尾上は毅然とした強い女性でした。尾上には、岩藤に叩かれた遺恨の草履を見る箇所が二回あります。一回目は御殿を下がって来た尾上にお初が草履を揃えた時、この草履は遺恨のものではありません。しかし草履は草履、尾上は屈辱を思い出すのです。二度目は母への書置を書いた文箱に、例の遺恨の草履を同封する時。この二ヶ所は意味も状況も違いますが、越路はこの二ヶ所で死をもって抗議の声を上げる強い意志、そして万感の想いを実に見事に表現しました。こういう女性を描けるところにこの人の理知的な筋を通す芸風があったのです。

四代目竹本津大夫

大正五年〜昭和六十二年

　戦災で焼失した劇場は日本全国で数知れず。そのなかでもっとも早く新築開場したのは大阪四ツ橋の文楽座でした。文楽をこよなく愛した松竹の白井松次郎の決死の努力でした。その後文楽座は道頓堀に移りますが、私はたった一度だけこの四ツ橋の文楽座へ行ったことがあります。そこで見たのが浜大夫改め津大夫の襲名披露興行でした。演目は「逆櫓」。津大夫のあまり口捌き（滑舌）のよくない大声で、あの船頭たちの船を漕ぐときの「ヤッシシヤッシシ」という奇妙な掛け声が今でも耳に残っています。津大夫のあの人一倍大きな体格で力一杯の掛け声。豪快、野放図、八方破れの、荒々しい野性味がこの人の芸風でした。

そういう芸風からいえば、この人は当然若太夫の系統の人でしたが、津大夫代々の恩義を感じていた山城に可愛がられていたために、因会（会社側）に残った数少ない若者の一人でした。そういう人が晩年円熟したのは偶然ではありませんでした。たとえば私が感動したのは『新薄雪物語』の「合腹」でした。ご承知の通り、園部兵衛は罪に問われた自分の息子の代わりに薄雪姫を預かっています。その薄雪姫を自分は死を覚悟して落としてやる。その父親の、舅としての情愛溢れるばかりの姿が実に見事でした。若き日の荒っぽさは山城風の緻密さに変わっていったのです。

それによって開花したのはスケールの大きな時代物のもつ格でした。人間の心持ちを超えた作品の世界の輪郭が「格」というものです。津大夫は晩年その「格」を得たのです。

七代目竹本住大夫

大正十三年〜平成三十年

この間亡くなった住大夫は、先代の嗣子ではじめは古住太夫といっていました。しかし養父の後を継ぎながら一時山城少掾に傾倒していて、私がはじめてこの人の力量を知ったのは古住太夫時代に語った「引窓」でした。山城の弟子の越路大夫も山城写しの「引窓」を語りましたが、住大夫の「引窓」も山城写しでした。八幡山崎の竹藪のなかの引窓のある家の物語、月光鮮やかなその「引窓」は、スケールこそ小さくとも珠玉の名舞台、いい出来でした。この山城写しの近代性、繊細でリアルな知的な語り口が先代住太夫との違いです。

先代の芸に山城風を加味した、この人一代の傑作は晩年の「大晏寺堤」でした。俗に「非人の仇討」として有名な作品です。立派な侍であった春藤次郎右衛門が、敵討ちのためにあろうことか非人に身を落とし、しかも身体が不自由になって大和郡山の大晏寺の寂しい墓場の非人の筵小屋に隠れて居る。そこを敵に狙われて瀕死の重傷を負って死ぬという、陰惨で血みどろな芝居ですが、このいかにも暗くて下世話な作品を、リアルに知的に描いて、この作品独特の実録風のザラザラした鳥肌の立つような感覚を語り生かしたのは住大夫の功績です。聞いていてこれはこんなに面白い作品なのかと思いました。

ここで浄瑠璃の太夫の表記についてお断りしておきます。

浄瑠璃の太夫は義太夫節に限らず、常磐津、清元、新内、いずれも江戸時代以来「太夫」という表記でした。したがってこの「名人列伝」でも、明治の春太夫、大隅太夫はむろん山城少掾の前名古靭太夫も「太夫」としました。

それが戦後のある時期、「太夫」は本来朝廷の官職の「大夫」がもとだから、「太夫」ではなく「大夫」が正しいという説が出て来ました。そこで因会を中心に「大夫」になり後に三和会もそうなりました。むろん文楽協会が出来てからは「大夫」でした。

ところがごく最近だれがいい出したのか知れませんが、一般の「太夫」に統一しようということで、どういう根拠か知りませんが「太夫」になったのです。したがってこの本には、同じ人でも時期によって「大夫」の時と「太夫」の時とがあります。ややこしいのですがご了承ください。

三味線

四代目鶴澤綱造

明治十五年～昭和三十二年

綱造は『関取千両幟』の「櫓太鼓」が得意でした。「猪名川内」が終わって幕が引かれる。次は「相撲場」ですが、その間の幕外で床に一人残った三味線弾きが相撲場から聞こえてくる櫓太鼓を三味線だけで演奏するのが「櫓太鼓」です。この櫓太鼓はいろいろ三味線以外のものを使う曲弾きの演出があるらしいのですが、綱造は一切そんなことはしなかった。はじめは遠くかすかに大坂の街の空に聞こえてくる太鼓の音が段々大きくなる。音は風に乗って町並みを渡り、人々を誘い、ついにはすぐそばにいるように聞こえてくる。変化自在。音は相撲場に向かう人々の塊になり、この後相撲場で悲劇を演じる猪名川の女房おとわのむせび泣くような声に聞こえる。そういう三味線を綱造は、てかてかに光る坊主頭で端然と、柔和な表情をうかべながら一糸乱れず弾いていました。その泰然自若少しも揺るがぬ表情が私には印象的でした。

その頃、綱造は三和会の棟梁の一人豊竹若太夫の合三味線でした。その時聞いた「鮓屋」も忘れることが出来ません。維盛親子が上市村へ逃げるところ。「御運の程ぞ」のタタキはそれはそれは天地がひっくり返るほどの衝撃でした。それはまさに平家一門の「御運」の崩壊の音でしょう。それを綱造は顔色一つ変えずに弾いたのです。よほど腕に自信があったのでしょう。あとで聞いた話では綱造は弟子に自分のことを必ず「先生」と呼ばせていたそうです。それだけ聞くと嫌味に思えるでしょうが、あの綱造ならば間違いなく「先生」です。

二代目豊澤団平

文政十一年～明治三十一年

明治の三名人の一人です。太夫の代表は竹本摂津大掾、人形の代表は吉田玉造、そして三味線の代表は団平でした。

団平は幕末の文楽座の櫓下（座長）であった竹本長門太夫に育てられ、長門太夫没後、明治初期の名人竹本春太夫の合三味線になりました。春太夫没後には、その一番弟子であった摂津大掾を弾き、さらに二番弟子の竹本大隅太夫の合三味線になりました。名人大隅太夫は団平の指導で摂津大掾に次ぐ名人になったのです。太夫ばかりではありません。団平に教えられた三味線弾きの名手は、三代目清六、鶴澤道八ら数知れません。

団平は左手の爪が悪く、そのために風呂に入ってもつねに左手をお湯に入れなかったそうです。伝説ばかりでなく金言も残しました。その一つ「浄瑠璃は語らず語れ、三味線は弾かずに弾け」。語らない、弾かないのだからそこには声も音もない。無音です。西洋音楽では無音は単なる空白にすぎません。しかし浄瑠璃ではこの無音こそが主役で、その前後の声や音はその無音を充実させるための脇役です。前後の音との関係で無音が

三代目鶴澤清六

明治元年〜大正十一年

どれほど雄弁に、場景や人間や世界を語ることが出来るか、観客に想像させることが出来るかが勝負なのです。そのために無音の前後の言葉、音を充実させなければなりません。そうしてこそ初めて音の、声の連鎖が一つの物語を展開することが出来るのです。

私は古靭太夫（山城少掾）に熱中するうちに明治大正に発売されたレコードを集めて聴くようになりました。その時の合三味線がこの人でした。清六は若き日の古靭太夫の合三味線になって古靭太夫を育てた人なのです。

そのレコードはどれも古靭太夫を清六が激しく追い詰め引きずり回す物凄い迫力のものでした。たとえば「合邦」。前半も凄いが段切れが圧巻だった。豪宕、激烈でありながら、柔らかこの上ない優美さに変化する具合が目にも留まらぬ速さで、並の人間のイキではありませんでした。音が軽いのです。

あるいは「加賀見山」の鳥井又助が浅野川で主君の行列に斬り込むところ。篠つく豪雨、漆黒の闇、川の奔流、そのなかで行列に迫る暗殺者又助。聞いていてまるでその場にいるような思いがしました。清六の三味線の千変万化のためです。その変化を可能にしているのは、この人の撥捌きの軽さでした。

四代目鶴澤清六

明治二十二年～昭和三十五年

三代目清六が大正十一年に死んだ後を継いで古靭太夫の合三味線になったのが四代目清六です。

三代目とは全く違って透明清澄な音の、鋭い気合の、間の生きている三味線でした。その気合の鋭さはほかの誰にもないもので、澄み切った音が鋭く空間を切り裂くようでした。

古靭太夫との名コンビは戦前の文楽の名物の一つでしたが、私が「忠臣蔵七段目」と「沼津」を聞いた後フトしたことから清六から古靭に絶縁を申し出ました。当時の新聞各紙の社会面のトップに大きく報道された大事件で、時の文部大臣、芸術院の院長、最高裁長官ら大勢の人々が仲裁に入ったにもかかわらず清六は納得しませんでした。清六には自分の意地を立て通す頑固さがあって、それはあの気合の鋭さにも一脈通じています。一時廃業したあと復帰、松大夫（のちの春子大夫）を弾き、時々驚くほどの美しさを聞かせましたが、往年の透明さは戻ってきませんでした。私がああ昔の清六だなと唯一思ったのは、人間国宝指定の歌舞伎座の、昭和天皇天覧の演奏会です。この時清六は「寺子屋」の「いろは送り」を弾きました。絶妙の音で私は清六の挽歌だと思い、涙がこぼれました。その時長年のコンビであった山城少掾が別な演目に出るために楽屋に居たのです。清六はただ山城一人に聞かせていたのかもしれません。

初代鶴澤藤蔵（しょだいつるざわとうぞう）

明治三十六年〜昭和四十年

清六と別れた山城少掾の合三味線になったのが藤蔵でした。

この人の三味線は三代目清六のように柔軟でも四代目清六のように鋭くもありませんでした。その代わり誠実で落ちついた安定感がありました。そこが山城少掾が引退するまでこの人が合三味線を無事に勤めることが出来た理由でしょう。

この人の特徴はやたらに掛け声が多いことでした。時にはそれがうるさく聞こえることもありましたが、今にして思えばあれは藤蔵がイキをつめるための身体への作用だったのでしょう。そうしなければ身体の調子を取って、山城少掾の浄瑠璃に応えていくことが出来なかったのでしょう。

むろん義太夫では必要以上の掛け声はいけませんが、山城少掾ほどの太夫について行くためには、藤蔵のように一身を捧げなければならなかったのも事実です。

二代目野澤喜左衛門（にだいめのざわきざえもん）

明治二十四年〜昭和五十一年

この人の三味線はいつも実に柔らかだった。単に柔らかだったのではない。深い音が出てそれが変化した。柔らかさの奥行が深い。柔軟の振幅が大きい。音がただ美しいというだけでなく人の心にジワリと沁（し）みとおる柔らかさを持っていたのです。

晩年転んで大事な左手を骨折した。左手は糸を押さえるから大事なので、そのため喜左衛門も以前よりは音が小さくなった。それにもかかわらずその音が魅力を失わなかったばかりでなく、前にもまして繊細微妙な陰影を持つことになりました。

「宮城野信夫」の「揚屋」のマクラにはやかましい口伝があります。舞台は賑やかな新吉原の妓楼。はなやかで派手な景色ではあるが一抹の寂しさがなければならない。夕方の開業直前だからでいわば歓楽街の素顔を見せなければならないというのです。喜左衛門の三味線を聞いていると、まさにその景色が鮮明でした。あの柔らかい音は、景色を描写するからこそ奥行を持っていたのです。

六代目鶴澤寛治

明治二十年〜昭和四十九年

鶴澤寛治は、床の分厚い座布団に座ると沈んでしまいそうな、ちんまりした小柄で顔の小さい好々爺でした。隣に娘婿の竹本津大夫が座るとこれがまた大男ですから、ますます小さく見えてまるでこっちが子供のようでした。その小さな寛治がどこにこんな力があるのかと思うほど、だれよりもすばやく、大きな音で三味線を弾き捲るのです。その芸の力は広い劇場の空間に溢れ、隣の津大夫が小さく見えたのですから芸の力ほど恐ろしいものはありません。

これは三味線に限らず、能の鼓、笛、太鼓、みんなそうですが、楽器を演奏しているという感じが残っているうちは本物ではありません。音が楽器はもとより演奏者の身体さえも離れて劇場の空間を自由に飛ぶ時にはじめて楽器は生きて音楽になり物語になるのです。寛治の、たとえば「合邦」の段切れを聞いているとまさに音が虚空を乱舞していました。

三代目清六の「合邦」もすごい。しかし寛治もそれに劣らぬ迫力でした。怒涛の如き音の洪水が聴く者の心をわし掴みにして放さなかったのです。それにこの人の特徴は、弾き捲っているうちにその小さな顔になんともいえぬ恍惚の表情が浮かぶことでした。まるで酒に酔う如く、その陶酔感、その音と身体が一体化した恍惚が私たちを巻き込んでいくのです。

津大夫が大きく飛躍したのも、この義父の厳しい稽古があったからでしょう。そう思うのは、あの寛治の陶酔のなかにどんなに陶酔しても一分も狂わない絶対音感のようなものがあったからです。

十代目竹澤弥七

明治四十三年～昭和五十一年

芸は人なりといいますが、三味線また然りです。三味線の音がその人の人柄をあらわしているのです。ということをいえば弥七ほどその誠実な人柄の出ている三味線弾きはいませんでした。すでに三味線が舞台のリード楽器であることは度々触れましたが、その一方で三味線は太夫の女房役でもあります。おのれを消して女房役に徹しているのが弥七でした。

弥七は長い間綱大夫の合三味線でした。影の形に添う如く、太夫と一心同体。決して自己を主張しないのは、多くの三味線弾きのなかでもこの人が唯一無二でした。少しも前に出ないのですから、その三味線があるか無きかの如くでありながら、この人の力なくしては綱大夫の芸が成り立たないといってもいい趣でした。
弥七は綱大夫の死後、越路大夫を弾いていましたが、綱大夫の時のように幸せそうではありませんでした。そういう人なのです。

二代目野澤勝太郎

明治四十五年～平成八年

義太夫節の三味線は美しい音だけがいいのではありません。ちょっと聞くと決していい音ではない、耳障りのするような音がかえっていい場合もあります。勝太郎はそのいい例でした。この人の三味線は撥と糸とが擦れる摩擦音が一種の濁りとして生きていました。それがイヤだという人もいるでしょう。しかし美しいだけが三味線ではありません。勝太郎の濁りは一つの個性であり、その個性が生きて、時に激しく、時に美しく聞こえる瞬間があることが大事でした。

この人は、綱造を失った後の豊竹若太夫の合三味線でした。すでに触れた通り若太夫は豪快な語り口の太夫で、その若太夫の荒々しさに勝太郎のあの癖のある三味線がよく合っていました。綱造の千変万化する三味線に対して、勝太郎はむしろ一本気な、どういう場合にも変化しない盤石の強さがその特徴でした。その真直ぐな三味線が好きだという人も大勢いたのです。

人形

四代目吉田文五郎（のちの難波掾）

明治二年〜昭和三十七年

文五郎は、テカテカに光った頭の、金壺眼の小柄な老人でした。その老人の手許で八重垣姫や油屋お染や「酒屋」のお園といったさまざまな可愛らしい女性たちの人形がイキイキと動く景色は奇蹟としかいいようがありませんでした。

文楽の人形はむろん生きた人間に見えるのが第一条件です。しかし文五郎の人形は人間以上でした。人形でもない、人間でもない、浄瑠璃の世界のなかに自然に現れた魂そのものだったのです。ここで私が「自然」というのはリアルということではありません。リアルといえばそれが必ず現実の世界にモデルがあるでしょう。モデルがないのです。浄瑠璃から自然に現れた女の精神が舞っているとでもいったらばいいでしょうか。それを見ているとその精神に直接触れて一緒になってしまうのです。

たとえば「太功記十段目」の操。手傷を負った姑の皐月が「抉り苦しむ気丈の手負い」というところがあります。普通は操は目を逸らしてジッとしています。ところが文五郎は皐月と一緒に自分も苦しみ悶えるのです。そんなバカなと思うでしょう。ところが文五郎だと皐月の苦痛が操にうつって生きて響いて来るのです。天衣無縫というか、ハラも理屈もない、それが浄瑠璃のなかの「自然」として異常な迫力を持っているのです。どうしてこんな奇蹟が起こるのか。その秘密を解くカギは『文五郎芸談』という本に隠されています。文五郎は深夜の楽屋で一人人形を作りながら「お染はん、お園はん、お里はん」と呼び掛けて可愛がっているというのです。文五郎にとって人形は生きた人間以上であり、浄瑠璃の世界は現実であり「自然」なのです。

二代目桐竹紋十郎

明治三十三年〜昭和四十五年

文五郎の愛弟子であった紋十郎は、師匠とは対照的な芸風でした。文五郎の手のなかでなんのこともなく動き廻っている人形が、紋十郎の手のなかでは「人間」になりました。文五郎にはハラもなにもない、無邪気に生きた人形は、紋十郎の手の内では、着物の下の身体つきまで見える人間になった。ハラがある、リアルな人間になったのです。そこにその女の育ち、境遇、考え方、人生がたちまち浮かび上がりました。文五郎のように天衣無縫に動き廻らずにジッとしている。ジッとしていることで人間の気持ちが浮かぶ、そういうハラが観客に鮮明に伝わる芸でした。

二つ忘れられない舞台をあげましょう。一つは「山の段」の定高です。雛渡しになって自分の手に掛けた一人娘の雛鳥の首に死化粧をします。それが終わってジッと娘の顔を見詰めて動かない、その万感の想いのこもった母親の表情が忘れられません。もう一つは「加賀見山」の尾上。上手揚幕から尾上が御殿を下がって来る。ピタッと前を見詰めている表情が、すでに岩藤に草履で叩かれた屈辱に耐えかねて自殺を決意した人間の表情でした。前を見ているけれどもなにも見ていない。迎えに来たお初の姿も眼中にない、ただひたすら死に行く女、そういう女の叫びが身体全体から溢れ出ているのです。

以上二つ。どちらも動かないために却って心が溢れている。師匠とは対照的な芸でした。

初代吉田栄三

明治五年～昭和二十年

初代の栄三は、女形遣いの文五郎と並んで戦前の文楽を支えた立役の名人でした。ところがこの人は惜しくも戦争直後の混乱のなか、疎開先の奈良で食料不足の栄養失調のために亡くなったので私は見たことがありません。その二代目を文五郎の弟子吉田光造が継いだのが、昭和二十五年四月大阪四ツ橋文楽座で、私が見た浜大夫改め津大夫の襲名と同じ公演でした。

二代目吉田栄三

明治三十六年～昭和四十九年

二代目栄三は師匠文五郎の若い華麗さに対して、しっとりと地味な、しかしスケールの大きい女形でした。光造時代には文五郎の戸無瀬に小浪を遣っていましたが、間もなく戸無瀬が似合うようになったところにこの人の芸風があります。

たとえばこの人で印象に残っているのは、「安達原三段目」の袖萩です。袖萩のどこか寂し気な、それでいていぶし銀のような華やかさのある、それでいて内容のある役がこの人のものでした。分かりやすくいえば歌舞伎でいうところの「片はずし」――中年の武家女房の大役がこの人のものでした。文五郎や紋十郎のような派手さがない代わりに、しっかりと中身が濃い女形でした。

三代目吉田玉助

明治二十八年～昭和四十年

玉助は荒物遣いの名人でした。荒物遣いというのは、豪快で、荒々しい、スケールの大きい男の役をいうので、その芸風はタッチが太く、大きくなければなりません。浄瑠璃にはそういう役が多いために、荒物遣いはこの世界の中心でした。戦後の文楽で、山城清六の浄瑠璃、女形では文五郎という名人を相手に、この世界を支えたのは実にこの玉助だったのです。恰幅がよく、上背もあり、でっぷり太った玉助が遣う人形は豪快で魅力的でした。

たとえば「陣屋」の熊谷、「太功記十段目」の武智光秀、「寺子屋」の松王丸、「忠臣蔵」の由良助といった人間は、この玉助の手で舞台に生きたのです。

なかでも忘れられないのは熊谷でした。黒ビロウドの着付けに赤地錦の裃の熊谷が、玉助の手で舞台一杯に動くのは実に壮観でした。しかも物語で金地に真っ赤な日の丸を描いた軍扇をひらめかし、時にはその黒塗りの骨の間から、目（人形の眼が動くのです）をギョロリと剥いて、それとなく藤の方や相模の様子を窺う。そういう瞬間を見る

二代目吉田玉市

明治二十七年〜昭和四十年

と、熊谷が単に豪快なばかりでなくその陰に深いドラマを秘めていることが分かります。荒物遣いは動作が大きいだけにとかく粗雑、空疎になりやすい。しかし玉助の人形はどんな荒ッぽい動作でも決して空虚にはならなかった。ぎっしり中身が詰まっていたからです。この充実こそ山城清六、文五郎に対抗する力だったのです。

恰幅のいい玉助とは対照的に玉市は、痩せぎすで中肉中背の老人でした。その姿から分かるようにこの人の芸風は屈折した、皮肉な味わいのものでした。

この味わいがもっともよく出たのは「佐太村」の桜丸切腹の白太夫でした。なにしろ白太夫は七十歳の賀の祝に、餅に酒塩を茶筅で振って近所に配った人です。酒を配るべきところを酒塩にしたのは、半分は貧乏の倹約から、しかし半分は茶筅で振るあたりで分かるように洒落て粋がっている。これで分かるように白太夫は一筋縄ではいかない、一癖も二癖もある老人なのです。玉市はそういう老人がうまい。山城少掾の語る「佐太村」で文五郎の桜丸の切腹に、この人の白太夫が鉦を叩いて「南無阿弥陀仏」と唱えると、佐太村の一軒家に春の夕暮れの闇が忍び寄ってくる。その夕靄に煙るなかにこの人の白太夫がうかび上がる。そして一人寂しく九州へ旅立つ老人の姿がうきぼりになる。これは玉市なればこそでした。

あるいは山城の「太功記十冊目」に玉助の光秀、文五郎の操に対して、この人が光秀の母皐月。この老母が真柴久吉の身替わりになって息子の光秀に自分を殺させるという皮肉な母親です。この母親がそこまでするのは光秀の革命思想に反対して、旧道徳を守ろうとするからですが、その母子の対立が鮮明になったのも、玉市の皐月なればこそ。政治的な対立はともかくも溢れんばかりの母の愛情を持った皮肉さがあったからです。

二代目吉田玉五郎

明治四十三年～平成八年

芸の世界にはどんなジャンルでもシテがいればワキがいます。シテがいくらうまくともワキがしっかりしていなければ、舞台が引き立ちません。

玉五郎は人一倍小柄でしたが、山椒は小粒でもキリリと効く。そういうワキの名手でした。

たとえば「酒屋」でいえばお園がシテ、三勝がツレ、半兵衛女房の玉五郎がワキでした。この老母がいるから半兵衛も宗岸もお園も引き立つのです。たとえば山城の「合邦」で文五郎が玉手御前、玉助の合邦とくれば、合邦女房はどうしても玉五郎でした。合邦という人と長年連れ添った女房だから夫の胸の内は十二分に分かっている、しかしそれでも娘の玉手が可愛い。そこで父と娘の間に立ってなんとか娘を助けようとする。その真情は玉五郎ではじめて鮮明になります。山城が語り込んでいく老女が舞台に生きるのです。

ワキはシテの芸の邪魔をしないことが第一条件です。しかしただ死んでいても困る。

シテの芝居を支えなくてはならない。この呼吸が第二の条件です。第三の条件は、自分の持ち場へ来たらばシテを喰い尽くすほど突ッ込まなければならないのです。そうしないとシテがやり難くもあり、芝居が盛り上がらないのです。玉五郎はこの三つの条件に生きて、小柄なのに大きいシテを敏捷に小気味よく盛り上げていったのです。その芸の鋭さで忘れられない人です。

二代目桐竹紋壽

昭和九年〜平成二十九年

戦後の文楽には名人が揃っていたせいもあって、独特の、いい意味での暗い雰囲気がありました。谷崎潤一郎の『陰翳礼讃』のあの暗さです。古い大阪の町並みを思わせる懐かしさです。私は東京育ちですが、京都祇園の京舞、大阪の文楽には心のふるさとのような郷愁を感じました。

桐竹紋壽は、地味な女形の人形遣いでしたが、そういうかつての文楽の匂いを持ち続けていた最後の一人です。

いつか国立小劇場の文楽を見に行こうとして、時間があったので半蔵門の喫茶店に入りました。紋壽が一人でお茶を飲んでいました。紋壽の周囲には店の喧騒から離れたひっそりした雰囲気が漂っていました。その雰囲気はまるで名工のような感じでした。文五郎にしても玉助にしても昔の人形遣いは、理屈ではなくただ黙々と手を動かしてそこに微塵も疑いを持たなかった、そこに文五郎の「自然」――木彫りの職人のような手応えがあったのです。紋壽の雰囲気はそれでした。

この人が舞台に出ていると私はなんか安心しました。それは彼が昔からの文楽人の気質を持っていたからだと思います。

初代吉田玉男

大正八年〜平成十八年

人形でもっとも大事なのはハラです。人形にハラがあるかと思われるでしょうが、それを作るのが人形遣いのウデです。

玉男はハラの強い人でした。

「沼津」の十兵衛を見ていた時です。最初の茶店のシーン。朝立って来た前の宿場に忘れ物をしてきた、それを断りに荷持ちの安兵衛を使いに出します。それを見送る。なんでもないところです。そこで玉男の十兵衛を見ていると、そのテキパキと決断する男の姿が、アアこういう男だから出入りの町人、呉服屋でありながら、大勢の身分の高い侍たちから信頼されるのだなということがよく分かりました。なにげない動作のうちに出る人間の性格、これがハラです。

もう一つ、「菅原」の「筆法伝授」の塀外の菅丞相の玉男に感心したことがあります。丞相が謀反の疑いで官位を剥奪されて宮中から帰ってきます。そこでこういいます。「君を恨み奉らず（略）、昨日まで叡慮に叶い、今日は逆鱗蒙るとも、みな天命のなすところ」。玉男の丞相は、ここで遠くを見ました。「君を恨み奉らず」といっていながら本当は失望している。取りようによっては天皇批判です。しかし玉男の丞相はそこでその失望を「天命」と考えたのです。「天命」と思えば失望を超え、天皇はむろん天皇制そのものを超えることが出来る、そこに立ったからこそ次の「道明寺」で丞相は神になることが出来たのです。

菅丞相が玉男一代の傑作である理由です。

昔はよかった!! でも今もいい

この「名人列伝」で触れた人たちは、全員いまは亡き人々です。もっともこの人たちには、山城少掾以下多くの音声や映像が残っています。それらを見たり聞いたりすることが文楽の芸を知る上でもっとも大事なことであることは、いうまでもありません。

このことは私自身の体験からよく分かります。私は山城少掾に夢中になって戦前の古靭太夫時代のレコードを一生懸命集めました。その合三味線は大抵四代目鶴澤清六でしたが、古い大正時代になると、大正十一年に死んだ三代目清六が弾いています。そこで私は実際には舞台で聞いたことがない三代目清六という名人の芸に触れました。それで実際に舞台で聞いた多くの名人たちと一緒に、この清六によって文楽の三味線の素晴らしさを知ったのです。ですから実際の舞台を見ると同時に、音源や映像から学ぶことも大切です。しかし音源や映像はなんといっても過去の記録です。生きたものではありません。ですから、その過去を大切にすると同時に現在に生きているもの——つまり今日の文楽を劇場で見ることも大事です。

その例に「山の段」に触れたいと思います。私のなかには三つの「山の段」が生きています。もっとも感銘を受けた舞台です。

第一は、ラジオで放送され、今はＣＤになっている山城少掾、藤蔵が背山、綱大夫、弥七が妹山を担当した演奏です。この演奏が如何に優れたものだったかはすでに触れた通りです。私はこの演奏を聞いて、この曲の真髄を知ったといってもいいでしょう。

第二は、昭和三十一年十月二十八日、たった一日だけ新橋演舞場で実現した因会と三和会合同の「山の段」です。

大判事が若太夫、綱造に人形が玉助。久我之助が越路大夫、喜左衛門に玉男。定高が綱太夫、弥七に紋十郎。雛鳥が土佐大夫、藤蔵に紋之助。ここには「名人が教えてくれたこと」で私が触れたほとんど全員が顔を揃えています。

そして第三は、二〇一九年五月国立小劇場で上演された「山の段」です。大判事が千歳太夫、富助に人形が二代目玉男、定高が呂勢太夫、清治に和生、雛鳥の後半に簑助が出ました。

以上三つの「山の段」を比べるとどういうことが分かるでしょうか。

第一の「山の段」がこの曲の規範であることはいうまでもありません。幸いなことに私たちはＣＤによっていつでもこの規範に立ち帰ることが出来ます。第二の「山の段」は、戦後の文楽の芸の頂点を示したものであり、文楽最後の光芒といってもいい歴史的な名舞台でした。

しかしこの人たちはみんな逝ってしまった。その喪失感から私は長い間文楽を見せんでした。そして今、第三の「山の段」は、それでもなお文楽には見るべき人、聞くべき人がいることを示しています。ここには今日の文楽で私が興味を持っている人がほぼ全員揃っています。ここに二十一世紀の、未来の可能性があるのです。

千歳太夫は必死に大役大判事に体当たりした熱演でした。むろんまだ未完成ではありますが、私はこの人がこの役のスケールを出したのが嬉しかった。そして呂勢太夫。彼は六代目歌右衛門(うたえもん)の最後の舞台になった舞踊「関寺小町(せきでらこまち)」の地(じ)を語った人です。この地方(かた)は予定では師匠の先代呂太夫(ろだゆう)が勤めるはずでした。ところが公演の直前師匠が倒れた。大騒ぎになった時に、歌右衛門が呂勢太夫を指差して「お前がやるんだよ」といったそうです。無我夢中で語った「関寺小町」から今日の定高の情愛と芸格が生まれたのです。千歳太夫のスケール、呂勢太夫の情愛は、ともにその合三味線の功績でもあります。大判事のスケールの大きさは富助の三味線がその輪郭の大きさ、芸格のつくり上げた空間によるものです。呂勢太夫のこぼれるばかりの情愛も、今日の文楽の三味線の第一人者であり、数少ない名人の一人清治の作ったものです。清治の今日の成熟した艶、あの音色の柔らかさ、充実した音の深さは、あの第二の「山の段」のなかに入っても遜色(そんしょく)のないものです。

さらに玉男の大判事が傑作でした。「この国境は生死の境」の豪快さ、「刀からりと落ちたる障子」の柱に寄り掛かった姿の無惨さ。いずれも目に焼き付いています。

そして対する和生の定高のしっとりした美しさも印象的でしたが、なんといっても圧巻だったのは簑助の雛鳥でした。白装束の姿の美しさ。この女は天を仰いでいるけれども、彼女は実はなにも見ていない。彼女が見ているのは恋人久我之助の姿だけです。いろいろな雛鳥を見ましたが、こんな哀れな、いじらしい雛鳥を私は見たことがありません。

この簑助を筆頭に今の文楽は人形人が一番充実しています。この「山の段」には出ていませんでしたが、桐竹勘十郎（かんじゅうろう）もすぐれています。ことに勘十郎、玉男、和生の三人は同年配で、この三人が揃った同じ「妹背山」の道行（みちゆき）は見応えがありました。勘十郎のお三輪、玉男の求女（もとめ）、和生の橘姫（たちばなひめ）。それぞれの個性が出て、その競演の面白さは言葉に尽くし難いものがありました。

こういう「山の段」が今日の文楽を見る楽しみです。

加藤周一は、狂言の名人故野村万蔵（まんぞう）について書いた文章の中で、万蔵と同じ時代を生きた人間の幸せについて触れています。私も第一、第二の「山の段」について同じことがいえます。あの名人たちの二つの「山の段」こそ文楽の至芸です。しかしそれと同時に第三の「山の段」を見て、私は同じことを思いました。いま、ここで、ともに生きた舞台を見る幸せ、そのことの大切さを思うからです。

音源も映像も大切です。しかし自分が生きている以上、いま、ここで、生きていることも大事です。文楽が生きているからです。そしてあなたも私も生きているからです。

渡辺 保 わたなべ・たもつ

1936年、東京生まれ。演劇評論家。初めて歌舞伎を見たのは6歳のとき。中学生の頃から芝居を見るたびにノートをつけるようになる。古典に限らず、現代劇や舞踊についても、どこをどう見るべきなのか、積みかさねてきた方法論はとても理論的でわかりやすい。84歳になってすぐ、大病を患ったが全快。久しぶりの能楽堂で、こんな「清経」は初めてと狂喜する。何度見ても発見があり、驚きがある。芝居を見ることは不要不急ではない。歌舞伎劇評をＨＰで発表し続けている。
http://watanabetamotu.la.coocan.jp/

文楽ナビ

二〇二〇年九月十日　第一刷発行

著者　渡辺 保
発行者　鉄尾周一
発行所　株式会社マガジンハウス
〒一〇四-八〇〇三
東京都中央区銀座三-一三-一〇
書籍編集部　〇三-三五四五-七〇三〇
受注センター　〇四九-二七五-一八一一
印刷・製本所　株式会社リーブルテック
ブックデザイン　那須彩子（苺デザイン）

ISBN978-4-8387-3128-2 C0074